KB211376

절대순종

말씀이 나를 가르친다

로마서의 복음이 거대한 로마제국을 변화시키고
종교개혁의 원동력이 된 것처럼 죄 많은 저희도 로마서를 읽는 동안 변화되기
원합니다. 복음의 정수 로마서를 지식이 아니라 은혜로 읽기를 원합니다.

절대순종

김양재 목사의 큐티노트 **로마서2**

QTM

로마서 묵상을 시작하며···2

복음의 정수(精髓)인 로마를 묵상하며 인간이 어쩔 수 없는 죄인인 것을 다시 깨닫습니다. 죄로 인해 죽을 수밖에 없는 우리가 살길은 오직 예수 그리스도뿐인 것을 깨닫습니다.

저와 우리의 가족과 이웃, 이 땅의 모든 사람들이 참 생명이신 예수 그리스도의 복음을 받아들이게 하옵소서. 저를 미리 아시고, 정하시고, 부르시고, 의롭게 하시고, 영화롭게 하시는 하나님의 사랑에 반응하며 순종하는 삶을 살게 하옵소서.

제게 주신 시간과 물질과 감정, 모든 것을 주께 헌신하며 절대적인 주님의 복음 앞에 절대적인 순종의 삶을 살기로 결단합니다.

제힘으로 할 수 없사오니 힘 주시옵소서. '믿어 순종하게 되는' 성령의 능력으로 저를 밀어붙여 주옵소서.

예수님 이름으로 기도하옵나이다. 아멘.

2007년 8월
김양재

개정판을 펴내며

    로마서 큐티노트 《절대복음》과 《절대순종》을 출간한 지 어느새 12년이 지났습니다. 12년 만에 개정판을 펴내지만 내용이 바뀐 것은 아닙니다. 세월이 흐른다고 해서 복음이 변할 리 없고, 저의 말씀 해석이 달라질 리 없습니다. 다만 당시 첫 출간을 할 때 본문해설과 예화 그리고 묵상 간증을 충분히 담지 못한 아쉬움이 있었습니다. 그래서 이번에 전체적으로 보완하였습니다.

    저는 당시 이 책을 출간하며 "로마서 말씀이 올바로 선포된다면 이 땅의 교회는 반드시 부흥하게 될 것"이라는 확신이 있었습니다. 그 믿음대로 지난 12년간 이 책을 통해 하나님이 많은 사람들로 하여금 복음을 깨닫게 하시고, 회복되게 하시고, 복음의 일꾼이 되게 하셨습니다. 특히 개정판에 추가한 45편의 공동체 고백은 그 열매와도 같습니다. 로마서 말씀으로 날마다 큐티하며 자기 죄를 깨닫고, 자신의 고난과 수치를 고백한 성도님들의 고백처럼 여러분의 삶에도 말씀 묵상과 간증이 계속해서 이어지기를 바랍니다. 로마서를 통해 사도 바울이 선포한 복음의 능력으로 모든 성도님과 그 가정, 그 교회에 날마다 회복과 부흥의 역사가 일어나기를 주님의 이름으로 축원합니다.

2019년 2월
우리들교회 담임목사 · 큐티엠 이사장
김양재

차례

1.
절대 순종하는 자가 되기 위하여
(9:1~33)

도저히 참아 줄 수 없는 사람, 배신하고 떠났다가 오갈 데 없는
병자로 나타난 남편이라도,
그 사람을 용납하는 것이 긍휼의 그릇입니다.
좋은 환경이나 대단한 업적으로 빛나는 그릇이 아니라
어떤 일에도 감사하며 하나님의 옳으심을 인정하는 것이
하나님의 영광을 담는 가장 귀한 그릇입니다.

성공의 절대 조건, 구원

로마서 9:1~13

하나님 아버지, 이 시간 찾아오셔서 하나님이 원하시는 것이 우리의 원함이 될 수 있도록,
깨달을 수 있도록 도와주옵소서. 예수님 이름으로 기도하옵나이다. 아멘.

우리는 끊임없이 무언가를 원합니다. 그리고 그것을 얻기 위해서 노력합니다. 그런데 우리가 정말 원하는 것은 무엇입니까? 진정으로 값진 것을 원하고 있을까요? 우리에게 신앙의 모범을 보여 준 바울 사도에게도 간절한 원함이 있었습니다. 바울 사도가 그토록 원했던 것이라면 우리에게도 중요한 것이 아니겠습니까!

하나님은 늘 약한 자를 부르시고 사랑하십니다. 우리의 생각을 완전히 뒤엎으십니다.

가인은 아담의 맏아들이었습니다. 그런데 동생 아벨을 살인했습니다. 그래서 다른 씨 셋이 나오고, 에노스가 나왔습니다. 가인이 영적 자녀인 줄 알

았더니 에노스(약하고 병든 자)였습니다. 이스마엘인 줄 알았더니 이삭이었습니다. 에서인 줄 알았더니 야곱이었습니다. 르우벤이 맏아들이고, 요셉이 너무 착해서 그들 중에 상속자가 나올 줄 알았더니 며느리와 간음한 유다였습니다.

성경은 우리의 고정관념을 계속해서 뒤엎습니다. 약하고 콩가루 같은 집안에서 영적 자녀가 계속 나옵니다. 이것을 믿음의 눈으로 볼 수 있어야 합니다. 약하고 콩가루 같다고 무시하고 외면해선 안 됩니다. 그들로부터 믿음의 상속이 이어지기 때문입니다. 그러므로 한 영혼도 소홀히 여겨선 안 됩니다.

구원 받기를 거절하는 형제자매들 때문에 마음 아파해야 하고, 크게 근심해야 합니다. 나는 구원 받아 너무나 감사하지만, 나만 구원 받아 행복할 수는 없습니다.

여러분은 어떻습니까? 구원의 확신이 있습니까? 그치지 않는 고통이 있습니까? 큰 근심이 있습니까? 가슴이 너무 아픕니까? 저주를 받아 끊어질지라도 형제 골육의 구원을 원하십니까?

그렇지 않다면 구원의 확신을 점검해 보셔야 합니다.

목숨과 바꾸어도 아깝지 않은 것

내가 그리스도 안에서 참말을 하고 거짓말을 아니하노라 나에게 큰 근심이 있는 것과 마음에 그치지 않는 고통이 있는 것을 내 양심이 성령 안에서 나와 더불어 증언하노니_롬 9:1~2

바울 사도는 로마서 8장 마지막 39절에서 "높음이나 깊음이나 다른 어떤 피조물이라도 우리를 우리 주 그리스도 예수 안에 있는 하나님의 사랑에서 끊을 수 없으리라" 했습니다. 그러고 나서 금세 자신에게 큰 근심과 그치지 않는 고통이 있다고 합니다.

100% 죄인인 우리가 예수님을 믿어 의롭게 되었지만 여전히 욕심도 많고 술과 담배도 못 끊고, 음란도 못 끊습니다. 끊지 못하는 것들이 한둘이 아닙니다. 그래도 하나님은 탄식하면서 성도를 이끌어 가십니다. 그래서 그 어떤 것도 그리스도의 사랑에서 우리를 끊을 수 없다는 구원의 송가로 로마서 8장을 마칩니다. 그것이 로마서 1장부터 8장까지의 과정입니다.

그 과정을 모르고 9장 1절을 읽는 사람은, 마음에 큰 근심과 고통이 있다는 바울을 이해할 수 없습니다. 바울의 근심은 자기 근심이 아닙니다. 좋은 집, 좋은 환경, 병이 낫기를 구하는 육적인 근심이 아닙니다. 내가 원하는 것을 갖고 싶어서 조바심 내는 야망의 고통도 아닙니다.

나의 형제 곧 골육의 친척을 위하여 내 자신이 저주를 받아 그리스도에게서 끊어질지라도 원하는 바로라_롬 9:3

바울에게는 자신이 저주를 받아 그리스도에게서 끊어질지라도 간절히 원하는 것이 있었습니다. 목숨과 바꾸어도 아깝지 않은 것이 있었습니다. 그것은 바로 형제들의 구원입니다. 형제들의 구원을 생각할 때마다 마음에 그치지 않는 고통이 있다고 합니다.

학자들은 바울이 예수님을 만났을 때 기혼 남성이었을 것이라고 추측합니다. 당시 결혼하지 않은 유대 남성은 율법을 가르칠 수 없었기 때문입니다.

사도 바울이 결혼생활을 해 보았기 때문에 에베소서와 골로새서에서 결혼 이야기를 그렇게 잘할 수 있었다고도 합니다. 그런데도 바울이 평생 혼자 전도여행을 다닌 것을 보면, 아내와 자식들을 전도하지 못한 것으로 보입니다.

　로마서는 3차 전도여행이 끝날 무렵, 그러니까 바울 사도가 전도를 시작한 지 20여 년 뒤에 쓴 것입니다. 바울은 20년 가까이 전도여행을 다니면서 항상 동족 유대인의 회당부터 찾아갔습니다. 그가 전도한 이방인들은 예수님을 믿고 돌아오는데, 20년이 지나도록 혈육인 유대인은 복음을 거부했습니다. 나로 인해서 많은 믿음의 열매가 나타나는데 정작 내 식구들은 돌아올 기미조차 안 보였습니다. 얼마나 자괴감이 들었겠습니까?

　저도 결혼생활 5년 만에 주님을 만나고 남편과 가족의 구원에 대해 애통함을 가지게 되었습니다. 남편과 아이들, 시부모님과 식구들의 구원을 위해 말 한마디, 표정 하나도 주님을 나타낼 수 있도록 종일 구원을 생각하며 살았습니다. 그 소망으로 말씀을 묵상하고 전했는데, 다른 사람들은 은혜를 받고 변화되어도 남편과 아들의 구원은 더디 이루어졌습니다.

　남편의 병원에서 환자들을 전도하고 집에서 성경공부를 하며 열심히 양육을 했는데도 남편은 죽음 직전에야 주님을 영접하고 떠났습니다.

　아들은 또 어떠했습니까? 학생 큐티 모임도 아들을 큐티하게 하려고 시작했습니다. 혼자서는 안 하니까 친구들 데려다 놓으면 나오지 않을까 했는데, 첫날에는 양심상 나오더니 둘째 날부터는 친구가 와서 깨워도 안 일어났습니다. 아들 친구들만 데리고 큐티를 하는데 그 애들은 은혜 받고 눈물콧물 흘렸습니다. 그래서 더 속이 상했습니다. 아들 방문만 쳐다보며 방에서라도, 잠결에서라도 들으라고 큰 소리 질러가며 말씀을 전했는데 그때 제 마음이 얼마나 안타까웠는지 모릅니다. 그러던 아들이 군 생활 중에 주님을 만나고,

교회에서 청년부 목자로 섬기다가 지금은 목사로 주의 사명을 감당하고 있습니다.

우리들교회에도 아직 예수님께로 돌아오지 않은 가족들이 있는 가정이 있습니다. 그 모습을 보고 있노라면 남편의 구원을 위해 간절히 기도했던 그때가 생각납니다. 가족들을 생각하는 바울의 근심과 고통이 충분히 이해됩니다.

그렇습니다. 큰 근심과 그치지 않는 고통으로 우리가 원해야 할 것은 바로 구원입니다. "그리스도에게서 끊어질지라도 원한다"고 한 것은 실제로 그리스도를 떠나도 상관없다는 뜻이 아닙니다. 바울에게는 한때 예수님을 대적하고 스데반을 죽인 자신도 구원해 주신 하나님이 자신의 가족들도 모두 구원하시리라는 확신이 있었습니다. "높음이나 깊음이나 다른 어떤 피조물이라도 우리를 우리 주 그리스도 예수 안에 있는 하나님의 사랑에서 끊을 수 없으리라"(롬 8:39). 확신이 있었기 때문에 이처럼 강한 자신감으로 말한 것입니다.

"누가 우리를 그리스도의 사랑에서 끊으리요 환난이나 곤고나 박해나 기근이나 적신이나 위험이나 칼이랴…… 그러나 이 모든 일에 우리를 사랑하시는 이로 말미암아 우리가 넉넉히 이기느니라"(롬 8:35~37).

이 확신으로 우리가 구해야 할 것은 성공과 만족이 아닙니다. 끊을 수 없는 그리스도의 사랑과 승리에 대한 확신은 내 가족의 구원을 위해 주신 것입니다. 그래서 로마서 8장 사랑의 확신은 9장의 사명으로 연결됩니다.

남편의 구원이 더디 이루어졌던 만큼 저의 기도는 더욱 간절했습니다. 포기하고 싶어지는 게 아니라 남편이 떠나기 1년 전부터는 날마다 "제 생명을 거두어 가셔서라도 남편을 구원해 주세요" 하고 기도하게 하셨습니다.

내 안에 주님과의 연합이 충만할수록 구원 받지 못한 식구 때문에 그치지 않는 근심과 고통이 있어야 합니다. 영혼 구원의 사명을 위해 주님이 나를 구원해 주시고 모든 일에 넉넉히 이기게 하셨기 때문입니다.

누가복음 15장 탕자의 비유에서 아버지의 곁을 지킨 맏아들은 집을 나가 재산을 탕진한 동생이 돌아왔을 때도 기뻐하지 않았습니다. 기뻐하기는커녕, 이때까지 자신이 아버지를 섬겼어도 염소 새끼 한 마리 안 잡아 주더니 방탕한 동생에게는 송아지를 잡아서 잔치를 해 주느냐고 화까지 냈습니다.

이것이야말로 가족 구원에 관심이 없는 모습입니다. 맏아들처럼 가족이 하나님을 모르고 살아도 관심이 없고, 구원 받고 돌아와도 전혀 기뻐하지 않는다면 어떻게 구원 받은 자라고 할 수 있겠습니까? 안 믿는 식구들을 보면서도 애통함이 없다면 내 구원의 확신을 점검해 보아야 합니다. 제가 하는 말이 아니라 성경이 이렇게 말씀하고 있습니다.

바울의 골육은 안 믿는 정도가 아니라 바울을 핍박하고 예수님을 죽인 사람들이었습니다. 그들이 어떤 사람들이었습니까? "율법을 자랑하면서도 율법을 범함으로 하나님을 욕되게 하고, 그런 그들 때문에 하나님의 이름이 이방인들에게 오히려 모독을 받는다"(롬 2:23~24)고 했습니다. '고집과 회개하지 아니한 마음' 때문에 하나님의 진노를 쌓고 있었습니다(롬 2:5). 그런데도 바울은 자신이 주님의 사랑에서 끊어질지라도 그들의 구원을 원한다고 합니다.

왜 그랬습니까? 정말 사랑했기 때문입니다. 유대인의 불신에 대해 너무도 가슴 아팠던 것입니다. 모세도 그랬습니다. 자신이 생명책에서 없어질지라도 이스라엘의 구원을 원한다고 했습니다.

바울이 "그리스도에게서 끊어질지라도" 구원 받기 원하는 형제의 범위와 우리가 생각하는 형제의 범위에는 엄청난 차이가 있습니다. 우리는 내 자식 하나 때문에도 죽을 지경이지만 바울은 전 세계를 끌어안고 기도한 사람입니다. 감히 어떻게 비교를 하겠습니까? 우리에게도 이처럼 내 식구의 구원을 위해서 '저주를 받아 끊어질지라도' 하는 간절함이 있어야 합니다.

그런데 우리는 입으로는 영적인 기도를 하고, "내 자식이 구원 받아야지, 회개해야지" 하면서도 속으로는 입시에 떨어질까 봐, 좋은 집안과 결혼 못할까 봐, 병이 낫지 않을까 봐 근심합니다. "괜찮아, 지금은 공부하고 나중에 교회 나가. 그냥 잘 살다가 나중에 믿으면 되지" 합니다.

그러나 이것은 사랑이 아닙니다. 자기 목숨이라도 내놓고자 했던 바울처럼 급하고 절박한 마음으로 구원을 구해야 합니다. 그것이 사랑입니다.

—

교회를 다녀도 구원 받지 못한 가족을 보며 근심과 고통이 있습니까? 주일예배 대신 학원으로 가는 자녀를 보면서 은근히 안심하고, 오히려 교회 일에 열심인 남편 때문에 근심합니까? 해야 할 영적인 근심과 하지 말아야 할 육적인 근심을 거꾸로 하지는 않습니까?

구원은 인생의 성공 여부를 결정하는 기준

그들은 이스라엘 사람이라 그들에게는 양자 됨과 영광과 언약들과 율법을 세우신 것과 예배와 약속들이 있고 조상들도 그들의 것이요 육신으로 하면 그리스도가 그들에게서 나셨으니 그는 만물 위에 계셔서 세세에 찬양을 받으실 하나님이시니라 아멘_롬 9:4~5

사도 바울이 이렇게까지 구원을 원하는 이유는 무엇일까요? 구원이야말로 인생의 성공 여부를 결정하는 최종적인 기준이기 때문입니다. 돈을 벌면

뭐하고, 학벌이 있으면 뭐합니까? 자녀가 12명이 있으면 뭐합니까? 구원 받지 못하면 다 망하는 겁니다. 회복될 수 없는 영원한 멸망입니다. 구원이야말로 인생의 성공 여부를 결정하는 최종적인 기준입니다. 구원을 얻지 못하면 어떤 인생도 실패한 인생입니다. 구원을 얻으면 어떤 인생도 성공한 인생입니다. 구원은 하나님의 사랑을 입는 것입니다. 하나님의 사랑을 덧입으면 인생의 모든 문제가 그 사랑 안에서 해결되는 것을 경험하게 됩니다.

유대인은 하나님의 자녀가 되는 양자 됨의 축복을 받은 민족입니다. 하나님이 그들을 직접 만나 주셨습니다. 할례와 율법을 통해 예수 그리스도를 보내신다고 약속해 주셨습니다. 하나님의 뜻이 무엇인지를 배우도록 율법을 허락하셨습니다. 하나님 앞에 경배할 수 있는 예배를 주셨습니다. 줄줄이 위대한 믿음의 조상들을 주셨습니다. 더욱이 인류의 구원자이신 예수 그리스도를 유대인의 혈통에서 나게 하셨습니다.

바울이 그렇게 원하던 구원의 대상, 유대인들은 아예 안 믿는 사람들이 아니라, 소위 믿음의 가문이었습니다. 게다가 바울은 히브리인 중의 히브리인이요, 베냐민 지파요, 가말리엘의 문하생이요, 또한 로마 시민권자입니다. 대단한 배경과 믿음을 갖춘 집안입니다. 그런데 그 집안 사람들이 예수 그리스도를 믿지 않았습니다.

그러나 하나님의 말씀이 폐하여진 것 같지 않도다 이스라엘에게서 난 그들이 다 이스라엘이 아니요_롬 9:6

그렇다고 하나님의 말씀이 폐하여진 걸까요? 유대인들에게 주신 예배와 율법과 약속들이 다 없던 걸로 된 걸까요? 그렇지 않습니다. 그들이 예수 그리스도를 죽였다고 해도 하나님의 약속은 유효합니다. 그렇기에 이스라엘 백성을 제쳐 놓고는 구원을 말할 수 없습니다. 하나님은 반드시 그들에게 주셨던 예배를 회복시키시고 언약을 이루실 것입니다.

이스라엘 사람들이 예수님을 죽였다고 성경 말씀이 폐해지는 게 아닙니다. 로마의 식민 치하에서 300년 동안 지하 공동묘지 카타콤에서 생활했던 그리스도인들도 예수님이 정말 구세주라면 우리를 이렇게 내버려 두시겠는가 생각했을 겁니다. 그렇다고 해도 하나님의 말씀은 폐해지지 않습니다.

우리는 툭하면 말씀이 폐해졌다고 합니다. 잘되면 잘되는 대로 "하나님 없이도 살 수 있다" 하고, 힘들면 힘든 대로 "하나님이 계시면 이럴 수 있느냐" 합니다. "성경 읽는다고 밥이 나오느냐, 뭐가 해결되느냐, 큐티는 무슨 큐티냐!" 하는 것이 말씀이 폐해졌다고 하는 것입니다.

하나님의 말씀은 시대적 환경이나 인간의 불순종으로 폐해지는 것이 아닙니다. 내 기도 제목이 이루어지지 않았다고 해서, 뭔가 일이 잘 안 풀린다고 해서 말씀이 폐해졌다고 생각하면 안 됩니다. 하나님이 택한 민족인 유대인이 예수님을 죽이고, 로마 식민지 생활을 하고, 히틀러에 의해 가스 학살을 당했어도, 지금까지 많은 전쟁과 곤란을 겪고 있어도 하나님의 약속은 유효합니다.

바울은 이스라엘 민족 전체가 구원의 선택을 받은 건 아니라고 합니다. 우리 주위를 보아도 아무리 믿음이 좋다고 해도 100% 구원되는 집안은 없습니다. 6촌, 8촌까지 친족이 다 구원 받았다는 집안은 아직 보지 못했습니다. 집집마다 안 믿는 사람이 한 명이라도 있습니다. 그런데도 이스라엘의 문제는 무조건 자신들이 특별하다고 믿는 데 있었습니다.

하나님이 이스라엘을 택하셨다는 것은 특권과 함께 사명을 주셨다는 것입니다. 그러나 그들은 하나님의 자녀로서, 구원의 메신저로서의 사명은 감당하지 않으면서 특권만 생각했기 때문에 예수 그리스도의 복음에 관심이 없었습니다. 구원을 받든 안 받든 이스라엘 자손이니까 무조건 택한 자라고 생각했습니다.

우리가 아무리 대단한 믿음의 가문에 속했어도, 수십 곳에 교회를 세웠어도, 유명한 목회자의 자녀라고 해도 구원 받지 못하면 실패한 인생입니다. 내가 교회를 짓는다고 내 아들이 구원 받습니까? 그건 아닙니다. 유대인은 다윗의 자손이라는 선민의식 때문에 딜레마에 빠졌습니다.

> 또한 아브라함의 씨가 다 그의 자녀가 아니라 오직 이삭으로부터 난 자라야 네 씨라 불리리라 하셨으니 곧 육신의 자녀가 하나님의 자녀가 아니요 오직 약속의 자녀가 씨로 여기심을 받느니라_롬 9:7~8

아브라함의 씨라고 다 영적 자녀가 아닙니다. "오직 이삭으로부터 난 자라야 네 씨라 불리리라 하셨으니" 했는데, "오직 이삭으로부터 난 자"라는 것은 '기다림으로 훈련 끝에 낳은 자'라는 뜻입니다.

하나님이 아브라함에게 약속의 자녀를 주신다고 했는데 기다려도 자녀가 생기지 않았습니다. 그래서 본부인이 아닌 하갈에게서 이스마엘을 낳았습니다. 이스마엘도 사냥을 잘하는 멋진 아들이었지만 하나님은 "아브라함의 씨라고 다 그의 자녀가 아니라"고 하셨습니다. 약속을 주신 후 25년의 기다림을 거치고 나서야 언약의 씨인 이삭을 낳게 하셨습니다.

육신의 자녀, 잘난 자녀라고 다 믿음의 후손이 되는 것은 아닙니다. 약속의 자녀는 기다림으로 훈련 끝에 낳은 자녀입니다. 하나님의 말씀으로 훈련된 자녀, 하나님과의 만남이 있는 자녀가 '씨로 여기심을 받는 자'입니다.

내가 하나님의 자녀인데 내 아들딸이 하나님을 믿지 않는다면 나하고 무슨 상관이 있습니까? 육신으로 낳았다고 해도 믿음으로 하나 되지 않는다면 딴 세상에 살고 있는 것과 다를 바가 없습니다. 육신의 자녀는 나하고 상관이 없습니다. 구원 받지 않은 자녀는 나하고 상관이 없다는 말입니다.

———

가족을 위해 간절히 기도하는 제목은 무엇입니까? 좋은 성적, 좋은 집, 좋은 직장을 달라고만 간절히 기도하는 것이 육신의 자녀, 육신의 남편으로 머물러 있게 해 달라는 무책임한 기도라는 것을 알고 있습니까?

약속의 말씀은 이것이니 명년 이때에 내가 이르리니 사라에게 아들이 있으리라 하심이라_롬 9:9

약속의 말씀은 "명년 이때"에 "사라에게" 아들이 있으리라 하신 것입니다. 아브라함이 이미 하갈을 얻어서 이스마엘을 낳았기 때문에 하나님은 오랫동안 아브라함을 훈련시키셨습니다. 24년의 훈련을 거친 뒤 "명년 이때"라는 구체적인 때를 가르쳐 주셨고, '이삭(기쁨)'이라는 이름도 주셨습니다.

하나님과 상관없이 잘 먹고 잘사는 사람에게는 약속의 말씀이 꽂히기 어렵습니다. 공부 잘하고 효도하는 이스마엘 같은 자녀라도 그가 약속의 말씀과 상관없다면 그에 대한 안타까움이 있어야 합니다. 자녀가 모범생으로 착하게 잘 지내도 교회 안 가는 것 때문에 안타까운 마음이 있어야 합니다. 그래야 약속의 말씀이 기쁨으로 꽂히는 것입니다.

그뿐 아니라 또한 리브가가 우리 조상 이삭 한 사람으로 말미암아 임신하였는데 그 자식들이 아직 나지도 아니하고 무슨 선이나 악을 행하지 아니한 때에 택하심을 따라 되는 하나님의 뜻이 행위로 말미암지 않고 오직 부르시는 이로 말미암아 서게 하려 하사_롬 9:10~11

아브라함은 그래도 구체적인 약속을 받고 이삭을 낳았는데 이삭에게는 같은 시간, 같은 엄마에게서 쌍둥이 아들 에서와 야곱이 나왔습니다. 둘 중에 왜 에서가 아닌 야곱을 택하셨을까요? 야곱에게 행위로 택할 만한 것이 있었습니까? 아무것도 없었습니다. 다만 하나님의 부르심이었습니다.

만약에 몇 시간의 차이를 두고 태어났거나, 서로 다른 엄마에게서 태어났다면 이삭은 두 아들의 행위를 비교 분석했을 겁니다.

'큰애는 날 때부터 뭔가 다르더니 역시 성실해. 둘째는 머리는 똑똑한데 거짓말을 잘하니 커서 뭐가 되려나? 엄마를 닮았을까? 형만 한 아우가 없다더니 맞는 말이야.'

우리는 종종 내 욕심과 기대 때문에 자녀를 행위로 판단합니다. 공부 잘하는 자녀가 있으면 온 식구가 발소리도 조심하면서 숭배합니다. 공부 못하고 속 썩이는 자녀는 "저런 애가 왜 우리 집에 태어났지?" 하면서 무시합니다. 형을 속이고 집 나간 야곱이 하나님의 택한 자라고 하면 믿기가 싫습니다. 하나님의 택하심보다 행위로만 판단하기 때문에 "효자 에서를 두고 왜 야곱입니까? 하나님, 뭔가 착각하신 거 아닌가요?" 하면서 내 욕심으로 판단을 하는 겁니다.

나도 내 자식을 외모와 행위로 판단하는데, 남들이라고 판단을 안 하겠습니까? 나도 자녀를 차별하는데 세상이 차별을 안 하겠습니까? 내가 행위로 판단하는 만큼 남들도 나와 내 자녀를 행위로 판단하고 차별을 하게 돼 있습니다.

하나님이 그러지 말라고 이삭의 자녀는 똑같은 시간, 같은 엄마에게서 태어나게 하셨습니다. 하나님의 택하심이 무조건적인 것을 알게 하시려고 아직 나지도 아니하고 무슨 선이나 악을 행하지 아니한 때부터 택하셨던 것입니다.

———

모태신앙, 목회자 집안, 신앙의 연륜이 내 식구를 구원한다고 착각하지는 않습니까? 자격 없는 나를 구원하신 하나님의 무조건적인 택하심이 내 가족에게도 있는 것을 믿습니까? 날마다 약속의 말씀을 확인하며 가족 구원을 위한 인내의 훈련을 잘 받고 있습니까?

구원, 모든 것을 넘어서는 사랑

리브가에게 이르시되 큰 자가 어린 자를 섬기리라 하셨나니_롬 9:12

로마서 8장에서 하나님은 우리를 미리 아시고, 정하시고, 부르시고, 의롭다 하시고, 영화롭게 하신다고 했습니다. 어떻게 부르신다고 했는지 기억하십니까? 바로 약점과 수치로 부르신다고 했습니다. 여기서도 택하심은 큰 자가 어린 자를 섬기는 것으로 부르십니다. 그러니 끊임없는 갈등과 부딪침이 존재합니다.

믿음으로 구원을 받았다고 하면서도 끊임없이 근거를 찾으려는 고정관념이 우리에게 있습니다. 신앙생활도 장남이 잘하기를 바라고, 출세를 해도 딸보다는 아들이 하기를 바랍니다. 그러나 하나님의 택하심은 우리의 고정관념을 무너뜨립니다. 순서가 중요한 게 아닙니다. 구원에 초점을 둔 믿음은 어떤 순서와 행위에 대해서도 자유한 것입니다.

"쟤는 성실해서 하나님이 택하실 만해."

"쟤는 부모가 그렇게 열심히 믿었으니 구원 받을 줄 알았지."

"문제만 일으키던 그 아이가 구원을 받았다고? 좀 두고 봐야지. 언제 세상으로 돌아갈지 모르잖아?"

이런 말 좀 하지 마십시오. 탕자를 기억하십시오. 우리 생각에는 맏아들이 구원 받을 것 같지만 정작 구원 받은 아들은 회개하고 돌아온 탕자, 문제 많은 둘째 아들입니다.

하나님의 택하심을 믿는다면 내 자녀를 있는 그대로 인정해야 합니다. 자녀가 공부도 잘하고 성실하다면 너무나 감사한 일이지만, 반면에 공부를 하려고 해도 안 되는 자식이 있다는 것을 인정하는 게 믿음입니다.

하나님의 택하심을 무시하고 내 욕심대로 자녀를 판단하고 끌고 가서는 안 됩니다. 성적이 어떻고 행실이 어떻든지 영혼 구원에만 초점을 두고 바라보는 것이 믿음입니다. 세상에서 실패하더라도 구원 받은 인생은 무조건 성공한 인생이라고, 그것을 어려서부터 가르치고 눈물로 기도하는 것이 부모가 할 수 있는 최고의 교육입니다.

기록된 바 내가 야곱은 사랑하고 에서는 미워하였다 하심과 같으니라
_롬 9:13

하나님의 택하심이 에서가 아닌 야곱에게 있었다는 것은 '에서처럼 성실한 사람도 구원 받지 못할 수 있고, 야곱처럼 거짓말 잘하고 문제 많은 사람

도 구원 받을 수 있다'는 은혜의 본보기입니다. 이것을 인간적으로 해석해서 '하나님이 편애를 하시는가?' 이렇게 생각하면 안 됩니다.

에서는 팥죽 한 그릇에 장자권을 팔아넘긴 사람입니다. 장자의 권리는 세상적인 상속권 같은 것이 아니라 영적인 후사의 권리입니다. 이스라엘의 택하심에 특권뿐 아니라 사명도 있다고 한 것처럼, 장자권은 구원을 위해 살고자 하는 특권과 사명이라고 볼 수 있습니다. 하지만 에서는 그런 영적인 일에는 관심이 없었습니다. 육적인 배부름에만 관심이 있어서 장자권을 기껏 팥죽 한 그릇에 팔아 버렸습니다.

남자들에게 복음은 배부르게 해 주는 것입니다. 싸우는 이유를 가만히 들어보면 다 배고파서 싸웁니다. 밥을 제때 안 차려주면 난리가 납니다. 그런데 에서가 딱 그런 사람입니다. "예수 믿는 것 큐티하는 것 관둬. 배부르면 땡이지" 하며 구원을 팥죽 한 그릇보다 못하게 여겼습니다. 야곱은 형에 비하면 부족하고 문제가 많아 보입니다. 그러나 그에게는 믿음에 대한 관심이 있었습니다. 끊지 못하는 돈과 여자에 대한 욕심 때문에 삼촌 라반에게 속아서 한참 고생을 했어도 약속의 땅으로 돌아가고자 했습니다. 에서와의 만남이 두려웠지만 믿음의 후손으로서 제자리를 찾아갔습니다.

그때 에서는 어땠습니까? 자신을 속인 야곱을 용서하고 고향 땅을 양보한 에서가 훌륭해 보이지만, 그것 역시 장자권을 쉽게 팔아넘긴 것과 똑같습니다. 영적인 일에 관심이 있었다면 야곱과 함께 거하면 됐을 텐데 동생에게 양보한다고 하면서 영영 약속의 땅을 떠나고 말았습니다(창 33장).

가정이나 직장에 대한 나의 관심은 영적인 것에 있습니까, 육적인 것에 있습니까? 남편이 벌어다 주는 돈, 직장에서의 대인 관계 때문에 복음을 전할 영적인 기회를 무시하지는 않습니까? 구원을 위해 기도하고 전도하는 것이 세상 지위와 능력과 환경을 넘어서는 특권인 것을 경험합니까?

여수 애양원에서 한센병자들을 돌보며 복음을 전하신 손양원 목사님은 1948년 여순반란사건 때 두 아들을 잃었습니다. 예수님을 부인하지 않는다는 이유로 반란군에게 총살을 당한 것입니다. 더욱이 그들을 죽인 사람은 다른 사람도 아닌 반란군에 가담한 같은 학교 학우들이었습니다. 십 대의 꽃다운 나이였던 아들을 둘이나 잃고, 가족과 교인들이 모인 장례식에서 손 목사님은 이렇게 말했습니다.

"여러분, 내 어찌 긴 말의 답사를 드리겠습니까? 내가 두 아들의 순교를 접하고 깨달은 몇 가지 은혜로운 감사의 조건을 이야기함으로 답사를 대신할까 합니다.
첫째, 나 같은 죄인의 혈통에서 순교의 자식들을 나게 하신 하나님께 감사드립니다.
둘째, 허다한 많은 성도들 중에 어찌 이런 보배들을 주께서 하필 내게 주셨는지 그 점 또한 감사합니다.
셋째, 3남 3녀 중에서 가장 아름다운 두 아들 장자와 차자를 바치게 된 나의 축복을 하나님께 감사합니다.
넷째, 한 아들의 순교도 귀하다 하거늘 하물며 두 아들의 순교리요. 하나님 감사합니다.

다섯째, 예수 믿다가 누워 죽는 것도 큰 복이라 하거늘 하물며 전도하다 총살 순교 당함이리요. 하나님 감사합니다.

여섯째, 미국 유학 가려고 준비하던 내 아들, 미국보다 더 좋은 천국 갔으니 내 마음 안심되어 하나님 감사합니다.

일곱째, 나의 사랑하는 두 아들을 총살한 원수를 회개시켜 내 아들로 삼고자 하는 사랑의 마음을 주신 하나님께 감사합니다.

여덟째, 내 두 아들의 순교로 말미암아 무수한 천국의 아들들이 생길 것이 믿어지니 우리 아버지 하나님께 감사합니다.

아홉째, 이 같은 역경 중에서 이상 여덟 가지 진리와 하나님의 사랑을 찾는 기쁜 마음, 여유 있는 믿음 주신 우리 주 예수 그리스도께 감사, 감사합니다.

끝으로 나에게 분수에 넘치는 과분한 큰 복을 내려 주신 하나님께 모든 영광을 돌립니다. 이 일들이 옛날 내 아버지, 어머니가 새벽마다 부르짖던 수십 년 동안의 눈물로 이루어진 기도의 결정이요, 나의 사랑하는 한센병자 형제자매들이 23년 동안 나와 내 가족을 위해 기도해 준 그 성의의 열매임을 믿어 의심치 않으며 여러분께도 감사드립니다."

그 후 손 목사님은 아들을 죽인 학생들 중에서 안재선이라는 학생을 양자로 삼았습니다. 반란 사건이 진압된 뒤 안재선이 사형을 선고 받았다는 이야기를 듣고, "내 죽은 아들들은 자기들 때문에 친구가 죽는 것을 원치 않는다, 그 애들은 친구의 죄 때문에 이미 죽었다. 만일 이 학생을 죽인다면 그것은 아들들의 죽음을 값없이 만드는 것이다"라고 탄원해 그가 석방되자마자 입양한 것입니다. 양아들 안재선 씨는 고려성경고등학교 졸업 후 부산의 어느 교회에서 전도사로 섬기다가 1979년 별세했다고 합니다.

손 목사님 따님의 간증을 들으니, 자기 동생들을 죽인 안재선 씨와 함께 사는 것이 힘들었다고 합니다. 손 목사님과 죽은 아들들뿐 아니라 남은 가족들도 그 안재선 씨 구원을 위해 희생과 섬김의 훈련을 받은 것입니다.

구원을 위해 큰 근심과 그치지 않는 고통이 있다는 것은 이런 것입니다. 희생과 섬김의 고통을 느끼지 않고는 구원을 위한 사랑이 무엇인지를 알 수 없습니다. 진정으로 구원을 원하는 자만이 인간의 모든 가치관과 능력과 죽음까지도 넘어서는 사랑을 할 수 있습니다.

나만 구원 받고서는 행복할 수 없습니다. 내 식구들은 천국 간다고 안심할 수 없습니다. 바울은 이방인을 가슴에 품은 세계주의자였습니다. 동족에게 끊임없이 박해를 받으면서도 동족에 대한 뜨거운 사랑을 가진 민족주의자였습니다. 손양원 목사님 또한 복음의 세계주의자이면서 진정한 가족 사랑을 이룬 분입니다. 육신의 자녀에 연연하지 않고 영적 자녀를 알아본, 하나님이 정말 원하시는 것을 보여 준 분입니다. 바울과 손 목사님만큼 성공한 사람이 어디 있습니까? 이분들이야말로 성공한 인생 아닙니까!

한 영혼이라도 구원하시려는 것이 하나님 아버지의 마음입니다. 하나님의 열망입니다. 그토록 간절한 하나님의 소원, 바울의 소원이 우리 모두의 소원이 되기를 원합니다.

말씀으로 기도하기

아버지 하나님! 인생을 살아오면서 저에게도 그치지 않는 고통과 큰 근심이 있는 것을 고백합니다. 그러나 그것은 나를 위한 근심, 육적인 근심이었습니다. 내가 끊을 수 없는 주님의 사랑을 알았다면, 내 형제 골육의 구원을 위해서 내가 저주를 받아 끊어질지라도 그들의 구원을 원한다고 기도하기 원합니다. 그로 인하여 하나님이 원하는 근심, 영적인 고통이 저에게 있기를 원합니다. 그런 열망으로 구원을 위해 살아간다면 내가 포기 못 할 것이 무엇이겠습니까? 용서하지 못할 일이 무엇이겠습니까? 내려놓지 못할 것이 무엇이겠습니까?

그동안 육적인 것, 인간적인 생각에 눈이 어두워져서 하나님의 택하심을 이해하지 못했습니다. 내 고정관념 때문에 행위와 관계없는, 큰 자가 어린 자를 섬겨야 하는 택하심의 원리에 반발하는 마음이 있었습니다. 부모로서 자녀를 섬기게 하옵소서. 상사로서 아랫사람을 섬기게 하옵소서. 목사로서 성도를 섬기게 하옵소서. 행위와 순서로 자녀나 다른 사람을 판단하지 않고 차별이 없는 구원을 생각하며 어디에서나 섬기는 자가 되게 하옵소서.

아들의 죽음까지도 구원의 사랑으로 해결하신 손양원 목사님을 생각합니다. 오직 구원을 생각할 때 내 자녀도 살리고, 그 친구도 살리고, 다른 많은 사람을 살리게 되는 것을 보았습니다.

입으로는 전도한다고 하면서 다른 사람의 구원에 관심이 없었던 것을 회개합니다. 구원 받은 인생만이 성공한 인생인 것을 기억하며 바울과 같은 마음으로, 하나님의 열망으로 구원을 위해 기도하게 하옵소서. 간절히 원하오니 가족의 구원을 이루어 주옵소서. 동료와 이웃의 구원을 이루어 주옵소서. 이 나라와 민족의 구원을 이루어 주옵소서. 우리 모두가 진정한 약속의 씨로 세워지도록 내 삶의 자리에서 영혼 구원의 사명을 감당하게 하옵소서.
예수님 이름으로 기도하옵나이다. 아멘.

세상에서 실패하더라도 구원 받은 인생은 무조건 성공한 인생이라고,

그것을 어려서부터 가르치고 눈물로 기도하는 것이

부모가 할 수 있는 최고의 교육입니다.

공동체 고백

오빠는 에서! 나는 야곱?

지금까지 제 삶의 주제는 항상 '나는 왜 오빠보다 뛰어나지 않는가?'였습니다. 같은 공장(?)에서 나왔는데, 특별한 학원이나 과외도 없이 공부를 잘하는 오빠와 달리 저는 명문대 출신의 과외 선생님을 붙여 주어도 성적에 변함이 없고 공부엔 전혀 소질이 없었습니다. 엄마는 물론 주변 사람들로부터 차별과 무시를 온몸으로 느끼며 자란 저는 '이번 생에서 이루지 못한 사랑을 다음 대에서 받겠노라'는 생각이 있었습니다. 그리고 저의 목표대로 오빠보다 훨씬 먼저 결혼해서 아들을 낳자 '이젠 내 아들이 내가 받지 못한 사랑까지 받겠구나'라는 생각에 기뻤습니다. 또 저와 같은 차별의 고통을 방지하기 위해 우수한 유전자를 지닌 아이 하나만 낳았고, 공부를 잘한 남편을 닮은 아이로 자랄 것을 기대했습니다. 그렇지만 키울수록 모범생 출신의 남편이 아닌 저의 모습이 보여 불안했는데, 초등학교 2학년이 된 아들의 점수를 보니 나날이 절망이 되었습니다.

천국에 꼴찌로 들어가더라도 세상에서 인정받는 요셉 같은 아이로 키우고 싶었는데, 보아하니 요셉은 아니라고 판단이 되자 '세상 성공은 힘들 듯해 보이니 남은 것은 믿음뿐'이라며 학습지가 아닌 큐티책을 들이밀기 시작했습니다. 하지만 진정 말씀을 사모하며 하나님의 약속의 자녀가 되기를 바라는 마음보다는 말씀을 통해 평소 제가 아들에게 하고 싶었던 잔소리를 말씀인 듯 포장하여 전하는 큐티를 하였습니다. 그러자 이를 눈치챈 아들은 이

제 큐티 시간에 딴짓을 하고, 물어보는 질문에 일부러 엉뚱한 대답을 합니다. 이 모습을 보는 저는 '공부도 못하는데 믿음이라도 있어야 할 것 아니야!' 라는 말이 목구멍까지 올라왔습니다.

오늘 본문에서 행위가 아닌 부르시는 이로 말미암아 서게 하신다는 말씀이 저의 이기적인 마음에 파고듭니다(롬 9:11). 의사인 오빠는 요즘 바쁜 일정 때문에 주일성수도 제대로 하지 못하고 있습니다. 반면에 각종 예배와 소그룹 모임까지 열심히 하는 저는 '그래, 오빠는 사냥 잘하는 잘난 에서고, 난 지질하지만 믿음 좋은 야곱이야'라는 마음이 있었습니다. 그러나 바울처럼 형제를 위해 자신을 버리면서까지 구원해 달라는 기도는커녕 돈 잘 버는 오빠를 질투하며 나의 지질함을 신앙으로 포장하는 영적 교만함이 있었습니다(롬 9:3). 또한 오직 긍휼히 여기시는 하나님으로 말미암아 택자가 된다는 말씀을 보며 '나는 교회에 열심히 다녀서 택자이고, 세상에서 잘나가는 오빠는 아니다'라는 마음이 얼마나 완악한 마음인지를 보게 하십니다(롬 9:16). 제가 말씀이 있는 공동체에 속하여 예배를 사수할 수 있게 된 것이 저의 노력의 결과가 아닌 주님의 은혜임을 깨달으며, 나를 지으시고 부르신 이가 하나님임을 한순간도 잊지 않고 살겠습니다.

하나님의 그릇으로 준비되자

로마서 9:14~23

오늘도 수치와 고난을 가지고 하나님 앞에 무릎 꿇습니다.
하나님을 원망하는 불의의 말이 나오지 않도록 말씀으로 아버지 하나님의 뜻을 깨닫게 하옵소서.
예수님 이름으로 기도하옵나이다. 아멘.

　　연고를 알 수 없는 한 남자가 전신에 암 덩어리가 퍼진 채로 응급실에 실려 왔습니다. 입은 옷과 몸은 너무나 더럽고, 입에서는 술 냄새와 악취가 나고, 눈에는 노란 황달기가 있었습니다. 젊은 나이에도 노인처럼 보이는 남자는 의사로서도 상대하기 싫은 행려병자였습니다. 말하는 것도 험악했습니다. 의사가 "할아버지, 어디가 아프세요?" 하고 묻자 그는 대뜸 "나 할아버지 아니야. 이 자식아!" 하고 소리를 질렀습니다.

　　치밀어 오르는 화를 누르고 의사가 다시 물었습니다.

　　"알겠습니다. 그럼 환자분은 어디가 아프세요?"

　　"다 아파."

의사는 다시 꾹 참고 물었습니다.

"그럼 가장 아프고 불편한 곳이 어디세요?"

"그걸 의사인 네가 알지, 내가 아냐?"

그는 끊임없이 노래를 부르고, 소리를 지르고, 간호사들에게 욕을 퍼부었습니다. 누가 말려도 소용없었고 응급실 전체가 소란스러워졌습니다.

하나님께 선택 받은 그릇

그런즉 우리가 무슨 말을 하리요 하나님께 불의가 있느냐 그럴 수 없느니라_롬 9:14

"리브가에게 이르시되 큰 자가 어린 자를 섬기리라 하셨나니 기록된 바내가 야곱은 사랑하고 에서는 미워하였다 하심과 같으니라"(롬 9:12~13) 하는 말씀 뒤에 "하나님께 불의가 있느냐?"라는 질문이 나왔습니다. 하나님이 누구는 택하시고 누구는 택하지 않으신 것이 불의한 것일까요?

천지 만물을 창조하시고 하나님의 형상대로 인간을 지으신 하나님은 우리에게 자유의지를 주셨습니다. 그런데 인간은 그 자유의지로 구원을 거절합니다. 우리의 자유의지로는 구원을 얻을 수 없습니다.

구원은 전적으로 하나님의 능력이고 멸망과 사망은 인간의 책임입니다. 내가 구원 받지 못했다고 누구를 원망할 수 없습니다. 왜 나는 택하지 않았느냐고 따질 수 있는 사람은 아무도 없습니다. 구원을 거절하고 받아들이지 않는 것은 내 책임입니다. 내 의지로 거절한 것이기 때문입니다.

사람에게는 생명의 능력이 없습니다. 사망의 능력만이 있을 뿐입니다. 그래서 가만히 내버려 두면 누구든지 멸망으로 달려가서 모든 것을 망칩니다. 일을 잘하는 능력은 아무나 가지고 있는 게 아니지만 방해하는 능력은 누구에게나 있습니다. 이것이 인간의 죄성(罪性)입니다.

아무리 아이가 제멋대로 한다고 해도 묶어 놓고 키우는 부모는 없습니다. 제법 오래전 신문 기사에서 딸이 냉장고에서 자꾸 뭔가를 꺼내 먹는다며 여섯 살 된 아이를 묶어 놓고 때린 부모가 구속된 것을 보았습니다. 어린아이라도 자유의지가 있기에 묶어 놓으면 잡혀가는 겁니다. 아무리 아이가 못 걷고, 음식을 흘리고, 포크를 집어 던져도 우리는 아이를 묶어 놓을 수 없습니다. 부모로서 닦아 주고 일으켜 주고 대소변 다 받아 내고, 아프면 같이 눈물 흘리는 것밖에 해 줄 수 있는 게 아무것도 없습니다. 기다리고 보는 것밖에 못 합니다. 이것이 부모의 마음이고 하나님의 마음입니다.

우리가 예수를 믿어도 누구나 예외 없이 대소변 못 가리고 못 먹을 것 먹고 하는 시절이 있습니다. 거듭나는 것은 하나님의 은혜지만 그 이후로의 성화를 하루아침에 이루는 사람은 없습니다. 그러니 우리는 말씀만 잘 먹고 있으면 됩니다. 딴 데로만 가지 마십시오.

하나님의 선택은 하나님의 사랑입니다. 하나님이 불의하셔서 나를 택하지 않으신 게 아니라 하나님이 사랑하셔서 나를 선택하셨습니다. 병들고 버려진 나, 가망이 없는 나를 택하시고 하나님의 사람으로 회복시키시려 하는데, 그 선택을 거절한다면 그것이 불의한 것입니다. 내 마음대로 해석하고 화내고 원망하고 절망하는 것이 불의한 것입니다.

C.S. 루이스는 《피고석의 하나님》이라는 에세이에서 "요즘엔 인간이 판사이고, 하나님이 피고석에 계시다"고 썼습니다. 우리는 개인적으로 힘든 일

이 생기거나, 사회적으로 불의한 일만 보아도 "하나님이 계시면 이럴 수는 없다"라고 외칩니다. 우리가 판사가 되어 하나님께 모든 책임을 돌리며 "하나님이 틀렸다, 하나님이 잘못하셨다"고 합니다.

그러나 이것이 인간의 죄성입니다. 에덴동산에서 금하신 선악과를 따 먹은 아담에게 하나님이 책임을 물으셨을 때 아담은 "하나님이 주셔서 나와 함께 있게 하신 여자 그가 그 나무 열매를 내게 주므로 내가 먹었다"(창 3:12)고 책임을 전가했습니다. 집안도, 교회도, 나라도 서로 대립하며 영광은 자신에게 돌리고 책임은 남에게 돌립니다.

집안이든, 교회든, 나라든 어디에서도 우연히 일어나는 일은 없습니다. 회개하라고 사건이 오는 것인데 무조건 옳고 그름만 따져서는 안 됩니다. 예수 믿는 우리는 구원과 복음의 가치관으로 해석해야 합니다. 하나님이 100% 옳으시기 때문입니다.

—

도대체 하나님의 뜻을 모르겠다고 하는 사건이 왔습니까? 하나님이 뭘 몰라서 실수하셨다고 생각합니까? 나를 돌이키시려는 하나님의 사랑을 원망과 불평으로 거절하고 있지는 않습니까?

긍휼의 그릇

모세에게 이르시되 내가 긍휼히 여길 자를 긍휼히 여기고 불쌍히 여길 자를 불쌍히 여기리라 하셨으니 그런즉 원하는 자로 말미암음도 아니요 달음박질하는 자로 말미암음도 아니요 오직 긍휼히 여기시는 하나님으로 본문에는 두 일꾼, 모세와 바로의 이름이 언급됩니다. 하나님은 모세에게 "내가 긍휼히 여길 자를 긍휼히 여기고 불쌍히 여길 자를 불쌍히 여기리라"(15절)라고 하십니다. 또한 바로에게는 "내가 이 일을 위하여 너를 세웠으니 곧 너로 말미암아 내 능력을 보이고 내 이름이 온 땅에 전파되게 하려 함이라"(17절)라고 하십니다. 하나님은 일을 하시는데, 모세 식(式)으로도 하시고 바로 식(式)으로도 하신다는 겁니다. 우리가 하나님의 뜻을 알고 그 일을 이루고자 하면 모세 식으로 살게 될 것이고, 자기 뜻으로 일을 하려고 하면 바로 식으로 살게 될 것입니다.

우리는 모세 아니면 바로, 둘 중 하나로 살게 될 것입니다.

하나님의 능력을 파도 타듯 타고 산 자, 그래서 긍휼의 그릇으로 쓰임 받은 자가 모세입니다. 그는 이스라엘의 지도자감은 아니었습니다. 히브리 민족이 애굽에서 노예 생활을 할 때 왕궁에 입양되어 잘 먹고, 잘살고, 노역도 안 했습니다. 매국노요 배신자로 보였을 수도 있습니다. 그러다가 자기 민족을 위한다고 기껏 한 일이 살인이었습니다. 혈기로 살인을 저지르고 도망가서는 40년 동안 미디안 광야에서 양치기로 숨어 살았습니다.

그러나 그런 그를 택하신 것이 하나님의 긍휼입니다. "여호와께서 너희를 기뻐하시고 너희를 택하심은 너희가 다른 민족보다 수효가 많기 때문이 아니니라 너희는 오히려 모든 민족 중에 가장 적으니라"(신 7:7)고 하셨습니다. 하나님의 선택론을 이해하기 위해서는 먼저 내 죄를 깨달아야 합니다. 내가 얼마나 형편없고 연약한 죄인인가를 알아야 긍휼히 여기심으로 말미암은 하나님의 선택을 이해할 수 있습니다.

"원하는 자로 말미암음도 아니요."

그렇습니다. 내가 원한다고 아들딸이 공부를 잘합니까? 돈 잘 벌기를 원한다고 돈이 잘 벌어집니까?

"달음박질하는 자로 말미암음도 아니요."

이 또한 그렇지 않습니까? 입시 설명회에 한번 가 보십시오. 수험생의 엄마들이 열심히 달음박질합니다. 유명 학원 강사의 수업에 등록하려고 새벽부터 달음박질합니다. 자식 하나 잘되게 하려고 새벽기도로, 금식으로, 성경 공부로 숨이 가쁘게 달음박질합니다. 그런다고 자식이 성공합니까? 믿음이 성숙해집니까? 믿음을 위한 노력도 내 원함이나 달음박질로는 되지 않습니다. "오직 긍휼히 여기시는 하나님으로 말미암아" 가능합니다.

—

요즘 무엇을 위해 달음박질합니까? S라인을 원함으로 다이어트에 달음박질, 취직을 원함으로 영어 공부에 달음박질, 내 집 마련을 위해 모델하우스로 달음박질합니까? 달음박질은커녕 일어나 앉을 수도 없는 무력한 처지임에도 하나님께 긍휼히 여김을 받는 것이 축복임을 믿습니까?

진노의 그릇

성경이 바로에게 이르시되 내가 이 일을 위하여 너를 세웠으니 곧 너로 말미암아 내 능력을 보이고 내 이름이 온 땅에 전파되게 하려 함이라 하셨으니 그런즉 하나님께서 하고자 하시는 자를 긍휼히 여기시고 하고자 하시는 자를 완악하게 하시느니라_롬 9:17~18

여기에 등장하는 바로는 출애굽기에서 이스라엘 백성을 괴롭혔던 애굽의 왕입니다. 그런데 성경이 바로에게 이르셨다고 합니다. 하나님이 바로를 세우셨다고 합니다. 왜 세우셨습니까? '이 일을 위하여', 이스라엘의 구원을 위해 바로를 세우셨습니다. 그러나 모세와는 반대로, 하나님의 능력을 드러내되 대적함으로 그 능력이 얼마나 크신가를 보여준 인물이 바로입니다. 진노의 그릇으로 쓰임을 받은 사람입니다.

하나님이 바로를 허락하신 이유는 우상숭배와 죄에 빠져 있던 이스라엘 백성들을 돌이키게 하시기 위해서입니다. 그들을 구원하시려는 하나님의 사랑 때문입니다. 바로가 완악하게 나올수록 하나님은 더 큰 기사와 이적을 보이셔서 이스라엘의 출애굽을 이루셨습니다. 완악한 바로 때문에 하나님의 능력과 사랑이 더욱 크게 나타났습니다.

이처럼 내 죄를 깨닫고 하나님의 긍휼을 알게 하시려고 우리 인생에 완악한 바로를 허락하십니다. 바로 같은 남편, 아내, 자녀, 시어머니, 직장 상사를 허락하셔서 내가 하나님의 긍휼 없이는 살 수 없는 존재인 것을 깨닫게 하십니다. 이것이 바로의 역할입니다. 그러니 우리는 내 옆의 바로에게 감사해야 합니다. 저에게 힘든 시집살이와 결혼생활 13년이 없었다면 지금 이렇게 사역을 했겠습니까? 바로 같은 남편을 허락하셔서 하나님의 긍휼을 깨닫게 하셨으니 가능했습니다. 그러니 이게 웬 은혜입니까?

성경이 바로에게 "이르셨다"고 했으니까 바로도 하나님의 음성을 듣기는 들었습니다. 하나님이 바로에게 직접 말씀하지는 않으셨지만 모세를 통해서 말씀을 이르셨습니다. 하지만 거기까지입니다.

바로처럼 성경을 읽고 설교를 들어도 나하고는 상관없다고 생각하는 사람들이 많습니다. 유대인들도 그랬습니다. 성경을 읽고 달달 외워도 그것을 남에게만 적용했습니다. 설교를 들으면서 내가 은혜를 받아야 하는데 '앗, 이 말씀은 우리 남편이 들어야 하는데. 김 집사가 들으면 좀 찔리겠지?' 하는 사람이 바로와 같은 사람입니다. 그렇게 남의 이야기로만 들으니까 성경이 이르셔도 바로는 돌아오지 못했습니다.

우리는 성경을 나에게 주시는 약속, 나에게 주시는 경고의 말씀으로 듣고 적용해야 합니다. 그런 사람은 모세처럼 긍휼의 모델이 될 수 있습니다. 말씀 한 절 한 절마다 내 죄를 깨닫게 되기 때문에 저절로 하나님의 긍휼을 구하게 됩니다.

하나님이 세우신 사람 중에는 모세도 있고 바로도 있습니다. 이왕이면 모세로 세움을 받아야지, 몽둥이 역할을 하는 바로가 되어서야 되겠습니까?

그런데 문제가 그리 간단하지는 않습니다. 바로는 애굽의 왕입니다. 당시 세계 최강인 애굽에서 최고의 지위와 권력을 가졌던 사람입니다. 모세에 비하면 우리가 너무나 닮고 싶고 따르고 싶은 사람입니다. 그러나 그는 그 대단함 때문에 하나님의 긍휼을 몰랐습니다.

'완악하게 하셨다'는 것은 '내버려 두셨다'는 뜻입니다. 그냥 잘 먹고 잘살게 내버려 두셨다는 뜻입니다. 하나님 없이도 잘 먹고 잘사는 사람이 바로와 같은 진노의 모델입니다. 이 땅에서 헐벗고 수치를 당하더라도 긍휼히 여기심을 받는 모세가 되는 것이 축복이고 사랑입니다.

철로는 두 레일이 평행을 이루어야 합니다. 그것이 진리입니다. 두 레일이 합쳐지면 사고가 납니다. 영원히 합쳐지지 않아야 합니다. 내 옆에 바로가 평행을 이루고 있어야만 내가 바르게 설 수 있습니다. 밤이 있어야 낮이 진가를 발하는 것과 같은 원리입니다.

우리가 결국은 모세와 바로 중 한 사람의 인생을 살아야 할 것인데, 이왕이면 이 땅에서 수치와 괴로움을 당해도 모세의 역할을 해야 하지 않겠습니까. 오늘 이 말씀을 '성경이' 우리에게 하고 계십니다. 내 속의 바로에게, 우리 집안의 바로에게, 교회의 바로에게, 나라의 바로에게 성경이 말씀하고 계십니다.

출애굽기 9장 말씀을 보면, 하나님은 바로에게 직접 말씀하지 않으시고 모세를 통해서 말씀하십니다. 바로는 하나님의 말씀을 못 듣습니다. 그래서 바로에게는 예수 열심히 믿는 사람이 설명을 해 줘야 합니다. 온 집안에서 예수 제일 잘 믿는 사람이 모세입니다. 그 사람이 남편에게 매일 핍박 받는 부인이든, 어린아이이든 상관없습니다. 구원 받지 못한 바로에게 말씀을 전해줄 그 한 사람이 필요합니다.

───

나는 성경 한 절 한 절마다 죄를 깨닫고 은혜와 긍휼을 누리는 모세입니까? 성경 말씀을 배우자와 자녀에게만 적용하면서 정죄와 판단의 몽둥이를 휘두르는 바로입니까?

하나님의 영광을 담는 그릇

혹 네가 내게 말하기를 그러면 하나님이 어찌하여 허물하시느냐 누가 그 뜻을 대적하느냐 하리니 이 사람아 네가 누구이기에 감히 하나님께 반문하느냐 지음을 받은 물건이 지은 자에게 어찌 나를 이같이 만들었느냐 말하겠느냐 토기장이가 진흙 한 덩이로 하나는 귀히 쓸 그릇을, 하나는 천히 쓸 그릇을 만들 권한이 없느냐_롬 9:19~21

하나님은 자신을 나타내기 위해 인간을 사용하십니다. 하나님의 도구로 귀히 쓸 그릇으로 또는 천히 쓸 그릇으로 그 뜻을 따라 지으십니다. 그릇이 토기장이에게 "왜 나를 만들었느냐?"고 할 수 있습니까? "왜 나를 이런 모양, 이런 색깔로 만들었느냐?"고 따질 수 있습니까?

우리 중에 부모를 선택해서 태어난 사람은 아무도 없습니다. 부모가 자신을 낳는 것을 목격한 사람도 없습니다. 만일 자녀가 "나는 왜 하필 이 집에서 태어났냐. 누가 낳아 달라고 했냐?" 이렇게 나온다면 부모로서 마음이 어떻겠습니까? 이미 그런 말을 들어보셨다고요? 그렇죠. 사실 자식들이 툭하면 들이대는 말이 "누가 낳아 달라고 했어?" 이겁니다. 언제 그럽니까? 용돈 안 줄 때, 사 달라는 것 안 사 줄 때 그런 말을 합니다. 자신의 만족을 채워 주지 않을 때 왜 나를 낳았냐고 반문하고 부모를 대적합니다.

만일 하나님이 그의 진노를 보이시고 그의 능력을 알게 하고자 하사 멸하기로 준비된 진노의 그릇을 오래 참으심으로 관용하시고 또한 영광 받기로 예비하신 바 긍휼의 그릇에 대하여 그 영광의 풍성함을 알게 하고자 하셨을지라도 무슨 말을 하리요_롬 9:22~23

바로와 같은 진노의 그릇을 오래 참으심으로 관용하시더라도, 모세처럼 긍휼의 그릇으로 영광의 풍성함을 알게 하셨다고 해도 그것은 하나님 마음입니다. 누가 감히 하나님께 반문하고 대적할 수 있습니까!

그렇기에 우리가 할 수 있는 것은 내가 긍휼의 그릇이 되기를 기도하는 것밖에 없습니다. 힘든 사건을 겪는다고 "왜 나를 태어나게 했느냐!"고 대적하는 것은 진노의 그릇입니다. 그러나 내 힘으로는 아무것도 할 수 없음을 인정하고 나의 교만과 죄를 고백하면 하나님의 영광을 담는 긍휼의 그릇이 될 수 있습니다.

응급실에서 행려병자에게 시달렸던 의사는 한 달 뒤 다시 그 환자를 만났습니다. 중환자실에서 만난 그의 몸에는 커다란 욕창이 생겼고 상처 부위에서는 고름이 줄줄 흐르고 있었습니다. 의사로서도 너무 피하고 싶은 환자였습니다. 온몸이 더러울 뿐 아니라 음식을 공급하는 튜브를 무의식중에도 자꾸 뽑아냈고, 다시 튜브를 꽂으려면 고집스럽게 입을 다물고 있어 모두를 힘들게 했습니다. 의사는 그런 그를 보며 '과연 이 사람에게도 돌아가고 싶은 시간이 있을까, 삶에 대한 열정이란 것이 있을까' 생각했다고 합니다.

그러던 어느 날 그 행려병자에게 면회객이 찾아왔습니다. 환자의 얼굴을 확인한 중년의 여인은 그의 이름을 부르며 통곡했습니다. 20년 전 헤어졌다는 그의 아내였습니다. 20년 만에 남편을 만난 여인은 모두가 손도 대기 싫어했던 그의 얼굴을 쓰다듬고 부비면서 눈물을 흘렸습니다. 후회나 회한 때문이 아니라 병든 남편이 불쌍해서 울었습니다.

그리고 곧바로 병 수발을 시작했습니다. 딸과 교대로 병실을 지키며 상처를 닦아 주고, 고름을 닦아 내고, 튜브로 음식을 공급하고, 틈나는 대로 성경을 읽어 주며 기도했습니다. 늘 처참하고 아픈 사람만 보면서 감정을 숨기던 중환자실 의료진들도 그 모습에 감동할 수밖에 없었습니다.

노인처럼 보였던 그 남자는 부인을 열렬히 사랑해서 끈질기게 꽁무니를 따라다니다가 결혼을 했습니다. 그런데 20년 전 부인이 둘째 아이를 임신했을 때, 다른 여자를 만나서 집을 나가 버렸습니다. 혼자 두 아이를 키우면서 부인이 얼마나 원망이 많았겠습니까? 그러나 부인은 남편이 떠나기 전에 보여 준 사랑을 생각하며 항상 아이들에게 아버지의 소중함을 이야기했습니다.

그래서 딸도 아버지를 따뜻한 사람으로 기억하며 정성스럽게 간호했던 것입니다.

어렵게 가족과 재회를 했지만 남자는 이미 가망이 없었고, 의사는 인공호흡기를 떼고 편안하게 해 주는 것만이 최선의 방법이라고 했습니다. 흐느껴 울던 부인은 의사를 붙잡고 군에 있는 아들이 휴가를 받아 오는 중이라고, 아들이 올 때까지만 기다려 달라고 했습니다.

그 순간 의사는 처음으로 하나님의 모습을 사람의 눈에서 발견했다고 합니다. 비참한 모습의 아버지라도 만나게 하려는 부인의 애원에 냉정하기로 소문난 과장도 그 요청을 받아들였습니다.

한 시간이 지난 뒤, 군복 차림으로 달려온 아들은 아버지를 부둥켜안고 흐느꼈습니다. 그리고 20년 만에 만난 남편이자 아버지를 둘러싸고 엄마와 자녀들이 함께 기도했습니다.

"하나님, 이 사람을 저에게 허락해 주셔서 감사합니다. 이 사람이 저에게 주었던 사랑과 그 사랑 때문에 가질 수 있었던 소중한 아이들 덕분에 저는 행복했습니다. 이제 떠나보내야 하지만 언제나 사랑했다고, 그리고 고마웠다는 말을 전하고 싶습니다."

부인의 기도를 들으며 중환자실에 있던 모든 사람들이 눈물을 흘렸습니다. 기도가 끝난 뒤 남자는 호흡기를 떼고 숨을 거두었습니다.

진노의 그릇으로 끝날 수밖에 없었던 가정이 엄마 한 사람으로 인해 긍휼의 그릇이 되었습니다. 진노의 그릇인 아버지 때문에 서로 미워하고 원망하고 대적할 수밖에 없는 상황인데도, 부인의 사랑과 감사가 모든 가족을 살렸습니다. 남편도, 혼자 살아온 20년의 시간을 마지막에 원망하지 않고 감사함으로 받았기에 하나님의 영광을 나타내는 귀한 그릇이 되었습니다.

이것이 하나님의 선택입니다. "하나님도 날 버리셨어" 이렇게 말할 수 있는 사람은 아무도 없습니다. "하나님이 왜 그 사람만 선택했다는 거야?" 이런 말도 할 수 없습니다. 나에 대해 오래 참음과 관용으로 기다려 주신 하나님을 생각할 때 무슨 말을 하겠습니까? "저런 사람은 담기 싫다"고, "하필이면 나를 왜 이런 그릇으로 쓰시느냐"고 반문할 수 있겠습니까!

우리가 감히 하나님에게 반문하는 악을 행하지 않기를 원합니다. 우리는 내게 임한 사건을 제대로 해석하지 못하기에 하나님을 원망하고 사람을 원망합니다.

예루살렘을 보고 우신 예수님처럼, 그 부인이 믿음 없는 남편을 보고 울었기에 결국 온 집안이 구원되는 역사를 이뤘습니다. 내 집안에, 내 교회에, 내 나라에 이런 한 사람이 있기를 간절히 바랍니다.

도저히 참아 줄 수 없는 사람, 배신하고 떠났다가 오갈 데 없는 병자로 나타난 남편이라도, 그 사람을 용납하는 것이 긍휼의 그릇입니다. 좋은 환경이나 대단한 업적으로 빛나는 그릇이 아니라 어떤 일에도 감사하며 하나님의 옳으심을 인정하는 것이 하나님의 영광을 담는 가장 귀한 그릇입니다.

―

못나든 잘나든 내가 하나님의 그릇으로 지음 받은 것에 대해 무조건적인 인정과 감사가 있습니까? 진노의 그릇 같은 가정 또는 직장에 하나님의 영광이 나타나도록 긍휼의 그릇으로 쓰이고 있습니까?

말씀으로 기도하기

하나님 아버지! 오늘도 저에게 원망과 억울함이 있습니다. 하나님이 내 입장이 되어 봤느냐고, 하나님이 불의하시다는 말을 쉽게 합니다.

하나님은 긍휼히 여길 자를 긍휼히 여기신다고 했습니다. 모세도 바로도 하나님의 도구로 쓰였는데, 나의 완악함 때문에 내가 바로가 될까 두렵습니다. 나는 옳고 하나님이 틀렸다고 하는 교만 때문에 진노의 그릇이 될까 두렵습니다. 주님, 내 속의 바로를 불쌍히 여겨 주시고 내 옆에서 바로의 역할을 하는 가족, 직장 상사를 불쌍히 여겨 주옵소서.

미워하고 원망하다 죽을 수밖에 없는 가정이 한 부인의 역할로 살아난 이야기를 들었습니다. 주님! 우리는 사랑을 할 수도, 만들 수도, 지을 수도 없습니다. 누구를 용납할 수도 없습니다.

그러므로 하나님의 긍휼이 저에게 덧입혀지기를 원합니다. 하나님의 사랑이 저와 우리 가정에 역사하기를 원합니다. 오래 참음과 관용으로 대하기 힘든 사람이 있습니다. 인내할 수 없는 환경에 있습니다. 그러나 어떤 일에도 하나님은 옳으십니다. 하나님이 하나님의 뜻으로 주신 사람과 환경이오니, 지금 이 자리에서 내가 하나님의 영광을 나타내게 하옵소서.

하나님이 나를 사랑하시기에 그 어떤 것도 감사함으로 받으며 날마다 하나님의 영광으로 빛나는 귀한 그릇이 되게 하옵소서. 감사합니다.
예수님 이름으로 기도하옵나이다. 아멘.

공동체 고백

영광스러운 인생

그동안 살아오면서 저의 입에서 습관적으로 나오는 말은 "나는 왜 이리 재수가 없지?"였습니다. 매일 밤 부모님의 싸움으로 옆집에 숨어 있으면서 '나는 왜 이리 재수가 없어 불행한 가정에서 태어났을까?' 하는 원망이 가득했습니다. 초등학교 6학년 때 부모님의 별거가 시작되고 위탁 받은 수하물처럼 아버지와 어머니 사이를 옮겨 다니면서, 저를 지으신 하나님께 "어찌 나를 이같이 만들었느냐"(롬 9:20)며 반문하고 원망하다가 결국 고등학생 때 하나님을 등졌습니다.

어머니와 살면서 생활고를 견디다 못해 어쩔 수 없이 팔았던 집이 6개월 뒤에 재개발 지역으로 지정되어 팔았던 가격의 세 배가 오르는 사건이 있었습니다. 그리고 대학 졸업반 때에는 IMF 외환 위기로 나라 경제가 어려워지면서 취업이 힘들어져 제가 원하는 직장에 들어가지 못했습니다. 그러다 마지못해 다니던 직장에서도 마음을 붙이지 못하고 몇 년을 다니다가 그만두었습니다. 그런데 제가 퇴직한 몇 개월 후, 그 회사에서 우리사주를 통해 주식을 직원들에게 나눠 주고 그 회사가 코스닥 상장을 하게 되면서 예전 동료들이 몇 억씩 수익을 챙겨 가는 것을 보면서 '역시 난 재수가 없고 하나님이 날 버리셨다'고 생각했습니다.

'하나님이 주시지 않는 것을 내 힘으로 얻겠다'는 마음으로 더욱 세상에 매달렸지만, 상황은 나아지지 않고 한곳에 정착하지 못한 채 이곳저곳을 기웃거리며 '한 방'을 노리는 삶을 살게 되었습니다. 결국 하나님은 멸하기로 준비된 진노의 그릇을 오래 참으심으로 관용하시다가(롬 9:22) 인생의 한 방을 위해 준비하던 불법 태국 마사지 가게를 망하게 하시어 저를 '한 방'에 무릎 꿇게 하셨습니다. 그리하여 하나님은 저를 낮아지게 하시고 다시 아버지의 품으로 돌아오게 하시어, 살아 계신 하나님의 아들이라 일컬음을 받도록 하셨습니다(롬 9:26). 당시에는 이 사건이 해석되지 않았지만, 나중에 말씀을 들으며 위기가 기회가 되는 사건임을 깨닫게 되었습니다.

그 후 지금의 교회로 인도 받고 여러 양육을 통해 말씀으로 삶을 해석하는 훈련을 거치고 있지만, 여전히 생색과 원망으로 되었다 함이 없는 인생을 살고 있습니다. 하지만 사건이 올 때마다 소그룹 모임에서 저의 부족함과 죄를 나누니 예전처럼 힘들지 않고 지옥이 아닌 천국을 살고 있습니다.

지금은 청소 용역을 하며 인생의 한 방을 꿈꾸던 삶에서 예전에는 상상하지도 않았던 남의 용변이나 짐승의 사체까지 치우는 삶으로 바뀌었습니다. "토기장이가 진흙 한 덩이로 하나는 귀히 쓸 그릇을, 하나는 천히 쓸 그릇을 만들 권한이 없느냐"(롬 9:21)라는 말씀처럼, 저 또한 그분의 권한으로 만드셨음을 인정하게 되니 원망과 불평보다는 감사가 나옵니다. 재수 없던 인생에서 영광스러운 인생으로 바꾸어 주신 하나님, 감사합니다(롬 9:23).

남은 자가 되자

로마서 9:24~33

아버지 하나님, 우리 모두가 하나님의 남은 자가 되게 하여 주옵소서.
예수님 이름으로 기도하옵나이다. 아멘.

"누구의 축복도 받지 못해서, 이 세상에 잘못 태어났다"고 하는 자매가 있
었습니다. 6·25 전쟁에서 남편을 잃은 어머니는 첫딸을 친정 언니에게 맡
기고 재혼을 했습니다. 그 결혼에서 자매가 태어났는데, 두 번째 남편인 자
매의 아버지도 교통사고로 세상을 떠났습니다. 어머니가 친정 언니에게 맡
겼던 첫딸을 데려오면서, 자매의 표현에 의하면 '처참한 여자들' 셋이서 같이
살게 되었습니다.

어머니는 주일학교 교사였지만 늘 두 딸을 부끄러워했습니다. 아버지가
달라서 딸들의 성(姓)이 다르다는 것이 드러날까 봐 전전긍긍하며 숨길 것을
당부했습니다. 어머니의 첫 남편의 호적에 언니가 올라 있었기 때문에 사실

자매는 법적으로는 아버지도, 어머니도 없는 고아였습니다. 밤이면 자신을 어느 집에 입양시킬까 의논하는 소리를 들으면서 일부러 잠든 척을 해야 했습니다. 언니의 친가에서 친척들이 찾아오면 집을 나와 동네를 빙빙 돌다가 손님들이 돌아간 뒤에야 집에 들어갈 수 있었습니다.

어른이 된 뒤 시집간 언니의 집에 놀러 갔다가 언니의 시어머니가 하는 소리를 들었습니다. "애, 애들 이모는 입양해서 키운 동생이라며? 어쨌든 남남이니까 네 남편하고 가까이 못 지내게 늘 조심해라."

조카들이 들을까 무서웠습니다. 도망치듯 언니의 집을 나오면서 차라리 죽어 버리자고 마음을 먹었습니다. 일생 벌레처럼 살아온 인생, 약이라도 먹고 죽어 버리는 것이 최선이라고 생각했습니다.

버림받은 사람들

또 이사야가 이스라엘에 관하여 외치되 이스라엘 자손들의 수가 비록 바다의 모래 같을지라도 남은 자만 구원을 받으리니_롬 9:27

그 수가 바다의 모래 같을지라도 구원을 얻는 자가 있고 얻지 못하는 자가 있습니다. 출애굽할 때 이스라엘 백성의 수는 200만에서 250만 명으로 추정되는데, 광야를 지나 가나안 땅에 도착한 사람은 몇 명입니까? 애굽에서 나온 그 많은 광야 1세대 중에서 하나님이 약속하신 가나안에 들어간 사람은 여호수아와 갈렙 단 두 사람뿐이었습니다.

하나님 입장에서 그것이 쉬운 일이었겠습니까? 힘들게 출애굽한 하나님의 자녀들이 약속의 땅에 들어가지 못하는 것이 가슴 아프셨을 겁니다.

우리가 교회에 다니고 예배를 드리고 있다는 것은 분명 우연한 일은 아닙니다. 억지로 왔든지, 좋아서 왔든지, 습관적으로 왔든지 어쨌든 한 번이라도 교회에 발을 들인 것은 결코 우연이 아닙니다. 분명 하나님의 택하심이 있어서 오게 된 것입니다. 누구를 통해서든 자원해서든 하나님의 계획 안에서 복음을 듣고 교회에 발을 들이게 됐습니다.

그러나 교회에 왔다고 해서 모두가 남은 자는 아닙니다. 결국 두 종류의 사람으로 나뉠 것입니다. 남은 자로 구원을 얻는 자와 구원을 얻지 못하는 자입니다.

구원 받지 못한 자는 하나님의 마음을 아프게 하는 자입니다. 우리는 모두 남은 자가 되어야 합니다. 나를 지으시고 택하신 아버지가 누구인지를 알고, 그 아버지께서 주시는 풍요한 삶을 살아야 합니다. 세상이 나를 버림받은 자로 여길지라도 하나님의 남은 자가 되어 구원의 부요함을 누려야 합니다.

이 그릇은 우리니 곧 유대인 중에서뿐 아니라 이방인 중에서도 부르신 자니라_롬 9:24

'이 그릇'은 '영광 받기로 예비하신 바 긍휼의 그릇'(롬 9:23)입니다. 하나님의 영광을 나타내는 이 그릇이 바로 우리라고 합니다.

앞에 말한 자매는 아무도 자신을 긍휼히 여기지 않는다고 생각했습니다. 친엄마도 부끄러워하는 존재, 엄마와 함께 교회에 다녀도 성(姓)도 밝힐 수 없는 자매였습니다. 그러나 하나님은 자매를 택하셨습니다. 누구도 돌아볼 것 같지 않은 자매를 긍휼히 여기시고 돌아보셨습니다.

신문에 이런 기사가 났습니다. 장애아 아들을 내버린 비정한 30대 부모가 범행 4년 만에 잡혔습니다. 경찰 조사 결과 이 부부는 아들이 선천적 다운증후군이라는 사실을 수치스럽게 여긴 나머지 2000년 4월 익산시 어느 장애인 시설 앞에 아들을 버렸습니다. 그리고 "정말 죄송합니다. 아이는 1996년 0월 0일 생, 성은 이(李) 씨"라는 한 장의 쪽지를 남겼습니다.

아이를 버렸다는 사실보다 더 충격적인 것은 이 부부가 각각 정부 투자기관과 국내 굴지의 보험회사에서 근무하는 남부러울 것 없는 사람들이었다는 사실이었습니다. 키울 형편이 안 돼서 버린 것이 아니었습니다.

이 부부에게 다운증후군 아들은 떼어 버리고 싶은 혹과 같은 존재였습니다. 먼저 태어난 큰아들이 준수한 얼굴에 공부까지 잘하니까 장애를 가진 둘째 아들에 대한 미움과 수치심은 더욱더 커졌습니다. 그래서 일부러 내다 버리고는 허위로 가출 신고까지 했습니다.

이런 기사를 볼 때 어떤 생각이 드십니까? 그런 부모는 죽어 마땅하다고 생각하십니까? 이들은 건강하지 않다는 이유만으로 자기가 낳은 자식을 버린 못된 부모입니다. 정말 불쌍한 사람들입니다. 좋은 직업과 사회적인 안정, 똑똑한 자녀를 가지고도 장애아 한 명을 받아들이지 못하는 진정 불쌍한 사람들입니다. 긍휼히 여기고 싶지도 않은 사람들입니다.

그러나 하나님의 긍휼의 선택은 차별이 없습니다. 누구에게나 임하는 것입니다. 유대인도, 바울의 서신 로마서를 받은 로마 사람들도, 이방인도 다 포함됩니다. 긍휼히 여길 만한 사람, 그렇지 않은 사람이 따로 있는 게 아닙니다. 버린 자도, 버림받은 자도 하나님은 긍휼의 그릇으로 택하시고 그들을 부르십니다. 그 부르심에 응하는 자만이 하나님의 남은 자로 구원을 얻을 수 있습니다.

복음적인 교회에 출석하고, 모태신앙으로 경건하게 신앙생활을 했어도 남은 자가 아닐 수 있다는 것에 동의합니까? 자격이나 행함이 아니라 차별이 없는 하나님의 긍휼로 남은 자가 되는 것을 믿습니까?

사랑 받는 사람들

> 호세아의 글에도 이르기를 내가 내 백성 아닌 자를 내 백성이라, 사랑하지 아니한 자를 사랑한 자라 부르리라 너희는 내 백성이 아니라 한 그곳에서 그들이 살아 계신 하나님의 아들이라 일컬음을 받으리라 함과 같으니라_롬 9:25~26

바울이 로마서 9장에서 하나님의 선택을 설명하면서 창세기의 이스마엘과 이삭, 출애굽기의 모세와 바로를 이야기했는데 이번에는 호세아서를 언급합니다. 로마서 9장 한 장에서 구약 전체를 꿰뚫어 설명하고 있습니다.

어떤 분야에든 전문가가 있습니다. 그 분야 중에서도 가장 귀한 것이 영혼 구원이기 때문에 우리는 구원을 전하는 말씀의 전문가가 되어야 합니다. 성경이 있으면 의학 지식이 없어도 누구나 사람을 살리는 전문가가 될 수 있습니다. 복음으로 사람을 살리려면 말씀 전문가가 되어야 합니다. 육신의 생명을 살리는 데는 의학이 필요하지만 영의 생명을 살리는 데는 하나님의 은혜가 필요하기 때문입니다.

호세아는 바로 그 은혜를 삶으로 보여 준 선지자입니다. 그의 아내 고멜은 부정한 여인이었습니다. 남편 호세아를 두고 두 번이나 바람을 피우고 집을 나갔습니다. 한 번은 임신을 한 상태로 나갔습니다. 도저히 용서할 수 없는 그런 아내를 하나님은 그냥도 아니고, 값을 지불하고 데려오라고 하셨습니다.

부인만 문제가 아니었습니다. 세 아이가 있었는데 첫째 아들은 이스르엘 (하나님이 이스라엘을 폐하실 것이다)이고, 둘째 딸은 로루하마(내가 다시는 이스라엘 족속을 긍휼히 여겨서 사하지 않겠다)이고, 셋째 아들은 로암미(내 백성이 아니다)라는 이름을 붙일 정도였습니다.

부인은 바람이 나고, 자녀들은 도무지 소망이 없었습니다. 남들이 보면 "왜 사니?" 할 지경입니다. 다운증후군 아들을 버린 부모처럼 호세아 역시 아내고, 자식이고 다 버리고 싶었을 것입니다. "내가 명색이 하나님의 선지자인데 어쩌다 우리 집이 이런 콩가루 집안이 되었는가!" 하지 않았겠습니까? 그렇다고 호세아가 하나님 때문에 억지로 고멜을 데려왔을까요? 선지자로서 말씀을 적용하느라고 용서할 수 없는 부인을 억지로 데리고 왔을까요? 저는 그렇게 생각하지 않습니다. 하나님의 은혜로 호세아에게도 고멜을 사랑하는 마음이 있었을 것입니다.

호세아 시대는 이스라엘이 멸망하기 직전입니다. 호세아는 자신의 가정을 보면서 망하기 직전 이스라엘의 영적 암흑을 볼 수 있었습니다. 망하는 것도 모른 채 비파를 뜯고, 송아지 고기를 즐기는 이스라엘을 향한 하나님의 안타까움을 알았습니다. 그는 그 하나님의 사랑에 공감하며 문제 많은 고멜과 자녀들을 사랑할 수 있었을 것입니다. 콩가루 같은 자기 가정을 통해서 다른 가정의 문제도 공감하고 함께 애통했을 것입니다. 그래서 함께 울고 기도하며 하나님의 백성이 아닌 자를 백성이 되게 하고, 사랑하지 아니한 자를 사랑하는 자 되도록 하나님의 사랑을 힘써 전하게 됐습니다.

사랑이 우리를 남은 자 되게 합니다. 호세아의 사랑은 부인을 변화시키고, 이스라엘을 변화시키고, 수천 년이 지난 지금 우리 마음에도 사랑의 울림을 전하고 있습니다. 아무리 용서가 안 되고, 가망이 없는 사람이라도 사랑으로 살릴 수 있다는 것을 가르쳐 주고 있습니다.

—

하나님도 버리신 것 같은 사람, 도저히 용납할 수 없는 사람이 있습니까? 가망 없는 나를 사랑으로 살리신 하나님 때문에, 가망 없는 이들을 찾아가서 복음을 전하고 있습니까?

부끄러움이 없는 사람들

또 이사야가 이스라엘에 관하여 외치되 이스라엘 자손들의 수가 비록 바다의 모래 같을지라도 남은 자만 구원을 받으리니 주께서 땅 위에서 그 말씀을 이루고 속히 시행하시리라 하셨느니라 또한 이사야가 미리 말한 바 만일 만군의 주께서 우리에게 씨를 남겨 두지 아니하셨더라면 우리가 소돔과 같이 되고 고모라와 같았으리로다 함과 같으니라_롬 9:27~29

출애굽한 이스라엘의 광야 1세대 이백만 명 중에서 두 명만 가나안 땅에 들어갔다고 했습니다. 많은 사람이 약속의 땅에 이르지 못한 것처럼, 많은 사람이 구원 받지 못하고 망할 수밖에 없습니다.

하지만 모두가 구원 받는 것은 아니라고 해도 모두가 멸망하는 것도 아닙니다. 하나님은 반드시 그 말씀을 이루사 우리를 남은 자 되게 하시고 구원을 얻게 하십니다. 호세아의 사랑으로 씨를 남겨 두시고 구원으로 인도하신 것처럼 나 한 사람을 통해 우리 가정에 믿음의 씨를 남겨 두십니다.

유혹이 많은 세상에서 어떻게 남은 자가 됩니까? 적은 수가 들어갈 수밖에 없는 그 좁은 길에서 어떻게 남은 자가 될 수 있을까요. 예수님께서 사역을 하실 때에도 기적을 베풀면 많은 사람이 모입니다. 그러나 오병이어의 기적을 보이면 사람들이 많이 모이다가도 "나는 생명의 떡이다, 나를 먹고 마시라"고 하면 "이 말씀은 어렵도다 누가 들을 수 있느냐"(요 6:60) 하면서 다 도망갑니다. 십자가의 길을 전하면 사람들이 다 흩어집니다.

그래서 우리에게는 가지치기가 필요합니다. 큐티는 하나님의 말씀으로 내 욕심과 죄를 가지치기하는 것입니다. 소돔과 고모라 같은 절망의 상황에서도 말씀을 묵상하고 적용할 때, 하나님이 남겨 두신 씨로 구원을 이룰 수 있습니다.

> 그런즉 우리가 무슨 말을 하리요 의를 따르지 아니한 이방인들이 의를 얻었으니 곧 믿음에서 난 의요 의의 법을 따라간 이스라엘은 율법에 이르지 못하였으니 어찌 그러하냐 이는 그들이 믿음을 의지하지 않고 행위를 의지함이라 부딪칠 돌에 부딪쳤느니라_롬 9:30~32

이방인도, 이제 막 복음을 들은 사람도 '믿음으로' 구원을 얻습니다. 오래 믿은 사람들 가운데 '당연히 나는 믿음이 있지' 하면서 율법에 치중하는 경우가 있습니다. 그러나 성경 어디를 봐도 율법을 지킬 만한 인생은 한 명도 없습니다. 율법으로 구원에 이를 사람이 아무도 없습니다.

하나님이 나를 선택하셨는지 아닌지 어떻게 알 수 있습니까? 내 행위가 의로워짐으로 알 수 있습니까? 합리적인 이성과 지식으로 알 수 있습니까?

하나님이 나를 선택하신 것은 믿음으로 알 수 있습니다. 내 힘으로는 의에 이를 수 없다는 것, 그것을 인정할 때 하나님의 선택을 알 수 있습니다.

하나님은 내가 율법을 지킬 수 없다는 것을 아시고 만세 전부터 예수님을 약속으로 주셨습니다. 나의 노력과 선행으로는 의에 이를 수 없기에 반석이신 예수님을 의지해서 의에 이르도록 예비해 놓으셨습니다.

그런데 우리는 날마다 "내가 다 한다"고 큰소리칩니다. 인간 승리를 외칩니다. 그렇게 행위만 부르짖으니까 내가 의지해야 할 예수님이 도리어 매사에 부딪치는 걸림돌이 되는 것입니다. 고난이 와도 "나는 그렇게 열심히 했는데 왜 이런 고난이 오느냐?" 하며 하나님부터 원망합니다. 사건들이 내 인생의 걸림돌이 됩니다.

그러다가 축복을 주셔서 조금 풀리게 되면 이번에는 "내가 그만큼 잘해서 먹고살 만해졌다" 합니다. 그렇게 먹고살 만하면 "이 날씨 좋은 휴일에 교회는 왜 가냐?" 하니 또 인생의 걸림돌이 될 수밖에 없습니다. 고난이 와도 걸림돌, 축복이 와도 걸림돌입니다.

기록된 바 보라 내가 걸림돌과 거치는 바위를 시온에 두노니 그를 믿는 자는 부끄러움을 당하지 아니하리라 함과 같으니라_롬 9:33

서두에 등장했던 자매의 어머니는 주일학교 교사이면서도 두 딸의 아버지가 다르다는 걸 숨기려고 전전긍긍했다고 했습니다. 행위에 의존하는 사람들은 부끄러운 것이 많습니다. 외적으로 완벽하게 보여야 하기에 실수나 상처를 숨기느라고 누구보다도 힘들게 살아갑니다.

그렇게 피땀 흘려 지은 내 행위의 집에, 반석이신 예수님이 떨어져서 무너진다면 그것은 축복입니다. 그 반석이 내 집을 무너뜨려도 우리 집안의 모퉁이 머릿돌 되시는 너무나 고마운 돌입니다. 행위로 가장하고 숨겨서는 부끄러움을 피할 수 없습니다. 반석이신 예수님을 만나서 깨어지는 것이 부끄러움을 당하지 않는 비결입니다.

그러므로 믿음은 부끄러움이 없는 것입니다. 이 말씀을 소리 내어 읽어 보십시오.

"그를 믿는 자는 부끄러움을 당하지 아니하리라!"

행위로는 부끄러움의 문제를 해결할 수 없습니다. 오직 믿음으로만 해결할 수 있습니다. 믿음은 내가 완전하지 않다는 것, 내가 죄인이라는 것을 인정하는 것입니다. 누가 나의 수치와 죄를 지적해도 믿는 자는 이미 스스로의 죄를 인정하고 있기 때문에 부끄러움을 당하지 않습니다.

우리는 날마다 "내가 죄인"이라고 기도합니다. 그러나 누가 나를 지적하며 "당신이 죄인이다"라고 하면 당장 성질부터 냅니다. 특히 유대인들이 그랬습니다. 유대인들이 성경 박사에 히브리어 토씨 하나까지 외우면서도 자기 죄는 모르고, 다른 사람을 판단하고 정죄했습니다. 오직 행위에 의존하며 외식과 위선을 행했던 그 모습이 우리에게도 있습니다.

이 세상에 완전한 사람은 없습니다. 내 약점을 숨겨 놓고 있다가 어느 날 빛이 비춰서 드러나면 얼마나 부끄럽겠습니까? 믿음의 사람은 이미 빛 가운데 드러나 있기 때문에 부끄러움을 당하지 않는 것입니다.

부끄러운 사연으로 친다면 앞에 말한 자매보다 더 부끄러운 사람이 없을 것 같습니다. 아버지가 없는 환경, 호적이 다른 엄마와 언니, 그 엄마와 언니마저도 자신을 부끄럽게 여겨서 입양해 왔다고 거짓말을 하는 사실 자체가 부끄러움의 대상이었습니다. 사람들에게 말도 안 되는 오해를 받으며 스스로 부끄러워서 죽고만 싶었다고 합니다.

결국 그러한 고통 속에서 자매는 '불행한 너와 내'가 만나 '불행한 우리'가 될 수밖에 없는 불행한 결혼을 했습니다. 남편은 술과 무능력으로 자매를 지치게 했습니다. 결국 자매가 생계까지 책임져야 했습니다. 아들을 둘이나 낳은 뒤에도 남편은 달라지지 않았습니다. 더 이상 버틸 수가 없어서 이혼을 선택했습니다. 그때 누구라도 "참고 살아라" 했다면 말리는 그 사람까지도 죽을 때까지 안 볼 생각이었다고 합니다. 당시에는 하나님을 만나지 못했기에 자매에게는 그것이 살아남기 위한 최선의 방법이었습니다.

자매는 이혼 후 생계를 위해서 계속 돈벌이를 해야 했는데 일곱 살, 다섯 살 된 두 아들이 문제였습니다. 혼자 사는 친정엄마에게 아이들을 돌봐 줄 수 있겠느냐고 사정했지만 엄마는 "절대 기댈 생각 말라"고 거절했습니다.

이혼한 남편은 아이들의 안부에도 관심이 없었고, 자매는 아들이 남편 얼굴을 닮은 것만 봐도 싫었습니다. 아들이 남편처럼 자랄까 봐 두려웠던 자매에게 깊은 우울증까지 찾아왔습니다. '모든 것이 죽어야 끝나겠구나' 생각하니 막막하기만 했습니다.

그러나 하나님은 자매의 어두운 환경 가운데서도 이웃 아주머니를 통해 말씀을 듣게 하셨습니다. 초등학교 입학식 때 연필 한 다스를 들고 찾아와 손을 잡아 주던 친척 언니의 사랑을 기억하게 하셨습니다. 감당할 수 없이 힘들 때면 새벽에 교회로 달려가 하나님께 부르짖으며 기도를 드렸습니다.

그러다 사춘기에 접어든 아들로 인해 마음이 힘들 때 한 집사님의 인도로 우리들교회에 오게 되었고, 처음 와서 들은 로마서 3장 설교가 자매의 마음에 꽂혔다고 합니다. 교회를 다니면서도 48명의 여성을 연쇄적으로 살해한 게리 리지웨이를 이해할 것 같았습니다. 자신도 교회 다니는 가족들에게 상처를 받으면서 목사님들을 다 죽이고 싶었던 분노를 경험했기 때문입니다. 또한 '인간은 100% 죄인'이라는 메시지를 들으며 어머니의 두 번의 사별도, 언니와 아버지가 다르다는 것도, 자신이 그런 남편을 만나고 이혼한 것도 누구를 원망할 일이 아님을 깨달았습니다.

자신을 포기하지 않으시는 주님의 사랑을 깨달은 자매는 그동안 용서할 수 없었던 언니와 형부가 생각났습니다. 20년 동안 연락을 끊고 지냈던 언니를 찾아가기로 결단했습니다. 떨리는 마음으로 전화를 하고 언니의 생일에 노란 프리지아 꽃을 사 들고 찾아갔습니다. '언니가 어떻게 받아들일까, 조카들은 어떨까' 두렵고 떨렸는데 언니는 눈물을 글썽이며 맞아 주었고 조카들도 반겨 주었습니다. 자매는 이 모든 일이 너무나 기쁘고 감사하다고, 이것이 말씀의 위력이라고 교회 홈페이지에 간증을 올렸습니다. 생각하기도 싫었던 사연들을 부끄러움 없이 드러내게 되었습니다.

곱고 예쁜 자매에게 그런 사연이 있으리라고는 상상을 못 했습니다. 모태신앙으로 50년 가까이 교회를 다녔는데 그동안은 절대 이런 이야기를 못 했다고 합니다. 엄마가 자신을 부끄러워했던 것처럼 자매도 부끄러움의 문제가 해결되지 않아서 자유를 누리지 못했던 것입니다.

교회를 다녀도 집집마다 해결되지 않은 부끄러움의 문제가 다 있습니다. 우리 집만 콩가루 집안인 것 같고, 나만 문제투성이인 것 같아서 다들 속에다가 쇳덩어리를 안고 살아갑니다. 수치와 정죄의 덩어리 때문에 숨을 못 쉴 지경입니다.

하나님의 은혜만이 그 쇳덩어리를 녹일 수 있습니다. 어떤 부끄러운 사연이라도 말씀으로 해석되면 모든 것이 풀어집니다. 부끄럽기로 말하면 예수님 집안만 한 데가 있습니까? 시아버지와 동침한 며느리 다말, 기생 라합,

유부녀와 간음하고 살인한 다윗, 처녀로서 아기를 잉태한 마리아가 예수님 집안의 사연입니다. 이 말할 수 없는 수치와 죄의 사슬을 끊고 예수님이 오셨습니다.

믿음에는 부끄러움이 없습니다. 오직 구원을 위해 쓰임 받으라고, 자매에게도 우리에게도 구원을 위해 쓰임 받으라고 고난과 수치를 주십니다. 얼마나 많은 사람들이 자매와는 비교도 안 되는 부끄러움의 문제로 자살을 하는지 모릅니다. 우리나라 사망 원인의 두 번째가 자살이 되었다고 합니다. 자매야말로 수백 번도 넘게 자살을 생각했던 사람입니다. 말도 못 하는 수많은 고통이 있었습니다.

그러나 믿음으로 부끄러움의 문제를 해결하고 자신의 사연을 오픈하고 나니 다른 사람들을 돕는 사명이 주어졌습니다. "나도 이런 일을 당했다" 하며 공감하니 같은 어려움을 겪은 사람들이 살아났습니다. 자신의 고난을 통해 사람을 살리는 사명을 감당하게 된 이 자매야말로 하나님의 남은 자입니다. 불쌍한 사람이 아니라 정말 부러운 사람입니다.

힘들고 사연 많은 우리에게 이렇게 큰 사명이 있습니다. 힘들고 사연 많은 우리 집안에 하나님의 엄청난 계획이 있습니다. 이제는 믿음으로 내 부끄러움의 문제를 해결하고, 도저히 긍휼히 여길 수 없는 누구라도 찾아가야 합니다. 사랑할 수 없는 사람들, 사랑 받지 못한 사람들을 찾아가서 그들에게 남겨 두신 씨를 보기 원합니다. 죄와 상처로 처절히 무너진 내 자신에게서 하나님이 남겨 두신 씨를 보기 원합니다.

걸림돌과 거치는 바위를 만나 나의 자아가 깨어져야 어떤 일을 겪어도 부끄러움을 당하지 않습니다. 하나님의 남은 자로서 구원의 사명을 감당할 수 있습니다.

부끄러워서 숨기는 이혼과 재혼, 사별, 입양의 사연이 있습니까? 술, 담배, 음란의 중독이 있습니까? 죄와 수치를 드러내고 빛 가운데 나오라는 설교가 부딪치는 돌이 되어서 화가 납니까? 내 부끄러움의 간증으로 남은 자의 사명을 잘 감당하고 있습니까?

말씀으로 기도하기

하나님 아버지! 저의 어떤 모습도 차별하지 않으시고 긍휼의 그릇으로 불러 주시니 감사합니다. 하지만 우리 집안을 생각할 때 호세아의 가정처럼 음행과 부정과 고통이 있습니다. 누구 한 사람 떳떳하게 드러낼 수가 없습니다. 긍휼히 여길 수도, 사랑할 수도 없는 모습이 내 자신과 가족들에게 있습니다.

그러나 아버지 하나님, 이 환경 가운데서도 하나님이 주신 호세아의 사랑은 온 인류를 변화시키는 사랑입니다. 수천 년이 지난 지금도 우리를 변화시키는 사랑입니다. 저에게도 이 사랑을 허락해 주옵소서. 하나님이 부어 주신 사랑으로 내 자신을 사랑하고, 가족을 사랑하며, 멸망할 수밖에 없는 우리 모두가 하나님의 남은 자로 살아나게 하옵소서.

하나님이 반드시 말씀을 이루사 저로 남은 자 되게 하실 것을 믿습니다. 망가질 대로 망가진 배우자, 자녀 안에서 하나님이 남겨 두신 사랑의 씨, 믿음의 씨를 소망 가운데 보게 하옵소서.

아직도 내 의로 살아가기에 걸림돌과 거치는 바위가 많은 인생입니다. 내 부끄러움 때문에 말씀을 들어도 걸림돌에 걸려 넘어질 때가 많습니다. 주님, 부끄러운 일 때문에 부끄러운 것이 아니라, 믿음이 없어서 부끄럽다는 것을 알게 하여 주옵소서. 반석이신 그리스도를 만나지 못해 부끄러움으로 병들고 죽어 가는 우리를 살려 주옵소서.

믿는 자는 부끄러움을 당하지 않는다고 하셨습니다. 어떤 문제라도 말씀으로 깨우치며 나를 위한 주님의 사랑을 깨달을 때 내가 다시 살아날 것을 믿습니다. 믿음으로 다시 살아나서 가정을 변화시키고 다른 이들을 돕는 하나님의 남은 자가 될 것을 믿습니다. 축복하여 주옵소서.

예수님 이름으로 기도하옵나이다. 아멘.

믿음은 내가 완전하지 않다는 것,
내가 죄인이라는 것을 인정하는 것입니다.
누가 나의 수치와 죄를 지적해도
믿는 자는 이미 스스로의 죄를 인정하고 있기 때문에
부끄러움을 당하지 않습니다.

공동체 고백

문제가 보석이다

제가 어릴 때 아버지가 돌아가시자 경제력이 없으셨던 어머니는 극심한 가난 속에서 하루하루 끼니를 걱정하며 살았습니다. 그러나 신문 배달을 하며 등록금을 버는 등 육체의 고난은 참을 수 있지만, 엄마의 남자로부터 2년간 성추행을 당한 일은 그 누구에게도 말할 수 없는 수치로 여겨져 괴롭고 힘든 나날을 보냈습니다. 어느 날 집을 나갔던 큰오빠가 찾아와 "힘들면 학교를 휴학하고 나중에 다니자"고 해서 자퇴를 하고 중3이 되던 해에 담임 선생님의 부모님 댁으로 보내지게 되었습니다. 그곳에서 2년간 가정부로 지냈는데, 그 일이 하나님이 저를 보호하신 것임을 지금의 공동체에 와서야 깨닫게 되었습니다.

가난했던 어린 시절의 슬픔과 학업을 중도에 포기했던 일, 성추행의 사건들을 겪으면서도 하나님이 아닌 내 행위를 의지하며(롬 9:32) 살았기에 교양으로 나 자신을 포장하며 아무 문제없는 사람처럼 지냈습니다. 큰오빠의 전도로 교회를 다녔지만, 내 열심으로 성가대와 교사로 섬기며 상처를 직면하지 않고 회피했습니다. 한 집사님의 소개로 남편을 만나 행복을 꿈꾸며 결혼했지만, 도박 중독으로 늘 부재중인 남편으로 인해 제가 꿈꾸던 따뜻한 가정은 산산이 부서졌습니다. 외롭고 힘든 날들을 두 딸과 함께 보내며 이혼을 생각하면서도 자기 의를 세우려고 힘쓰며(롬 10:3) 남편을 고쳐 보고자 금식기도도 하고, 정신과 치료를 권해 보기도 하고, 집도 나가 보았습니다. 그러다 내 힘으로 고칠 수 없음을 알고 이혼을 했습니다. 바울 사도의 원함과 구함은 늘 이스라엘의 구원이었지만(롬 10:1), 저는 세상이 주는 행복한 가정과 물질을 원하고 구했습니다.

하나님은 이런 저를 말씀이 있는 지금의 교회로 인도하시고, 하나님에 대한 올바른 지식(롬 10:2)을 알게 해 주셨습니다. 소그룹 모임에서 "일주일을 어떻게 지냈느냐"는 리더의 질문에 저는 "아무 문제 없이 지냈다"고 하니 "문제가 없으면 문제가 있는 것이고, 문제가 있으면 문제가 없는 것"이라고 했습니다. 그땐 이해되지 않았지만, 내 자신을 직면하게 해 주는 문제가 보석이라는 것을 양육을 받으며 알게 되었습니다. 지체들의 진솔한 나눔을 들으며 진정한 위로를 받았고, 누구에게도 말하지 못한 저의 수치와 상처를 고백하니 주 안에서 자유를 누리게 되었습니다(롬 9:33). 그리고 저의 영적 교만과 악함으로 가정을 지키지 못하고 이혼한 것을 하나님께 회개한 뒤, 남편과 재결합하였습니다. 그러나 몇 달 전, 남편은 혼자 지내고 싶다며 집을 나갔습니다. 끝이 보이지 않는 사건에서 저는 100% 옳으신 하나님을 신뢰하며 눈물로 기도밖에 할 것이 없습니다. 저와 두 딸의 거룩을 위해 수고하고 있는 남편이 반석이신 예수님을 속히 만나게 되기를 간절히 기도합니다.

2.
절대 순종하는 삶
(10:1~11:36)

이성(머리)으로 하나님을 알았으면 마음으로 받아들이고
의지로 행하는 것, 그것이 순종입니다.
이 과정 없이 그냥 의지로 하는 것은 거짓된 열심입니다.

바른 지식을 갖자

로마서 10:1~13

아버지 하나님, 우리가 하나님을 알고 복음을 아는 데 바른 지식을 갖게 되기 원합니다.
머리로만 아는 것이 아니라 날마다 나를 새롭게 하고
다른 이들을 구원으로 인도하는 바른 지식을 갖게 되기 원합니다.
예수님 이름으로 기도하옵나이다. 아멘.

길을 가다 보니 'ㅇㅇ국시'라는 식당 간판이 보였습니다. 국수와 국시의 차이가 뭘까 궁금했는데 신문에서 다음과 같은 글을 읽었습니다.

"국수는 '밀가루'로 만들고 국시는 '밀가리'로 만듭니다.
밀가루는 '봉투'에 들어 있고 밀가리는 '봉다리'에 들어 있습니다.
봉투는 '침'을 발라 만든 것이고 봉다리는 '춤'을 발라 만든 것입니다.
침은 '혓바닥'에서 나오는 것이고 춤은 '샛바닥'에서 나옵니다.
혓바닥은 '학교 다닌' 사람 것이고 샛바닥은 '핵교 댕긴' 사람의 것입니다."

재미로 알아 둘 만한 지식이죠? 그런데 이것이 바른 지식일까요? 인생의 중요 문제들을 해결하기 위해서는 어떤 지식이 필요할까요?

열심히 하고도 빵점

형제들아 내 마음에 원하는 바와 하나님께 구하는 바는 이스라엘을 위함이니 곧 그들로 구원을 받게 함이라_롬 10:1

우리는 기도할 때 내 마음에 원하는 바를 하나님께 간구합니다. 마음속으로는 성공과 물질을 원하면서도 기도할 때는 팔복을 구하는 사람도 있습니다. 하지만 바울 사도의 권면처럼 원하는 바와 구하는 바는 같아야 합니다.

바울 사도의 원함과 구함은 늘 구원이었습니다. 특히 행위를 자랑하는 사람들, 그래서 자신을 핍박하는 사람들의 구원을 위해 하나님께 간절히 기도드렸습니다.

내가 증언하노니 그들이 하나님께 열심이 있으나 올바른 지식을 따른 것이 아니니라 하나님의 의를 모르고 자기 의를 세우려고 힘써 하나님의 의에 복종하지 아니하였느니라_롬 10:2~3

부지런하고 머리 좋은 리더와 부지런하고 머리 나쁜 리더, 게으르고 머리 좋은 리더와 게으르고 머리 나쁜 리더가 있다면 여러분은 어떤 리더와 일하고 싶습니까? 그중에 제일 나은 리더는 누구일까요?

게으르고 머리 좋은 리더가 일등이고, 부지런하고 머리 나쁜 리더가 꼴찌입니다. 부지런하고 머리 나쁜 사람은 뭐든지 열심이지만 지식이 없어서 일을 저지르기만 하고 문제만 만듭니다. 게으르고 머리 좋은 사람은 다른 사람들에게 일을 맡기고 지식을 사용해서 도움을 줄 줄 압니다.

지식이 없는 열심은 문제를 해결하지 못하고 더 복잡하게 만듭니다. 이스라엘이 하나님의 택하신 민족으로 열심을 가졌어도 그들의 열심은 구원의 문제를 해결하지 못했습니다. 도리어 그 열심 때문에 구원과 멀어지고 말았습니다. 에스겔서를 보면 바벨론 포로로 가기 전, 나라가 위기에 처했을 때 여인들이 성전에 가서 열심히 기도했습니다. 그런데 우상인 담무스를 위해 애곡하고, 여호와의 성전을 등진 채 낮을 동쪽으로 향해서 동쪽 태양에게 예배를 했습니다. 예루살렘 성전에 모여서 하나님께 기도한 것이 아니라 우상에게 열심히 기도한 것입니다(겔 8장).

우리 중에도 누구보다 열심히 기도하고 헌금하고 봉사하면서, '힘써' 하나님을 거역하는 사람이 많습니다. 차라리 열심이 없는 사람은 자기 혼자 죽을텐데, 열심이 많은 사람은 다른 사람까지 끌어들여서 자기도 죽고 남도 죽게합니다. 이단에 속한 사람들이 이러한 열심을 가진 사람입니다. 그들은 돈과 시간을 쓰면서 불신자보다는 이미 교회에 다니는 사람들을 어떻게든 데리고 가려고 합니다.

위기 때일수록 잘못된 열심이 많습니다. 바벨론 포로로 갈 때도 그랬고, 루터의 종교개혁이 일어날 때도 그랬고, 요즘도 이상한 열심이 많은 시대입니다.

모세가 기록하되 율법으로 말미암는 의를 행하는 사람은 그 의로 살리라 하였거니와 믿음으로 말미암는 의는 이같이 말하되 네 마음에 누가 하늘에 올라가겠느냐 하지 말라 하니 올라가겠느냐 함은 그리스도를 모셔 내리려 는 것이요 혹은 누가 무저갱에 내려가겠느냐 하지 말라 하니 내려가겠느냐 함은 그리스도를 죽은 자 가운데서 모셔 올리려는 것이라_롬 10:5~7

그리스도를 '모셔 내리고, 모셔 올린다'는 것은 열심이 하늘 끝, 땅끝까지 이르러서 예수님을 움직이게 한다는 뜻입니다. 내 기도와 노력으로 하늘의 해와 달과 별을 움직이겠다는 겁니다.

'믿음으로 말미암는 의'가 있는 사람은 이런 극단적인 말이나 행동을 하지 않습니다. 믿음 없는 사람들이 매사에 장담을 잘합니다. "100일 작정기도만 드려 봐. 암도 다 낫게 돼 있어. 40일 금식만 해 봐. 시험에 붙는다니까!" 이 런 극단적인 태도로 내가 하나님의 뜻을 좌우하겠다는 것이 잘못된 열심의 특징입니다.

마틴 로이드 존스는 거짓된 열심과 참된 열심에 대해 다음과 같은 몇 가 지 특성을 이야기합니다. 먼저 거짓된 열심은 의지를 우선으로 하고 마음과 지성에는 전혀 관심이 없습니다. 바른 순서는 이성과 지성으로 믿어서 마음 에 감동을 받고, 그 다음에 의지로 이어져서 행동으로 나가는 것입니다. 그 러나 거짓된 열심은 언제나 행하는 것에만 관심을 둡니다. 어떤 존재가 되느 냐는 것에는 흥미가 없습니다. 탁월한 방식과 구조와 조직을 추구하고, 그러 다 보니 정신적인 것을 가볍게 여기는 경우가 많습니다.

로이드 존스는 안타깝게도 많은 기독교 집회에서 그런 것을 본다고 했습 니다. 열심으로 찬양하고 기도하는 집회에서는 놀라울 정도의 밝고 힘찬 기운과 절대적으로 진지한 모습이 보이지만, 막상 거기에는 영적인 진지함이 없다는 것입니다. 로이드 존스는 그러한 것들이 진지한 열심의 표증이라기보다는 육신적 사고의 표증이라고 주장합니다.

또한 거짓된 열심은 자신이 검증되는 것을 아주 싫어합니다. 저도 그런 것을 자주 경험했습니다. 열심히 새벽기도 하고 금식하는 분에게 "집사님도 큐티하세요. 이제 금식보다는 말씀으로 인도함을 받아 보세요" 하고 이야기하면 "나도 성경 읽는다!"며 버럭 화를 냅니다. "그럼요. 저도 오늘 말씀 봤어요" 하면 서로 기쁘고 좋을 텐데 "너만 성경 보는 줄 알아?" 하는 듯이 화를 냅니다. 자신의 기도나 금식이 말씀으로 검증되는 것을 싫어하고 그 행위 자체만 계속하고 싶어 합니다.

거짓된 열심은 일차적으로 그것이 나타내는 것이 진리인가보다는 그것이 성공하는가에만 관심을 가지고 있습니다. 거짓된 열심은 자신이 이루고자 하는 것 외에는 관심이 없기에 균형이 결핍되어 있습니다. 전도가 전부이고, 예언이 최고이고, 방언을 해야만 구원 받는다고 합니다. 한 가지만 강조하는 것은 이단의 특징입니다. 한 가지에만 치우쳐서 추구하는 것이 맹목적인 열심입니다.

또한 거짓 열심을 가진 사람들은 쉬는 법이 없습니다. 쉬지 않고 활동을 하고, 힘이 넘치고, 항상 열심이 들끓습니다. 자신이 열중하는 행위에 대해서 진지하기 때문에 실수가 없습니다. 그런데 거기에 평강이 없습니다. 언젠가 그 일을 할 수 없게 되면 불안해지고 침체됩니다. 그럴 때 그동안의 열심이 거짓이라는 게 드러납니다. 그리스도와 말씀의 진리에 의존하지 않고 자신의 활동과 사역 자체에 의존해서 살아왔기 때문에 일이 없어지면 존재 자체가 불안해지는 것입니다.

거짓 열심의 반대는 참된 열심이라고 할 수 있습니다. 마틴 로이드 존스는 참된 열심에 대해 이렇게 이야기합니다.

"참된 열심은 결단코 겉에 입혀진 열심이 아닙니다. 외적인 활동이나 사역의 결과가 아니라 그 사람의 존재의 결과, 됨됨이의 결과입니다. 노력해서 어떤 사람이 된 것이 아닙니다. 하나님으로부터 온 사랑과 지식과 소망 때문에 열심을 갖게 된 것입니다. 이성과 지성으로 복음을 읽고 듣고, 마음으로 반응해서 의지로 나갑니다. 참된 열심은 육체에 의존하지 않고 자신을 신뢰하지 않기에 어떤 일에도 자신만만해하지 않습니다. 참된 열심을 불러일으키는 동기는 오직 하나님의 영광입니다. 그리스도의 사랑이 나를 강권하심으로, 내가 그 일에 쓰임 받는 자체가 감사한 것입니다."

'믿음으로 말미암는 의'야말로 참된 열심입니다. 내가 하려고 해서 하는 것이 아니라 믿음으로 말미암는 기도와 전도와 구제가 참된 열심입니다. 대단한 결과물이 없어도 일상생활에서의 사소한 순종과 말씀 적용으로 나타나는 것이 참된 열심의 결과이고, 믿음으로 말미암는 의의 결과입니다.

———

가족이 구원 받는 것보다도 교회에서 직분을 가지고 인정받는 것이 원하고 구하는 바입니까? 하나님의 뜻과 상관없는 금식과 기도와 봉사를 하고 대학 입학과 승진과 결혼을 구하며 예수님을 끌고 다니려 하지는 않습니까?

제대로 알면 백 점

교회 운영에도 마케팅 이론이 필요하다고 합니다. 교회도 조직이니까 경영 이론의 적용도 필요하고, 복음 전파도 마케팅 이론의 도움을 받을 수 있다고 합니다. 맞는 말입니다. 하나님은 영혼 구원의 사명을 위해 모든 학문과 이론과 지식을 허락하시고 그것을 활용하도록 하셨습니다.

그런데 오늘날 많은 교회가 세속화되어 가는 이유가 바로 이런 것 때문이기도 합니다. 이윤만을 추구하는 경영 기법으로 교회를 운영하고, 숫자적인 결과에만 연연하니까 정작 조직의 근본인 예수님에게는 관심이 없습니다. 조직을 이루는 개개인에게 도움을 주지도 못합니다. 교회는 이익 집단이 아닌 성령의 공동체이기 때문에 훌륭한 이론과 지식만으로는 안 되는 것이 있습니다. 상담 기법이나 이론만으로는 환난당하고 원통하고 빚진 자들을 살릴 수 없습니다.

가정을 살리는 데도 삼강오륜의 지식으로는 안 됩니다. "명태와 마누라는 두들겨 패야 한다"는 게 바른 지식입니까? 이런 말들은 무심하고 권위적인 남성들이 만들어 낸 말일 가능성이 높습니다. 바른 지식은 예수님이 교회를 위해 목숨을 내놓으신 것처럼 아내를 사랑하라고 가르칩니다. 그리스도께하듯 남편에게 순종하라고 가르칩니다(엡 5장).

가정과 교회와 사업과 모든 일에 바른 지식을 갖기 위해, 우리는 먼저 하나님의 뜻을 알아야 합니다. 하나님이 무엇을 요구하시는지조차 모르고 하나님의 일을 하는 것은 모두 거짓된 열심입니다. 3절 말씀처럼 하나님의 의를 몰라서 자기 의를 세우려고 힘써 하나님의 의에 복종하지 않는 것입니다.

아들이 용돈을 타서 쓰면서 수십만 원짜리 선물을 하면 엄마 기분이 좋겠습니까? 자기 돈으로 한 것도 아니면서 "내가 엄마한테 비싼 선물을 했다"고 자랑하려 든다면 한 대 때려 주고 싶지 않겠습니까? 이게 바로 하나님의 의를 모르고 자기 의를 세우려고 힘써 복종하지 않는 겁니다. 길들여진 문화와 관습을 지키며 그것이 가족 사랑이고 효도라고 생각해서는 안 됩니다. 진짜 효도는 부모님의 뜻을 알고 그 뜻에 순종하는 것입니다.

말씀이 가까이 와서 내 입과 마음에 있는 것, 날마다 하나님을 마주 대하며 말씀을 듣는 것이 바른 지식을 얻는 길입니다. 큐티, 말씀 묵상을 하지 않으면 종교적 열심으로 가게 됩니다. 하나님의 말씀을 모르고 드리는 기도는 새벽에 정화수 떠 놓고 드리는 기도와 다를 바가 없습니다.

성경에 바른 지식이 있습니다. 하나님의 뜻대로 사는 바른 지도가 너무나도 생생하게 구체적으로 나와 있습니다. 지도는 덮어 두고 어떻게 하면 잘사는 길이 있을까 여기저기 돌아다니니까 지치고 힘들 뿐입니다.

저도 큐티를 하기 전에는 여기저기 다녔습니다. 신유, 방언, 기도로 예언한다는 분도 만나 봤습니다. 그러나 말씀을 묵상하면서 하나님이 내 안에 말씀으로 살아 계심을 알았습니다. 모든 문제의 치유와 해결이 성경에 있다는 것을 알았습니다. 성경 말씀을 알았기에 박사, 전문가들에게도 하나님의 지식을 전하고 가르치게 되었습니다.

하나님의 말씀이 내 입과 마음에 있습니까? 입만 열면 성경 몇 장 몇 절을 좔좔 외우는 것이 하나님의 지식이라고 생각하지는 않습니까? 중요한 결정을 앞두고 성경을 먼저 폅니까, 전화번호 목록부터 살핍니까?

구원에 이르는 지식

> 그리스도는 모든 믿는 자에게 의를 이루기 위하여 율법의 마침이 되시니라_롬 10:4

가정에도 법이 있습니다. 부부나 부모자식 사이에도 법이 있습니다. 직장과 사회와 나라에도, 교회에도 법이 있습니다. 그런데 거기에 예수님이 임하시지 않으면 그 법은 얽매이는 법이 됩니다. 다들 지키기 싫어합니다. "왜 일찍 들어오라는 거야. 왜 공부하라는 거야. 왜 예배드리라고 그래? 왜 지각하면 안 되는데?" 하면서 지긋지긋해합니다.

그러나 예수님이 임하시면 나를 얽매던 법이 자원해서 지키고 싶은 법이됩니다. 법이 없어지는 게 아니라 내가 스스로 지키게 되는 것, 그것이 모든 믿는 자에게 의를 이루는 '율법의 마침'입니다.

예를 들어 가정에서의 법 때문에 일어나는 갈등이 있습니다. 재산 문제, 병든 부모님 모시기, 형제간의 질서 때문에 문제가 생깁니다. 그럴 때 예수님이 법의 마침이 되시면 모든 문제가 해결됩니다.

예수님이 율법의 마침이 되신다는 게 무슨 뜻입니까? 예수님을 믿는 내가 죽어지면 됩니다. "형이 장남인데 왜 내가 모시냐?", "시집간 딸 주제에 왜 재산을 넘보느냐?", "이런 법이 어디 있느냐?"고 따지지 말고 내가 십자가 지는 적용을 하면 됩니다. 안 믿는 사람들은 도저히 할 수 없는 적용을 할 때 예수님이 율법의 마침이 되셔서 모든 가족에게 의를 이루게 됩니다. 서로를 향한 원망과 험한 말들이 없어지고 사랑과 화평의 의를 이룰 수 있습니다.

그래서 지식 중의 지식은 그리스도를 아는 것입니다. 삼강오륜을 알고 충효를 안다고 가정이 살아나겠습니까? 오직 예수 그리스도를 아는 것, 구원만이 나를 살리고 가정을 살립니다.

—

가정과 직장에서 갈등이 생길 때, "이런 법은 없다. 네가 나한테 이럴 수는 없다"고 헤어지고 때려치우는 불의의 마침을 합니까? 아니면 믿음으로 인내하고 용서하는 의의 마침을 합니까?

모세가 기록하되 율법으로 말미암는 의를 행하는 사람은 그 의로 살리라 하였거니와_롬 10:5

우리가 은혜로 구원을 얻었습니다. 율법을 온전히 지키는 사람은 한 명도 없습니다. 그것이 성경의 주제이기도 합니다. 그런데 사람들은 자꾸 내 의를 내세웁니다. 이스라엘도 계속 잘난 척하다가 실패했습니다. 내가 아무리 열심히 해도 믿음이 없으면 그것이 거짓된 열심이라고 했습니다. 그러니 계속 실패할 수밖에 없다고 했습니다.

네가 만일 네 입으로 예수를 주로 시인하며 또 하나님께서 그를 죽은 자 가운데서 살리신 것을 네 마음에 믿으면 구원을 받으리라 사람이 마음으로 믿어 의에 이르고 입으로 시인하여 구원에 이르느니라_롬 10:9~10

여기서 '입으로 시인하는 것'보다도 '예수를 주로 시인'하는 것이 더 중요합니다. 우리 중에는 예수님의 이름으로 기도드린다고 하면서도 예수님을 주로 시인하지 않는 사람이 많습니다. 법적인 노예와 주인의 자리는 바뀔 수 있어도 내 인생의 주인이 예수님이라는 것은 결코 바뀌지 않습니다.

세상 사람들은 존경하는 인물일수록 무덤을 크게 만들어 놓습니다. 때마다 찾아가서 기념을 합니다. 석가모니는 죽을 때 화장을 했는데 사리가 나왔습니다. 그 사리 하나마다 사원을 세웠는데, 전 세계 불교 신자들이 거기에 참배를 하러 갑니다. 머리카락이 있는 사원, 손톱이 있는 사원까지도 다 찾아다닙니다.

예수님의 무덤이 남아 있지 않다는 이유로 예수님의 죽음과 부활을 부정하는 사람들이 있습니다. 예수님의 무덤이 남아 있다면 어떤 일이 생길까요? 교회 다니는 사람들이라면 누구나 일생에 한 번이라도 가 보겠다고 했을 겁니다. 기독교가 로마 국교가 되고 나서 사람들은 예수님이 태어난 곳이라든가, 설교하시던 자리마다 교회를 세웠습니다. 만약에 예수님이 머리카락이라도 남기셨다면 그것을 보겠다고 얼마나 난리가 나겠습니까?

사원과 탑에 머리카락을 넣어 놓고 무덤에 유골이 있다는 것은 죽었다는 증거입니다. 예수님은 죽은 자 가운데서 살아나신 분입니다. 부활하시고 승천하신 예수님이 오늘 이 시간에도 살아 계시기 때문에 능력이 있는 것입니다. 죽은 자 가운데서 살리신 것을 믿는 것은 살아 계신 예수님을 믿는 것입니다. 역사 속의 인물이 아니라 오늘 내 삶을 주관하시는 분으로 예수님을 시인하고, 그것을 마음으로 믿어야 합니다.

마음은 인간의 내적 본성으로 하나님이 인간을 다루시는 자리입니다. 그 마음의 자리에서 순종이냐 거역이냐가 결정됩니다. 이성(머리)으로 하나님을 알았으면 마음으로 받아들이고 의지로 행하는 것, 그것이 순종입니다. 이 과정 없이 그냥 의지로 하는 것은 거짓된 열심입니다.

> 성경에 이르되 누구든지 그를 믿는 자는 부끄러움을 당하지 아니하리라 하니 유대인이나 헬라인이나 차별이 없음이라 한 분이신 주께서 모든 사람의 주가 되사 그를 부르는 모든 사람에게 부요하시도다_롬 10:11~12

"그를 믿는 자는 부끄러움을 당하지 아니하리라." 9장 33절과 같은 말씀이 또 나왔습니다.

믿는 자가 부끄러움을 당하지 않는 것에 차별이 없듯이, 믿지 않는 자가 부끄러움을 당하는 것에도 차별이 없습니다.

우리는 다 부끄러움을 당할 수밖에 없는 인생입니다. 그러나 창세기부터 계시록까지 거짓말쟁이, 사기꾼, 간음한 자, 살인자, 기생, 이방인, 세리 등 부끄러움을 당할 수밖에 없는 수많은 사람들이 하나님을 믿음으로 부끄러움을 당하지 않았습니다. 아브라함, 이삭, 야곱, 유다, 라합, 다윗, 룻, 예수님의 제자들을 비롯한 수많은 연약한 사람들이 예수님을 믿어 부요하게 되었습니다. 유대인이나 헬라인이나 어떤 수치스러운 사람도, 하나님의 구속사에 들어갔을 때 부끄러움이 아니라 수천 년 동안 기념되는 인물이 되었습니다.

차별 없이 믿음으로 우리를 부요하게 하시는 주님은 모든 사람의 주(主)가

되십니다. 유대인만의 주님도, 헬라인만의 주님도, 김양재 목사 한 사람만의 주님도 아닌 모든 사람의 주가 되셨습니다.

그러므로 우리는 다른 사람의 믿음을 인정해야 합니다. 나만 잘 믿고, 나만 주님의 인도함을 받는다고 생각해서는 안 됩니다. 모든 인생의 주인이신 주님이 나를 인도해 가시듯 내 자녀를, 부모님을 인도해 가십니다.

특별히 우리는 가족의 믿음을 인정하기가 참 어렵습니다. 한 집에 살면서 적나라한 모습을 보기 때문에 툭하면 "너는 교회 다닌다면서 왜 그 모양이냐!"는 소리가 나옵니다. 하지만 부족한 나를 이끌어 가시는 주님이 나보다 더 부족한 내 가족도 인도하신다는 걸 인정하시기 바랍니다.

누구든지 주의 이름을 부르는 자는 구원을 받으리라_롬 10:13

누구든지 주의 이름을 부르는 자는 구원을 받습니다. 이것이 바른 지식입니다. 그 어떤 누구도 자신의 부족함과 죄를 인정하지 않으면 주의 이름을 부를 수 없습니다. 내 죄를 아는 것이 바른 지식입니다. 100% 죄인인 내가 나를 위해 죽으시고 부활하신 주의 이름을 불러야 구원을 받는다는 것, 이것이 바른 지식입니다.

결혼, 사업, 학업, 사역을 할 때 이 바른 지식이 꼭 필요합니다. 내 삶의 자리에서 날마다 주의 이름을 불러야 구원을 이루는 결혼, 구원을 이루는 사업과 학업과 사역이 되는 것입니다.

건축 설계 사업을 하시는 우리들교회 한 집사님의 간증입니다.

저는 25년째 설계 사무소를 경영하고 있는 사람입니다.

얼마 전 연속극에 등장하는 멋진 건물을 소유한, 재력가로 알려진 한 사업주에게서 설계 용역을 위한 견적서를 제출하라는 제의를 받았습니다. 통상적으로 하나의 프로젝트가 진행될 때는 다른 회사의 견적서와 경쟁을 하게 되고, 최종 가격을 결정하는 회의를 거쳐 용역 설계비를 확정하는 것이 순서입니다.

저는 다른 경우보다 조금 높은 26억 원의 가격으로 견적서를 제출했습니다. 경쟁 회사에 비해 가격이 높아서 위험할 수도 있었지만 사업주의 자본력이 튼튼하다는 걸 알았기에 제대로 일을 해 보고 싶은 생각이었습니다.

주일 저녁, 사업주와 첫 만남을 가졌습니다. 강남의 한 호텔 일식집에서 만나 서로 명함을 주고받고 이것저것 질문이 오고갔습니다. 사업주인 회장님은 견적서에 올린 용역비가 비싸다, 싸다 하는 말은 일체 안 하시고 일의 진행 과정에 대해서만 물었습니다. 저는 '과연 이분이 일을 주시려나' 답답하고 궁금했지만 저 역시 용역비에 대한 말은 꺼내지 않고 질문에만 성실하게 대답했습니다.

식사를 마치고 헤어져 돌아오면서 제가 제출한 용역비가 너무 비싼 것 아닌가, 경쟁 회사는 얼마에 견적서를 제출했을까 하는 생각으로 잠시 머리가 복잡했습니다. 하지만 '하나님의 뜻이 있겠지' 하며 훌훌 털어 버렸습니다.

한참이 지난 뒤 사업주 측에서 만나자는 연락이 왔습니다. 이번에는 회장님과 담당 전무가 같이 참석한 가운데 다시 일에 대한 모든 과정을 물었습니다. 역시 용역비에 대한 말은 일체 없었습니다. 수제비로 점심을 먹은 뒤 지난번과 같은 내용을 물으시더니 회장님이 담당 전무에게 "한 사장님과 계약을 하시지요"라고 말했습니다. 전무가 "용역비는 얼마로 할까요?" 하고 물었습니다. 회장님은 "견적을 낸 금액 그대로 가격 조정 없이 시행하라"고 했습니다.

또한 앞으로 이 사업의 모든 것을 총괄할 수 있도록 저에게 그 회사의 건설 본부장 명함을 만들어 주라고 했습니다. 전무가 담당하고 있던 일도 저에게 모두 맡기라는 것이었습니다. 그뿐 아니라 계약을 한 설계 용역비 외에 관공서 출입에 드는 비용, 사업에 필요한 제반 비용 일체를 별도 지급하라는 지시를 내렸습니다. 용역 사업을 주는 입장에서는 상당히 파격적인 지시였습니다.

담당 전무는 자기가 회장님을 20년 모셨지만 이런 일은 처음이라고, 처음부터 다른 회사에서는 견적서도 받지 않았다고 합니다. 그래서 설계에서 시공 회사 결정과 공사 감독까지 제가 다 담당을 하게 되었습니다.

많은 생각이 들었습니다. 회장님을 만나 일의 진행에 대해 이야기하면서 제가 특별히 한 것이 있다면 주일에 교회 가는 것과 월요일 저녁 시간은 제자훈련을 받기 때문에 스케줄을 잡을 수 없다는 것, 사업을 진행할 때 정직한 일 처리를 약속한 것뿐입니다. 저는 설계 용역비의 선급금과 함께 그 외 업무 추진에 필요한 명목으로 3억 원이라는 돈을 받았습니다. 그러나 받은 지 3개월이 되도록 단돈 1원도 쓰지 않고 있습니다. 모든 것을 저에게 맡기고 신뢰한다는 그분의 말에 더욱 책임감을 느끼며 개인적으로 이 돈을 유용하지 않도록 신중하게 진행하려 하기 때문입니다. 큐티를 시작하고 말씀을 보면서도 힘들고 어려운 일이 많았습니다. 그러나 부족하지만 요동치 않으려 했고, 그때마다 목사님의 말씀을 들으며 인내할 수 있었고 때를 기다릴 수 있었습니다.

"여호와께서 요셉과 함께하시고 그에게 인자를 더하사 간수장에게 은혜를 받게 하시매 간수장이 옥중 죄수를 다 요셉의 손에 맡기므로 그 제반 사무를 요셉이 처리하고 간수장은 그의 손에 맡긴 것을 무엇이든지 살펴보지 아니하였으니 이는 여호와께서 요셉과 함께하심이라 여호와께서 그를 범사에 형통하게 하셨더라"(창 39:21~23).

하나님이 함께하시는 요셉처럼 "나에게 모든 것을 다 맡긴다"는 사업주의 말에 두렵고 떨리는 마음입니다. 제가 더욱 정직하기를 원하시며, 겸손하라 하시며, 저의 모든 것을 지켜보고 계심을 알게 하시고, 회개하며 낮아질 수 있는 마음을 갖게 하신 하나님께 감사를 드립니다.

26억 원이 걸린 프로젝트를 맡느냐 못 맡느냐가 걸린 상황에서 주일에는 예배를 드려야 하고, 월요일 저녁은 제자훈련을 받아야 해서 스케줄을 잡을 수 없다고 얘기할 수 있겠습니까?

이 집사님이야말로 바른 지식을 가지고 사업을 하는 분입니다. 예수님을 인생의 주(主)와 사업의 주로 시인하고, 마음으로 믿어 순종을 결단하고, 의지로 행하는 사람입니다. 그런 사람에게 하나님은 26억 원이 아니라 백억 원, 천억 원이라도 주시는 분입니다. 모든 상황에서 내가 믿는 자임을 선포하고, 예수님의 이름을 부르는 자에게 구원을 주십니다.

—

예수님을 주로 시인하지 못할 때는 언제입니까? 안 믿는 시댁에서, 거래처와의 술자리에서 예수님을 믿는 사람이라고 시인하는 것이 부끄럽다고 생각합니까? 사장님의 이름, 남편의 이름이 아니라 주의 이름을 부르는 것이 최고의 능력인 것을 믿습니까?

말씀으로 기도하기

하나님 아버지! 바울의 원함과 구함은 늘 '구원을 이루는 지식'이었습니다.

주님, 저의 원함과 구함도 사도 바울처럼 항상 가족과 다른 이들의 구원을 위한 바른 지식이 되기를 간절히 원합니다.

교회를 오래 다니면서 내 열심이 하나님의 열심보다 지나쳐서 예수님을 끌어올리고, 끌어내리겠다고 할 때가 있습니다. 존재의 가치보다 그 행하는 것에 의미를 두고 열심으로 무언가를 이루려고 합니다. 그러나 율법으로는 구원을 얻지 못한다고 하셨습니다. 율법의 마침이 되시는 예수 그리스도가 임하시도록 도와주옵소서. 나 한 사람 십자가 질 때 우리 집안의 모든 문제에 마침이 올 것을 믿습니다. 사건마다 예수님의 십자가를 길로 놓고 걸어갈 때, 우리 집안에 구원의 길이 열리게 될 줄 믿습니다. 십자가를 질 수 있게 도와 주옵소서.

말씀을 묵상할 때 구원을 위한 지식을 깨닫게 하옵소서. 예수님이 나를 위해 죽으시고 부활하신 것을 마음으로 믿어 의에 이르고 입으로 시인하여 구원에 이른다고 하셨습니다. 죽음을 이기시고 부활하신 주님이 믿어진다면 어떤 일에도 부끄러움을 당하지 않는다고 하셨습니다. 그 능력은 누구에게도 차별이 없습니다. 누구든지 주의 이름을 부르는 자는 구원을 받는다고 하셨으니 날마다 주의 이름을 부름으로 말미암아 주님이 우리를 구원으로 이끌어 주실 것을 믿습니다. 감사합니다.

예수님 이름으로 기도하옵나이다. 아멘.

누구든지 주의 이름을 부르는 자는 구원을 받습니다.

이것이 바른 지식입니다.

그 어떤 누구도 자신의 부족함과 죄를 인정하지 않으면

주의 이름을 부를 수 없습니다.

내 죄를 아는 것이 바른 지식입니다.

100% 죄인인 내가 나를 위해 죽으시고 부활하신

주의 이름을 불러야 구원을 받는다는 것, 이것이 바른 지식입니다.

공동체 고백

주의 이름을 부르는 가장

지난날 제 자신을 되돌아보면 인간적인 의로 살아왔음을 새삼 깨닫게 됩니다. 학창 시절 그리 뛰어난 성적은 아니었지만, 그래도 투자하신 것에 비해 부모님께는 꽤 괜찮은 아들이란 생각이 들었습니다. 대학 시절 공부에 집중하기 위해 학교 근처에서 자취하며 월세를 포함해 한 달에 20만 원이 채 되지 않는 돈으로 생활했습니다. 그리고 졸업하고 얼마 후, 지금의 직장에 취직도 하였습니다. 돌아보면 하나님의 은혜이지만 '나니까 이 정도 한 거야'라며 율법으로 의를 행하는 사람처럼 제 의의 결과라는 생각이 들 때도 있었습니다(롬 10:5).

취직만 되면 결혼은 어렵지 않게 할 수 있을 줄 알았는데 현실은 그렇지 않았습니다. 몇 번의 실패 끝에 지금의 아내를 소개 받고 만난 지 10개월 만에 결혼하여 이듬해 말에는 귀여운 딸도 태어났습니다. 당시에 저는 결혼도 하고, 또 아이도 생겨 감사한 마음이 충만했습니다. 하지만 아내가 임신하고 특히 딸이 태어난 뒤로 제 의는 정점을 찍게 되었습니다. 퇴근하면 친구를 만나기보다 집으로 바로 가는 것을 좋아했는데(롬 10:2), 요즘은 집에 빨리 가는 것이 그리 달갑지만은 않습니다. 성격이 급한 아내는 저의 퇴근 시간이 조금만 지나도 "언제 도착하느냐, 빨리 오라"는 말로 저를 재촉합니다. 집에 들어가면 "다녀왔냐"는 말보다 "빨리 아기를 돌보라"고 합니다. 그리고 아기를 목욕시킨 후 빨래, 아기용품 씻기 등을 끝내면 보통 밤 10~11시가 됩니다. 그러면 저는 녹초가 됩니다. 또한 아내의 위생 관념이 얼마나 철저한지 그 깐깐함은 예수님이 오셨어도 울고 가셨을 것 같습니다.

어렸을 때 어머니를 여읜 아내는 임신 기간은 물론 출산 후에도 친정엄마의 부재로 늘 허한 마음을 가지고 있는 것 같습니다. 그런 아내에게 저는 별로 해 줄 것이 없어 일찍 퇴근해서 같이 밥 먹고 산책하며 옆에 있어 주는 게 전부였습니다. 그런데 출산 후에는 루저(loser) 같은 제가 가정에서 육아와 집안일로 존재감을 느낄 수 있었던 것 같습니다. 하지만 몇 달 지나자 엄마가 없는 아내가 안쓰럽기보다는 장모님이 안 계셔서 마음 편히 회사 동료들과 간단한 식사 모임에 참석 한 번 하기도 어렵고, 주말에는 친구와 차 한 잔 마신 적도 없어 마음에 불평이 생겼습니다. 고마워하기보다 집안일이나 육아가 서툰 저를 질책하고 잘못되면 제 탓을 하는 아내 때문에 '아들이 생기면 장모 없는 집안에는 절대 장가보내지 않으리라'고 몇 번씩 속으로 되뇌곤 했습니다(롬 10:3). 하지만 제가 죽어서 천국에 가는 구원만 바랄 뿐 아니라, 현재 이 힘든 육아의 때에도 말씀을 통해 주의 이름을 부르는 자가 되어 구원을 경험하게 되길 소망합니다(롬 10:13).

아름다운 삶을 살자

로마서 10:14~21

하나님 아버지, 하나님의 눈에 가장 아름다운 것이 무엇인지 알기 원합니다.
그 아름다운 삶을 살고 싶습니다. 말씀하여 주옵소서.
예수님 이름으로 기도하옵나이다. 아멘.

　　사랑에 빠진 연인의 눈에 가장 아름다운 것은 무엇일까요? 꽃꽂이를 좋
아하는 사람의 눈에는 무엇이 가장 아름다워 보일까요? 또 술꾼의 눈에는
무엇이 가장 아름다워 보일까요? 골프에 빠진 사람은 골프장의 푸른 잔디가
가장 아름다워 보이지 않을까요?

　　우리 각자에게는 특별히 아름다워 보이는 것들이 있습니다. 각자의 아름
다운 것에 마음을 빼앗기고 시간과 물질을 빼앗깁니다. 그러나 그 아름다움
은 순간적으로 '잠깐' 아름다워 보이는 것뿐입니다. 언제나 영원히 아름다운
것, 하나님이 아름답다고 하시는 것은 무엇일까요?

복음 전하는 발이 아름답다

그런즉 그들이 믿지 아니하는 이를 어찌 부르리요 듣지도 못한 이를 어찌
믿으리요 전파하는 자가 없이 어찌 들으리요 보내심을 받지 아니하였으
면 어찌 전파하리요 기록된 바 아름답도다 좋은 소식을 전하는 자들의 발
이여 함과 같으니라_롬 10:14~15

"누구든지 주의 이름을 부르는 자는 구원을 받으리라"(롬 10:13)고 하셨는데
주의 이름을 모르면 어떻게 부를 수 있겠습니까? 사람들이 주의 이름을 알
려면 전파하는 자가 꼭 필요합니다. 전파하는 자는 보내신 자의 뜻만 전하면
됩니다. 어려운 일이 아닙니다. "하나님이 보내신 이는 하나님의 말씀을 하
나니 이는 하나님이 성령을 한량없이 주심이니라"(요 3:34).

9장이 절대적인 하나님의 선택과 예정을 다루었다면 10장은 인간의 책임
부분을 다루고 있습니다. 하나님이 나를 택하셨다면 복음 전파를 위한 나의
결단과 역할이 따라야 합니다.

불치병에 걸려 절망하고 있던 사람이 병이 나았다면 얼른 그 소식을 전하
러 달려가지 않겠습니까? 잃어버렸던 자식이 돌아왔다면 그 소식을 사방에
알리고 싶을 것입니다. 이렇듯 이 세상에서 아름다운 일은 누군가에게 기쁜
소식을 전하는 것입니다.

우리의 가장 기쁜 소식은 예수 그리스도의 복음입니다. 그 소식을 전하는
자들의 발이 "아름답다"고 하셨습니다. 가장 아름다운 것은 기쁜 소식, 복음
을 전하는 자의 발걸음입니다. 죄와 절망 가운데 있던 내가 예수님을 믿고
살아난 것보다 기쁜 소식은 없습니다. 그 기쁨으로 다른 사람들을 살리기 위

해 찾아가는 발걸음이야말로 가장 아름다운 것입니다.

바울은 전도여행을 하면서 70여 개 도시를 걸어서 다녔습니다. 별다른 교통수단이나 선교 자금도 없이, 강도의 위험과 배고픔의 위험을 무릅쓰고 기쁨으로 그 길을 걸어갔습니다. 죄인 되었던 자신을 구해 주신 하나님의 은혜를 알게 된 것부터가 아름다운 소식입니다. 누군가를 위한 아름다운 일은 그 사람의 죄를 깨닫게 하는 데서부터 시작됩니다. 죄를 꼬집고 지적하라는 말이 아닙니다. 하나님의 사랑 안에서 그 사람이 죄를 회개하고 주님을 영접할 수 있도록 도우라는 뜻입니다.

어떻게 도울 수 있습니까? 상대방의 죄와 상관없이 내 죄를 고백하면 됩니다. 나 같은 큰 죄인이 하나님 때문에 어떻게 살아났는지를 이야기하면 됩니다. 회개의 언어야말로 인간의 가장 아름다운 언어입니다.

하나님이 보시기에 진정 아름다운 발걸음을 하나 소개하려고 합니다.

오스트레일리아 출신의 그레이엄 스테인즈(Graham Staines) 선교사님은 인도의 동부 오리사 주(洲)에서 한센병자를 위해 30년 동안 헌신한 분입니다. 그런데 1999년 1월 인도의 마노하르푸 근처 바리파다에 있는 병원 밖에서 자동차에 타고 있던 그레이엄 선교사님과 두 아들이 불에 타 죽는 사건이 일어났습니다. 창과 화살, 막대기, 곤봉으로 무장한 힌두교도들이 차 문을 열지 못하게 막고 차에 불을 질렀습니다.

그레이엄 선교사의 살인 사건이 일어난 뒤, 살인자를 재판에 회부하라는 국제적인 압력에 의해 인도 경찰이 24명 이상을 체포했습니다. 모두 힌두교 결사대원들이었습니다. 그들은 민족적, 종교적 신념으로 그런 잔인한 일을 저질렀다고 했습니다.

사람들은 이 사건을 비극이라고 말할 것입니다. 그렇습니다. 참으로 아까운 생명들, 어린아이들까지 피를 흘렸습니다. 그러나 하나님은 이 사건을 비극으로만 기억하지 않으십니다. 죽어 가는 인도와 중동에 복음을 전하려던 아름다운 발걸음으로 기억해 주실 것입니다. 그리고 영원히 사라지지 않을 이 아름다운 발걸음은 수많은 사람들을 주님 앞으로 인도하게 될 것입니다.

내 발걸음은 어떤 일에 빠릅니까? 입시 준비, 집안 꾸미기, 승진을 위한 준비로 바쁜 발걸음입니까? 하나님을 몰라서 소망이 없는 사람들에게 그리스도의 기쁜 소식을 전하는 발입니까?

듣는 귀가 아름답다

그러므로 믿음은 들음에서 나며 들음은 그리스도의 말씀으로 말미암았느니라_롬 10:17

우리도 누군가가 전해 준 복음을 들었습니다. 전하지 않으면 듣지 못하고, 듣지 않으면 믿을 수 없기 때문에 우리는 할 수 있으면 많은 사람들이 복음을 듣도록 힘을 다해야 합니다. 어떻게든 듣게 하고 어디에나 들리게 해야 합니다. 가까운 가족에게, 이웃에게 들려줘야 하고 땅끝까지 가라고 하셨으니 인도, 아프리카, 북극까지라도 가야 합니다.

진짜 땅끝 나라는 북한인 듯합니다. 한민족복지재단 주관으로 북한을 몇 번 방문했는데 갈 때마다 말할 수 없는 아픔과 안타까움을 느꼈습니다. 같은 민족으로 같은 언어를 쓰면서도 말이 통하지 않는 황무함을 느꼈습니다.

저희가 갔던 곳에서만 그랬는지는 모르겠지만 그곳 텔레비전은 채널이 고정되어 종일 같은 방송만 나왔습니다. 신문도 당에서 발간하는 것 한 가지만 보게 돼 있었습니다. 내용은 수령과 주석에 대한 찬양과 선전이 전부였습니다. 저는 겨우 며칠을 지냈는데 보고 듣는 것이 모두 공해로 느껴졌습니다. 소리라도 지르고 싶었습니다. 그것을 50년 동안 듣고 교육 받았으니, 북한 사람들과 말이 안 통하는 것이 당연할 수밖에 없습니다.

아프리카 오지에 가도 그곳 사람들의 언어만 배우면 말이 통합니다. 우리가 전하는 것을 듣게 할 수 있습니다. 그런데 북한은 어떤 말도 안 통합니다. 그래서 가장 먼 땅끝 나라가 북한이라는 겁니다. 열리지 않아도 갈 수만 있으면 꼭 가야 하는 땅끝 나라가 북한입니다.

내 식구 중에서도 그렇게 땅끝인 사람이 있습니다. 같은 시간, 같은 공간에 살고 있는데도 말이 전혀 통하지 않는 사람이 있습니다. 복음을 아무리 들려줘도 듣지 않습니다. 그들 때문에 날마다 마음이 무너집니다.

그런 사람에게 어떻게 듣게 하겠습니까? 더 강하게, 더 큰 목소리로 전하면 들을까요? 말로 전해서 듣지 않는다면 이제 삶으로 전해야 합니다. 어쩌면 그것이 훨씬 더 강력한 방법입니다. 예수님의 '예' 자도 못 꺼낸다고 해도 사랑과 섬김으로 인내와 용서로 복음을 듣게 할 수 있습니다.

우리가 다 선교사로 나갈 수는 없습니다. 꼭 아프리카, 중동, 오지 선교를 가야 전파하는 자의 아름다운 발이 되는 건 아닙니다. 육신의 발로 못 가더라도 기도의 발, 후원의 발, 봉사의 발로 세계 각지를 찾아갈 수 있습니다.

날마다 많은 믿음의 소식들이 들려옵니다. 2017년도 자료에 의하면 북한을 탈출한 새터민들이 남한 생활에 적응하기 어려운 가장 큰 요인으로 '남북에서의 학력 차이'를 꼽았습니다. 조사 결과 새터민 중에 중고등학교 졸업이하 비중이 68.6%로 가장 높았고, 초등학교도 졸업하지 못한 사람도 일부 있다고 합니다. 그래서 여러 교회가 힘을 합쳐 탈북청소년 대안학교인 여명학교를 세웠습니다. 한민족복지재단의 빵공장 짓기, 샘(SAM) 의료선교재단의 왕진가방 보내기 등 여러 곳에서 여러 방법으로 북한을 돕고 있다는 소식이 들립니다.

또한 중동 사역을 하고 있는 선교사님의 소식에 의하면 300달러의 후원만 있으면 현지 간호사 한 명을 양육해서 의료 선교사로 파송하는 문제가 해결된다고 합니다. 그 돈으로 한 나라가 살아날 수도 있습니다.

그런 소식을 듣게 하시는 것이 얼마나 감사한지 모르겠습니다. 물론 소식이 들린다고 다 도울 수는 없습니다. 그러나 우리가 보내심을 받은 자로서 복음 전파에 동참할 수 있다는 것은 영광입니다. 혼자서도 할 수 있지만, 교회가 함께 그 일을 한다는 것이 얼마나 영광인지 모릅니다.

———

복음을 거부하는 가족과 이웃에게 어떤 수고를 합니까? 원수 같은 사람이나 아무 연고 없는 땅끝까지라도 복음을 들려주고 싶은 열망이 있습니까? 선교지의 소식에 관심을 가지고 기도하며 지속적으로 후원합니까?

말씀을 듣는 당신이 아름답다

그러나 그들이 다 복음을 순종하지 아니하였도다 이사야가 이르되 주여 우리가 전한 것을 누가 믿었나이까 하였으니_롬 10:16

"아름답도다 좋은 소식을 전하는 자들의 발이여" 하고 축복해 주시더니 "그러나"가 나왔습니다. 하나님이 온갖 방법으로, 많은 사람을 통해 복음을 전하고 듣게 하셨지만 이스라엘은 받아들이지 않았습니다. 아직도 듣지 않고 하나님께 등을 돌리고 있습니다.

내가 열심히 다니면서 전파하고 듣게 해도 자녀가 순종하지 아니하고 배우자가 믿지 않을 수 있습니다. 어쩌면 그들이 하나님이 택한 이스라엘, 소위 믿는 사람들일 수도 있습니다. 교회에 다니고 있는데 복음을 전한다고 하면 듣겠습니까? "내가 4대째 모태신앙인데, 교회 다닌 지가 몇 년인데 구원받으라고?" 하면서 더 강하게 거부합니다. 이사야 53장의 고난의 종 예수님에 대한 묘사를 보니 '우리의 눈에 흠모할 만한 아름다운 것이 없다'고 합니다. "멸시 받고, 사람들에게 버림을 받고, 그가 찔림은 우리의 허물 때문이요 그가 상함은 우리의 죄악 때문이라"(사 53:3~5). 내가 찔려 본 적도, 상해 본 적도 없는 사람에게 어떻게 이 말씀이 은혜가 되겠습니까. 그래서 도리어 택한 민족인 유대인들이 안 믿는 것처럼 지금의 한국 교회도 십자가 복음이 주인 노릇을 못 하는 시대가 아닌가 싶습니다.

그러므로 믿음은 들음에서 나며 들음은 그리스도의 말씀으로 말미암았느니라_롬 10:17

왜 안 듣습니까? 성경을 꿰고 있어도 그리스도의 말씀으로 듣지 못하기 때문입니다. 예수님이 유대인에게 수많은 가르침과 기적을 베푸셨어도 그들은 그것을 그리스도, 구세주의 말씀으로 못 들었습니다. 그저 목수의 아들, 사생아의 말로만 들어서 예수님을 믿지 못했습니다.

십자가 지는 고난이 없으면 복음을 그리스도의 말씀으로 듣기 어렵습니다. 힘든 상황에서 나를 구해 줄 구세주의 말씀으로 들어야 문제가 해결될 텐데 듣지 않으니까 해결될 수가 없습니다.

힌두교도들에 의해 화형을 당한 그레이엄 선교사의 부인은 그 사건을 어떻게 그리스도의 말씀으로 들었을까요?

남편과 두 아들을 잃은 부인 글래디스는 《불태워진 생명》이라는 책을 통해 그 사건 이후의 일들을 세상에 알렸습니다. 사건이 나고 난 뒤 그녀에게 힘이 된 것은 남편의 장례식에 참석한 수백 명의 한센병자들, 친절한 인도인 이웃들, 각지에서 전해 오는 격려 편지였습니다.

차에 불을 질렀던 힌두교도들이 체포된 뒤에 힌두교 지도자들이 글래디스를 방문했습니다. 그녀의 아픔을 위로하고 사과하면서 살인자들에 대한 용서를 청했습니다. 그 일이 용서가 되겠습니까? 인도에서 30년 동안 한센병자들을 위해 헌신했는데 그렇게 잔인한 방법으로 아이들까지 죽였으니 당연히 고소를 해야 하지 않겠습니까? 하지만 글래디스는 그들을 용서한다고 했습니다. 용서한다고 말하는 순간 말할 수 없이 자신의 영성이 깊어지는 것을 체험했다고 합니다.

글래디스의 용서로 그들이 살고 있던 작은 마을에 학교가 세워지게 됐습니다. 그녀에게 감동한 힌두교 지도자들이 6만여 명의 인구에 30여 명을 수용하는 학교 하나뿐이던 그곳에 그레이엄 선교사를 기념하는 학교를 세워 준 것입니다. 그 일이 알려지자 희생당한 선교사 가족을 추모하는 모임이 인도 전 지역에서 일어났고, 추모예배에는 교회 밖까지 넘치도록 많은 사람들이 모였습니다. 추모예배에서 마을의 경찰서장은 "그레이엄 선교사는 놀랄 만한 사람이며 위대한 그리스도인"이라고 고백했고, 주교는 희생당한 가족들을 "그리스도의 첫 번째 제자들"이라고 칭했습니다.

오스트레일리아의 가족들은 글래디스가 빨리 돌아오기를 바랐지만 그녀는 돌아가지 않았습니다. 그녀는 '내가 고국에 돌아감으로써 얻을 것이 무엇인가. 나와 딸 에스더밖에 안 남았지만 하나님이 전보다 더욱 힘을 주실 것이다'라고 생각했습니다.

남편이 30년 동안 헌신했던 인도의 한센병자들을 위한 사역을 글래디스가 이어받았습니다. 가족들에게서 버림받은 병자들을 돌보고, 그들이 자립할 수 있도록 바구니 짜는 법을 가르쳐 주고, 그 자녀들을 무료로 교육시키는 재건 농장을 위해 일했습니다. 더욱이 그녀는 "나의 사명은 한센병자들을 계속 돕는 것이고, 남편이 헌신했던 사역을 계속하는 것이고, 한센병자들의 병원을 짓는 것이다"라고 구체적인 비전을 제시했습니다.

사건이 일어난 지 3년 뒤에 차에 불을 질렀던 주모자가 잡혔지만 글래디스는 "내가 용서해야만 한센병자들이 치료될 수 있다"는 생각으로 인도에 복음의 길이 열릴 것을 소망하며 공식적으로 용서를 발표했습니다.

글래디스는 자신의 용서가 어떤 결과를 가져올지는 전혀 생각하지 못했을 것입니다. 이 사건을 통해서 인도 오리사 주에서는 종교의 자유가 선포되었습니다. 주 정부는 종교의 자유를 보장하는 인도의 헌법 안에서 개종에 대한 폭력을 철저하게 조사하라고 지시를 내렸습니다.

인도는 압도적인 힌두교 국가이고 전체 인구 중에 그리스도인은 겨우 2%뿐입니다. 개종을 하면 심각한 생명의 위협을 받기 때문에 누구든지 신앙을 바꿀 때에는 경찰을 지휘하는 치안 판사에게 보고하여 신변을 보호 받도록 규정하고 있습니다. 그런 곳에서 일부지만 종교의 자유를 보장하고, 그로 인한 폭력을 규제한 것은 엄청난 변화입니다. 억울한 사건을 당했지만 하나님의 뜻을 생각하고 용서했을 때 이런 열매가 나타나는 것입니다.

100년 전엔 한국도 다르지 않았습니다. 온갖 차별로 얼룩진 가난하고 비참한 조선에 들어온 선교사들로 인해서 우리가 이렇게 살게 된 것입니다. 그레이엄 선교사와 사모님이 그리스도의 말씀을 들었기 때문에 인도로 향한 것입니다. 그들에게 선포된 그리스도의 말씀을 이성과 지성과 감성으로 듣고, 마음으로 받아들여서, 의지의 결단으로 순종했기 때문에, 죽었다 깨어나도 할 수 없는 사랑과 용서를 한 것입니다.

한국 땅에도 천만 명의 크리스천이 있는데, 그리스도의 말씀으로 듣지 않기 때문에 교계가 흔들리고 온 나라에 선한 영향력을 끼치지 못합니다. 말씀이 들리지 않아서 이혼을 하고 자살을 하고, 교회를 다녀도 아무런 치료책이 없습니다. 불신 결혼과 불법을 행하는 것을 아무렇지 않게 생각하면서 모두가 포장을 하고 삽니다. 어떤 상황에서도, 가정과 교회, 사회와 나라의 회복은 오직 그리스도의 말씀으로 들을 때 시작됩니다.

―

힘든 사건이 찾아올 때 제일 먼저 떠올리는 것은 무엇입니까? 내 감정에 휘말려 있거나, 도와줄 사람을 찾아서 핸드폰만 붙잡고 있습니까? 어떤 사건도 그리스도의 말씀을 들으면 해결된다는 것을 믿습니까?

나를 향해 벌리시는 하나님의 손길

그러나 내가 말하노니 그들이 듣지 아니하였느냐 그렇지 아니하니 그 소리가 온 땅에 퍼졌고 그 말씀이 땅끝까지 이르렀도다 하였느니라_롬 10:18

유대인이 그리스도의 말씀을 못 들은 것이 아닙니다. 우리 주변을 둘러봐도 교회가 없는 곳이 없습니다. 날마다 말씀의 잔치가 곳곳에서 열리고 있습니다. 인터넷 창을 열면 전 세계에서 설교를 들을 수 있습니다. 교회도 많고, 성경도 얼마든지 구할 수 있고, 온갖 집회가 열립니다. 예수님을 모른다고 핑계할 사람이 없습니다. 그런데 아무리 들어도 변화되지 않습니다.

그러나 내가 말하노니 이스라엘이 알지 못하였느냐 먼저 모세가 이르되 내가 백성 아닌 자로써 너희를 시기하게 하며 미련한 백성으로써 너희를 노엽게 하리라 하였고_롬 10:19

이 말씀은 "그들이 하나님이 아닌 것으로 내 질투를 일으키며 허무한 것으로 내 진노를 일으켰으니 나도 백성이 아닌 자로 그들에게 시기가 나게 하며 어리석은 민족으로 그들의 분노를 일으키리로다"(신 32:21)라는 말씀을 인용한 것입니다. 유대인이 복음을 거절하니까 하나님을 알지 못하던 이방인들을 중심으로 구속사가 펼쳐질 것을 강조한 내용입니다.

유대인이 그리스도를 배척하고 있는 동안 서구의 국가들이 기독교 국가가 됐습니다. 또 서구 유럽의 기독교가 변질되자 미국이 기독교 국가가 되어 하나님의 축복을 받았습니다. 하지만 전적인 은혜로 하나님이 택해 주셨는데, 자기들이 잘나서 믿게 된 줄 알고 잘난 척을 하니까 하나님이 백성 아닌 자들을 택하셔서 그 영역이 확장되어 한국까지 복음이 건너왔습니다.

여기에 대해 이스라엘은 할 말이 없습니다. 구약 시대부터 지금까지 하나님은 시대마다 모세, 이사야, 예레미야 등 최고의 선지자, 지도자를 보내시고 그리스도의 메시지를 외치게 하셨습니다. 회개하고 돌이키라고 전파하는 자를 보내고 듣게 하셨습니다. 하지만 이스라엘 백성들은 돌이키지 않았습니다. 이스라엘이 너무 못 깨달으니까 백성 아닌 자들을 통해 이스라엘을 시기하게 하셨습니다. 또 미련한 자를 사용해서 이스라엘의 마음에 노여움이 생기게 했다고 하십니다. 이는 이스라엘이 미워서가 아니라 그들에게 복음을 알게 하기 위해서입니다.

어떤 자매가 이런 메일을 보내왔습니다.

안 믿는 남편과 결혼해서 남편 한 사람 믿게 하려고 오랜 수고를 했습니다. 남편이 신앙이 없는 것도 힘이 드는데 살갑게 잘해 주는 것도 아니고, 형편도 어렵고 마음이 지쳤습니다. 그런데 하나님을 안 믿는 동서는 남편에게 너무나 사랑을 받고, 하는 일마다 잘됐습니다. 가족 모임에 갈 때마다 동서와 비교가 되어서 힘들었습니다. 하지만 속으로 '그래도 동서는 하나님을 안 믿잖아. 하나님 없이 잘사는 걸 왜 부러워하겠어' 하면서 스스로를 위로했습니다.

그런데 그 동서가 믿음을 갖게 됐습니다. 교회에도 나가고 예수님을 만났다고 너무 기쁘다고 했습니다.

그 이야기를 들으니 너무 슬프고 힘이 들었습니다. 가족 중에 한 명이라도 예수님을 믿게 되었으니 기쁘고 감사해야 하는데 '왜 동서는 고난도 없이 예수님까지 믿게 된 걸까?' 하는 시기와 노여움으로 힘들었습니다.

그래도 자매가 참 솔직한 분이라서 하나님이 예쁘게 보실 것 같습니다.

하나님이 이스라엘을 시기하게 하고 노엽게 하신 것이 이런 것이 아닐까 생각합니다. 자매가 남편의 구원을 위해 오래 수고했다고는 하지만 그 마음에는 '남편이 예수님을 믿어서 나도 동서처럼 사랑 받아 봤으면' 하는 인간적인 기대가 있었습니다. 구원만이 목적이었다면 남편이 안 돌아와도 다른 시댁 식구들에게 열심히 전도했을 텐데, 예수 믿어서 나만 편해지고 잘되기만을 바랐기 때문에 늘 동서와 비교만 하고 있었습니다. 그 마음을 어서 돌이키라고, 진짜 구원만을 원하는 자가 되라고 하나님이 동서를 통해 시기하게 하고 노엽게 하신 것입니다. 이것은 정말 자매를 사랑하시고, 자매를 사용하기 위해 주신 사건입니다.

시기하게 해서라도 돌이키게 하시는 것이 하나님의 사랑입니다. 이스라엘과 하나님의 관계는 사무적인 관계가 아니라 애정의 관계이기 때문입니다. 주님의 신부인 내가 딴 곳을 쳐다보면 주님은 가차 없이 내치셔서 꼭 당신만을 바라보게 하십니다. 이렇듯 하나님과 성도의 관계는 사랑과 질투의 감정을 주고받는 살아 있는 관계입니다.

이사야는 매우 담대하여 내가 나를 찾지 아니한 자들에게 찾은 바 되고 내게 묻지 아니한 자들에게 나타났노라 말하였고_롬 10:20

하나님을 배척하는 이스라엘에게 복음을 외치려니 이사야가 매우 담대할 수밖에 없었겠죠. 담대함이 생기니까 사역의 범위가 넓어져서 찾지 아니하고 묻지 아니한 자들에게까지도 복음을 전하게 됐습니다.

남편이 쉽게 돌아오지 않으니까 저 역시 남편의 구원을 위해 더 간절히 기도하게 되고, 복음을 전하기 위해 갈수록 담대해졌습니다. 집에서 남편이 배척하니까 병원 식구들에게 전도하고, 시장을 보러 가면 시장 사람들에게 전도하면서 지경이 넓어졌습니다. 시장 사람들이 다 제 친구가 되었습니다.

주위를 보십시오. 믿음 때문에 핍박 받는 사람들은 믿음의 친구들이 많습니다. 내가 배척 받아서 도리어 영적인 교제의 범위가 넓어지는 것을 알 수 있습니다. 온 집안이 다 잘 믿고 서로 믿음 좋다고 칭찬을 받으면 지경이 넓어지기가 어렵습니다. 가까운 사람들이 다 잘 믿으니까 구원에 대한 절박함도 없고 전도에 관심이 없어집니다. 그러니 복음을 전해서 배척 받는 것이 나를 크게 쓰시려는 하나님의 축복인 것을 믿으시기 바랍니다.

이스라엘에 대하여 이르되 순종하지 아니하고 거슬러 말하는 백성에게 내가 종일 내 손을 벌렸노라 하였느니라_롬 10:21

그래도 하나님은 이스라엘을 사랑하십니다. 순종하지 아니하고 거슬러 말해도 그 백성을 향해 종일 손을 내밀고 기다리십니다. 그 사랑 때문에 때로는 시기하게 하실 수도 있고 노엽게 하실 수도 있습니다. 나에게 관심이 있으시기 때문입니다.

아직 돌아오지 않은 이스라엘이지만, 하나님은 변함없는 사랑으로 그들을 향해 손을 벌리시고 오늘도 기다리십니다. 2천 년이 지나도 돌아오지 않는 것을 보면 힘든 숙제이긴 하지만, 이스라엘이 하나님을 배척함으로 복음이 우리에게 나타났으니 그 은혜에 감사할 수밖에 없습니다. 언젠가 반드시 이스라엘도 영적 장자로 회복될 것입니다.

내가 복음을 전해서 배척 받는 시간이 길어질수록 내 영적인 수준이 높아진다는 것을 기억하십시오. 배척과 핍박을 받는 그 시간 동안 구원의 사랑으로 또 다른 이들을 향해 복음의 손을 벌리면 됩니다. 그래서 복음의 지경이 점점 넓어지는 것을 기뻐하시기 바랍니다.

어떤 목사님의 간증을 들었습니다. 그분이 전도사로 계실 때 교회 성도의 고등학생 딸이 집을 나갔다는 연락을 받았습니다. 남편 없이 혼자 외동딸을 키우던 분인데 딸이 없어졌으니 엄마가 거의 정신을 잃고 일주일을 찾아다 녔지만 찾을 수가 없었습니다. 전도사님도 모든 일을 제쳐 놓고 엄마와 함께 딸을 찾으러 다녔습니다. 같이 다니면서 그 엄마에게 딸이 돌아오면 어떻게 하겠느냐고 물었습니다. 엄마는 가만히 안 두겠다고, 머리를 다 쥐어뜯어 놓 겠다고 욕을 퍼부으며 화를 냈습니다.

그렇게 한 8일쯤 지난 후에 딸에게 연락이 왔습니다. 엄마가 무서워서 집 으로 가지는 못하고 전도사님에게 먼저 찾아왔습니다. 충동적으로 집을 나 갔지만 갈 곳이 없어서 돌아왔다고 했습니다.

반쯤 정신이 나가 있는 엄마에게 전도사님이 전화를 했습니다. 아이가 돌 아왔다고, 집으로 데리고 가겠다고 했습니다. 딸을 태우고 집으로 가면서 전 도사님은 "엄마가 화를 내고 너를 때리더라도 이해해라. 엄마가 얼마나 힘들 었는지 모른다. 절대 반항하지 말고 용서를 빌어라" 하고 신신당부를 했습니 다. 딸도 그러겠다고 했습니다.

조마조마한 마음으로 집에 도착했는데 너무나 놀라운 일이 벌어져 있었 습니다. 딸을 데리고 간다고 전화한 지 한 시간도 안 지났는데 언제 준비를 했는지 식탁에 풍성한 음식이 차려져 있었습니다. 딸이 즐겨 먹던 된장찌개, 자주 해 주지 못했던 굴비도 한 마리 구워져 있었습니다. 8일 만에 돌아온 딸을 보고 엄마는 딸의 머리를 쥐어뜯는 대신 울면서 말했습니다.

"과부 딸로 가난하게 사는 거 힘들었지. 엄마가 좀 더 따뜻하게 못해 줘서 미안해. 엄마도 힘들어서 그랬어. 엄마를 용서해 줘."

엄마는 딸을 꼭 안아 줬습니다. 딸도 울면서 용서를 빌었습니다.

그때 집을 나갔던 딸은 자라서 교사가 되었고, 지금은 남편과 함께 교회에서 장애인을 섬기고 있다고 합니다.

자식이 집을 나갔다고 걱정하지 마십시오. 내가 사랑해 주면 언젠가는 다 돌아옵니다. 집을 나가든 무슨 문제를 일으키든, 속상해서 때리고 야단을 쳐도 엄마 아빠가 나를 사랑한다는 걸 알면 반드시 돌아오게 돼 있습니다. '집 말고는 갈 곳이 없구나' 하고 다 돌아옵니다. 안 돌아오는 건 다른 곳에서 더 사랑을 해 주기 때문입니다. 그러니 안 들어오는 것도 여러분의 삶의 결론입니다. 열심히 사랑해 주십시오. 우리에게 주어진 시간 동안 열심히 사랑하십시오.

하나님도 이스라엘이 수천 년 동안 말씀을 안 듣고 속을 썩이니까 시기하게 하시고 노엽게 하시고 때로는 달래기도 하셨습니다. 그러면서 그들이 돌아오기까지 종일 손을 벌리고 기다리십니다. 이처럼 내가 교회를 다니다가 떠났어도 하나님은 언제나 두 팔을 벌리고 기다리십니다. 잘 돌아왔다고, 나를 꼬옥 안아 주시려고 날마다 손을 벌리고 기다리십니다.

———

믿음 때문에 나를 핍박하는 가족, 직장 동료가 있습니까? 끝없이 속을 썩이고 말을 안 듣는 나에게 종일 손을 벌리시는 하나님의 사랑을 경험했습니까? 그 사랑으로 내 옆의 강퍅한 사람이 변화되기를 기도합니까?

말씀으로 기도하기

아버지 하나님! 날마다 외적인 아름다움을 구하고 아름다운 사람이 되려고 노력합니다. 그러나 가장 아름다운 것은 복음을 전하는 발이라고 하십니다. 내가 주님의 사랑을 알았다면 이제는 전파하는 자가 되게 하옵소서. 인도의 선교사님 부부처럼 하나님의 사랑을 힘입어 담대하게 전하는 자가 되기 원합니다.

내가 그리스도의 말씀을 듣고 믿음으로 모든 사람들에게, 땅끝 나라 북한에, 땅끝과 같은 내 식구들에게 복음을 전할 수 있도록 은혜를 내려 주옵소서. 기도의 발, 후원의 발, 섬김의 발로 찾아가는 아름다운 발이 될 수 있도록 축복하여 주옵소서. 지금은 듣지 않아도 내가 배척 받음으로 또 다른 이들을 전도하고 지경이 넓어지는 것을 믿사오니, 종일 손을 벌리시는 하나님의 사랑으로 나도 내 식구들을 끌어안을 수 있기를 원합니다.

나를 사랑하시고 기다려 주신 하나님이 오늘도 내 식구를 향해 종일 손을 벌리고 기다리십니다. 돌아온 탕자를 맞으시는 것처럼 어떤 죄도 용서하시고 받아 주십니다. 이 땅의 모든 사람들이 사랑의 복음에 들어와 하나님의 품에 안기는 자들이 될 수 있도록 역사하여 주옵소서. 그 일을 위해 내가 전파하는 자의 아름다운 발이 되기를 원합니다.

예수님 이름으로 기도하옵나이다. 아멘.

가장 아름다운 것은 기쁜 소식, 복음을 전하는 자의 발걸음입니다.
죄와 절망 가운데 있던 내가 예수님을 믿고 살아난 것보다
기쁜 소식은 없습니다.
그 기쁨으로 다른 사람들을 살리기 위해
찾아가는 발걸음이야말로 가장 아름다운 것입니다.

공동체 고백

아름다운 사람들

바람을 피운 남편이 가출을 한 후, 우울증으로 무기력하게 누워 있던 날들이 많아지면서 하루를 보내는 것이 제게는 너무 힘든 일이었습니다. 그러나 후배 가족의 소개로 지금의 교회에 다니면서 예배를 통해 말씀을 듣고 소그룹 모임에서 들은 말씀으로 제 이야기를 나누다 보니 힘들었던 저의 지난 삶이 말씀으로 해석되었습니다. 그즈음 "남편에게 사과의 문자를 보내 보라"는 권면의 말을 소그룹 리더에게 들었지만 "싫어요, 왜 제가 그래야 돼요"라고 딱 잘라 말했습니다(롬 10:16). 그러나 시간이 지날수록 자꾸 그 말이 귓전에 맴돌았고 하나님이 저에게 하시는 말씀으로 들렸습니다(롬 10:17). 늘 옳고 그름으로 남편을 판단하고 정죄하며 무시했던 저의 죄가 깨달아지면서 죽어도 용서할 수 없을 것 같았던 남편을 용서할 수 있게 된 것입니다. 그래서 가출한 남편에게 "미안하다"는 사과의 말과 함께 "아이들과 편하게 통화하고, 보고 싶으면 만나도 좋다"는 문자를 보냈습니다. 그러자 남편은 뜻밖에도 "그동안 나도 너무 힘들어 죽을 것 같았고, 아이들과 당신에게 너무 미안하다"는 말과 "아이들과 만날 수 있게 해 줘서 고맙다"는 문자를 보내 왔습니다.

그 후 남편은 집으로 돌아왔고 예배와 소그룹 모임, 양육훈련까지 받으면서 자연스럽게 말씀을 듣는 환경 속에 거하게 되었습니다. 하지만 여전히 음란한 생활을 하며 새벽에 귀가하거나 자주 외박하는 남편을 보면서 '다른 사람은 다 변해도 우리 남편만은 절대 변하지 않을 거야'라는 생각이 들었습니다. 남편의 구원을 위해 섬기겠다던 처음 다짐은 어느새 사라지고 부부 싸움을 하는 날이 많아지면서 남편은 집을 나가는 날이 많아졌습니다. 이런 저희 부부의 모습에 교회 지체들은 안타까워하며, 남편의 예배 회복과 저희 부부의 관계 회복을 위해 함께 기도해 주었습니다. 한 집사님은 카톡을 통해 남편을 위로해 주시고, 양육자였던 집사님은 남편이 끝까지 양육훈련을 마칠 수 있도록 격려하시며 끌고 가셨습니다. 그리고 소그룹 리더 집사님은 남편의 사무실 앞에서 기다렸다가 밥을 사 주시며 남편을 토닥여 예배와 소그룹 모임에 다시 나올 수 있도록 길을 열어 주셨습니다.

소그룹 리더와 지체들, 양육자 모두가 한마음이 되어 남편의 신앙 회복과 거룩을 위해 부단히 애쓰며 수고하시는 시간이 반복되면서 결코 변하지 않을 것 같았던 남편의 마음이 움직이기 시작했습니다. 어느 날 남편은 '부모형제도 나에게 아무 관심이 없는데 저분들은 무엇 때문에 날 위해 수고하시나?' 생각하니 가슴이 먹먹해졌고, 그 순간 탕자 같은 자신이 돌아오기를 손을 벌리고 기다리시는 하나님의 사랑으로 느껴져 마음이 저려 왔다고 했습니다(롬 10:21). 그리고 남편은 예배와 소그룹 모임에 다시 나오게 되었습니다. "한 영혼이 천하보다 귀하다"고 하신 말씀처럼 그 한 사람, 한 영혼을 위해 한마음으로 섬겨 주신 아름다운 지체들의 사랑을 생각하면 저와 남편 둘 다 복음에 빚진 자입니다. 작년, 남편과 저는 소그룹 리더로 부르심을 받았습니다. 이제 저희 부부가 받은 그 사랑을 공동체에서 다시 나누며 섬김의 자리로 나아갈 수 있기를 기도합니다.

남은 자의 삶

로마서 11:1~12

아버지 하나님, 하나님이 남겨 두신 남은 자로서 어떻게 살아야 할지 말씀이 제게 임하기를 원합니다.
예수님의 이름으로 기도하옵나이다. 아멘.

2002년 6·15 남북선언을 기념해서 남북한 그리스도인들이 연합예배를 드리는 행사가 있었습니다. 예배를 위해 남쪽에서 300여 명의 그리스도인들이 평양을 방문했는데 저와 큐티엠(큐티선교회) 식구들도 함께 참석했습니다.

계획했던 것과 달리 연합예배는 무산이 되었지만 유서 깊은 평양의 봉수교회와 칠골교회를 방문할 수 있었습니다. 칠골교회는 김일성 주석의 어머니인 강반석 여사가 섬기던 교회입니다.

봉수교회와 칠골교회는 정치적 선전을 위한 교회이지만 두 교회 외에 드러나지 않은 지하교회들이 있음이 비공식적인 통로로 알려졌습니다. 6·25 전쟁 이후 1958년에 평북 용천에서 이관화 목사 사건이 있었고, 1959년에 박천에서 신앙을 이유로 인민학교 여교사를 체포한 사건이 있었고, 1966년에 그리스도인 색출 사건이 있었습니다. 또한 1968년에는 평남의 박 목사 사건이, 1970년대 이후에는 수천 명의 그리스도인을 유배시킨 일이 있었습니다.

최근에 신의주와 자강도, 함경북도, 황해도 등지에서 지하교회 적발 사건들이 계속 일어나고 있다고 합니다. 이러한 소식에서 우리는 분명 북한에도 지하교회가 살아 움직이며 성도들이 조직을 이루어 활동하고 있다는 것을 알 수 있습니다.

남은 자가 없다는 외침

그러므로 내가 말하노니 하나님이 자기 백성을 버리셨느냐 그럴 수 없느니라 나도 이스라엘인이요 아브라함의 씨에서 난 자요 베냐민 지파라
_롬 11:1

이스라엘은 하나님이 택하신 민족으로, 하나님을 가장 먼저 믿은 사람들입니다. 역사 깊은 믿음의 혈통입니다. 남한과 북한 중에서는 북한이 복음을 먼저 받아들인 곳, 먼저 믿은 곳입니다.

북한에는 유명한 산정현교회 주기철 목사님이 계셨습니다. 주기철 목사님은 일제 신사참배를 거부하고 순교까지 하신 분입니다. 한때 평북 정주, 평양, 선천 등에서는 80% 이상의 사람들이 예수님을 믿었다고 합니다. 1945년 소련과 김일성의 공산화에 항거했던 신의주 학생 의거 사건도 기독교 정신에 뿌리를 두고 있습니다. 2003년 열차 폭발 사건이 일어났던 용천

도 믿음의 뿌리가 깊은 지역입니다.

하나님은 남한과 북한 중에 북한을 먼저 택하셨습니다. 북한이 먼저 믿은 자가 되었습니다. 그런데 하나님이 택하신 북한, 먼저 믿은 북한을 버리시겠습니까? 선교사들과 순교자의 피와 땀이 서린 그 땅을 버리시겠습니까? 해방 이후 유물론의 소산인 공산주의가 북한을 사로잡으면서 많은 성도들이 신앙의 자유를 찾아 남쪽으로 내려왔습니다. 그렇다고 하나님이 먼저 믿은 북한의 백성들을 버리시겠는가 말입니다.

바울도 하나님의 택한 백성인 이스라엘인이고 베냐민 지파, 이스라엘 초대 왕인 사울의 후손입니다. 대단한 믿음의 배경을 가졌습니다. 그런 사람이 예수 믿는 사람들을 앞장서서 핍박하고, 스데반 같은 믿음의 사람을 죽였습니다. 그 누구보다도 하나님을 완강하게 대적했습니다. 그럼에도 하나님은 이스라엘을 버리지 않으십니다. "나 같은 사람도 세우셨는데 너희를 버리겠느냐?" 하는 것이 먼저 믿은 이스라엘을 향한 바울의 호소입니다. 하나님은 배신한 자를 돌이키시고 하나님의 일꾼으로 세우십니다. 그것이 하나님의 방법입니다.

하나님이 그 미리 아신 자기 백성을 버리지 아니하셨나니 너희가 성경이 엘리야를 가리켜 말한 것을 알지 못하느냐 그가 이스라엘을 하나님께 고발하되 주여 그들이 주의 선지자들을 죽였으며 주의 제단들을 헐어 버렸고 나만 남았는데 내 목숨도 찾나이다 하니_롬 11:2~3

엘리야는 북이스라엘의 선지자로 악한 왕 아합 밑에서 고생을 많이 했습니다. 아합과 그의 부인 이세벨은 자신들의 지위를 지키기 위해 우상을 섬기는 이방 세력과 연합하고 여호와의 선지자들을 모조리 죽였습니다. 엘리야가 기근도 해결해 주고 아합을 위해 수고했는데 그런 엘리야까지 죽이려 했습니다(왕상 18~19장).

바울은 하나님이 이스라엘을 버리지 않으셨다는 것을 설명하면서 엘리야 이야기를 하고 9절에서는 다윗의 말을 인용했습니다. 바울이 다윗과 엘리야의 예를 든 것은 자신이 엘리야를 죽이려는 아합과 같았기 때문입니다. 다윗을 죽이려고 했던 사울처럼, 엘리야를 죽이려고 했던 아합처럼 스데반을 죽인 사람이 자신이었기 때문에 하나님이 누구도 버리지 않으신다는 것을 설명하기 위해서 그 둘을 예로 들었습니다.

나를 핍박하는 사람이 언젠가는 바울처럼 회심해 돌아온다고 해도 쫓기는 사람의 입장에서는 힘이 듭니다. 나를 힘들게 하는 사람을 하나님이 버리지 않으신다고 해도 그 사람이 주께로 돌아오기까지 기다리는 것은 어렵습니다. 숨이 안 쉬어집니다. 그래서 엘리야처럼 도망가서 숨고 싶습니다.

중요한 것은 다윗도 엘리야도 힘이 들 때 다른 것을 찾지 않고 하나님께 고했다는 것입니다. 엘리야가 뭐라고 했습니까?

"주님, 제가 이스라엘을 위해서 일했는데 믿는 사람들이 저를 죽이려고 해요."

분명 같은 백성이고, 믿는 사람들인데 믿음을 이유로 자신을 죽이려 한다고 하나님께 토로했습니다.

저희 시댁도 장로님 가정이었지만 교회는 주일에만 가면 된다며 구역예배나 다른 봉사 활동에는 참석을 못 하게 하셨습니다. 게다가 남편은 주일에 교회 가는 것도 싫어하고, 성경을 보는 것도 싫어하고, 심지어 성경책을 찢은 일도 있었습니다. 그래서 저도 엘리야처럼 하나님께 고발했습니다.

"구원 때문에 제가 식구들을 섬기고 기도했는데 이제는 교회에도 못 가게 해요. 다른 사람도 아니고 교회 다니는 식구들이 저를 보고 광신이래요. 큐티를 못 하게 해요. 봉사를 못 하게 해요."

이렇게 기도하는 것이 혈육을 욕하는 걸까요? 제가 간증할 때 시댁과 남편 이야기를 하는 것이 가족의 프라이버시를 침해하고 욕하는 걸까요? 그런 문제가 아닙니다. 물론 엘리야가 자신을 죽이려고 하는 이스라엘을 잠잠히 사랑하면서 끝까지 인내했다면 좋겠지만 그도 연약한 인간이었습니다. 그들이 돌아오기까지 사랑할 때도 있고, 사랑하지 못할 때도 있기 때문에 자신의 절박함을 하나님께 고한 것입니다.

사실 내 가족의 실체를 드러내 고하기가 어렵습니다. 내 남편, 내 자녀는 육적으로도 잘나야 되고, 영적으로도 인정을 받아야 하기 때문에 더 말하기 어렵습니다. 아니, 안 합니다. 교회 와서는 더더욱 못합니다. 우리 애가 믿음 없이 교회만 왔다 갔다 한다고 고발할 수 있습니까? 내 남편, 내 아내가 집사이지만 집에서는 성경도 안 보고, 기도도 안 하고 도리어 교회 욕을 한다고 이야기할 수 있습니까? 절대 못 합니다. 숨이 턱에 차기까지는, 엘리야처럼 죽음이 임박하기까지는 절대 하나님께 고발을 못 하는 겁니다.

―

하나님이 버리신 것 같은 가족이 있습니까? 대적하고 핍박하던 바울이 하나님의 사도로 세워진 것처럼 내 가족들도 세워질 것을 믿습니까? 가족 구원을 위해 하나님께 고발하지는 않으면서 "너는 왜 그렇게 믿음이 없느냐"고 타박만 합니까?

남은 자가 없다고? 칠천 명이 있다!

주여 그들이 주의 선지자들을 죽였으며 주의 제단들을 헐어 버렸고 나만
남았는데 내 목숨도 찾나이다 하니_롬 11:3

가만 보니 엘리야도 혈기가 났습니다. 나만 남았다고 합니다. '내 목숨'을 찾는다고 합니다. '내 목숨'이 어디 있습니까? 다 주의 목숨이죠. "나만 남았다"는 것은 북이스라엘에 하나님 잘 믿는 사람이 나밖에 없다는 겁니다. 하나님께 고발을 하는 것도 중요하지만 나만 제대로 믿는다고, 나만 고생한다고 해서는 안 됩니다.

고난을 너무 많이 받고, 너무나 대단한 체험이 있으면 다른 사람 고난이 손톱만하다고 얕잡습니다. "그 정도 고난으로 명함도 내밀지 말라"고 합니다. 누가 고난 이야기만 하면 들고 일어나서 난리치는 사람이 지금 엘리야 같은 사람입니다.

그렇게 자꾸 엘리야 혼자만 남았다고 하니까 하나님이 뭐라고 하십니까?

그에게 하신 대답이 무엇이냐 내가 나를 위하여 바알에게 무릎을 꿇지 아
니한 사람 칠천 명을 남겨 두었다 하셨으니_롬 11:4

고발을 제대로 하자 하나님이 답을 제대로 주십니다. 고발을 누구에게 하는가가 그래서 너무 중요합니다. 성경을 보면서 고발할 수 있고, 성경을 봐도 모르겠으면 믿음의 선배에게 고발을 할 수 있습니다.

나는 혼자 남았다고 하는데 하나님은 칠천을 남겨 두었다고 하십니다. 엘리야의 눈에 보이지 않는 하나님의 사람 칠천 명이 있다고 하십니다. 하나님은 엘리야에게 너 혼자 하는 것이 아니라고 하시고, 후계자 엘리사를 세워 주셨습니다. 참으로 놀라운 일입니다. "나 혼자만 남았다"고 악을 쓰니까 어디에 있었는지 칠천 명이 있었고, 거기에 엘리사까지 준비되어 있었습니다.

제 언니는 오랫동안 필리핀에서 선교사역을 했습니다. 처음엔 평신도로 갔기 때문에 특별한 연고도 없었고, 안식년 한 번 못 가졌습니다. 필리핀의 빈민가에서 그렇게 고생하며 개척도 하고 교회도 지었습니다. 필리핀에서 뼈를 묻겠다고 했습니다.

그런데 그 모든 헌신에도 불구하고 남편이 믿지 않아서 인생이 너무 힘들었습니다. 언니는 결혼할 때만 해도 믿음이 없어서 천주교인과 결혼했습니다. 형부는 성적도 A만 받고, 준법정신이 강해서 교통질서도 잘 지켰지만, 개신교를 극렬히 반대했습니다. 그러다 필리핀에 가서 정신의 병이 들었습니다. 아들도 늘 속을 썩이고 힘들게 했습니다. 그런데 필리핀 사역에서는 늘 열매를 주셨습니다.

평생 온몸을 불살라 빈민가 사역을 했던 언니는 나중에 치매에 걸려 한국의 요양병원 신세를 지기도 했습니다. 그런 언니의 인생을 생각하면, 엘리야처럼 고발을 해야 할 일 아닙니까? 그런데 말씀을 보니까 이것을 칠천 배의 응답이라고 하십니다.

지금 우리의 눈에는 보이지 않습니다. 엘리야의 눈에도 마찬가지입니다. 빈민가에서 평생 수고를 했는데 남편과 자녀는 믿음이 없고, 본인에겐 치매까지 왔다면 이처럼 조롱 받을 일이 어디 있겠습니까? 그러나 하나님은 그렇게 떠나온 자리에 교회가 세워지고 후계자가 세워지게 하셨습니다. 나 한 사람 남은 것 같아도 칠천 명을 남겨 뒀다고 하시니 칠천 배의 응답입니다.

내 생각의 칠천 배를 응답하시는 하나님이십니다. 할렐루야!

> 그런즉 이와 같이 지금도 은혜로 택하심을 따라 남은 자가 있느니라 만일
> 은혜로 된 것이면 행위로 말미암지 않음이니 그렇지 않으면 은혜가 은혜
> 되지 못하느니라_롬 11:5~6

'은혜로 택하심을 따라' 칠천 명을 남겨 두셨습니다. 행위로 된 것이 아닙니다. 4절에 "내가 나를 위하여", 다시 말해서 하나님을 위하여 남겨 두셨다고 합니다.

그 칠천 명이 당장은 보이지 않습니다. 엘리야도 보지 못하고 혼자 남았다고 기도를 드렸습니다. 이스라엘의 기근을 해결하고, 바알 선지자 850명을 물리치는 대단한 사역을 했는데 혼자 남았다고 생각한 그 순간 얼마나 두려웠겠습니까? 얼마나 조롱 받을 일이었겠습니까? 그러나 하나님은 칠천 배의 응답을 준비하고 계십니다. 칠천 배의 응답뿐 아니라 힘든 사역을 함께 해 나갈 후계자 엘리사까지 예비해 주십니다.

하나님을 믿고 힘든 일을 감당해 왔어도 당장 그럴듯한 결과가 없을 수 있습니다. 같이 교회 다닌다고 의지했던 가족들까지 등을 돌릴 수 있습니다. 돈도 없고, 병에 걸리고, 배우자가 힘들게 하고, 아이들은 속을 썩이고……. 그래도 나 한 사람이 하나님께 고하고 있으면 칠천 배의 응답이 있습니다. 보이지 않는 가운데 이미 예비하신 칠천 배의 은혜가 기다리고 있습니다.

나 혼자 감당해야 할 가족의 구원, 교회 사역, 생활고 때문에 낙심하고 있습니까? 어디선가 나를 위해 기도하는 칠천 명의 중보기도자가 있음을 믿습니까? 절망적인 내 자신과 가정과 교회와 직장에, 은혜로 남겨 두신 칠천 배의 응답을 믿습니까?

하나님이 남겨 두신 자의 삶

그에게 하신 대답이 무엇이냐 내가 나를 위하여 바알에게 무릎을 꿇지 아니한 사람 칠천 명을 남겨 두었다 하셨으니_롬 11:4

하나님이 남겨 두신 자는 '바알에게 무릎을 꿇지 아니한' 사람입니다. 바알은 세상의 우상으로, 죄의 상징입니다. 세상이 다 섬기고 있어서 거절하기 힘든 우상, 뿌리치기 힘든 죄입니다. 깊이 감추어진 개인의 죄보다는 모든 사람이 죄로 여기지 않는, 관행이 된 죄를 바알이라고 할 수 있습니다. 그리스도인들에게도 각자 바알에게 무릎을 꿇는 죄가 있습니다. 음란을 조장하는 대중문화, 뇌물, 학벌과 물질 우상주의가 그런 것입니다.

바알에게 무릎을 꿇지 않는 것은 곧 십자가를 지는 것입니다. 아합 왕이 엘리야를 죽이려고 쫓아와도, 세상 권력이 나를 죽이려고 해도 하나님 때문에 십자가를 지는 칠천 명이 있기에 소망이 있습니다. 세상과 타협하지 않음으로 손해와 희생을 감수하며 믿음을 지키는 칠천 명 때문에 이 나라에도 소망이 있습니다.

그런즉 어떠하냐 이스라엘이 구하는 그것을 얻지 못하고 오직 택하심을 입은 자가 얻었고 그 남은 자들은 우둔하여졌느니라 기록된 바 하나님이 오늘까지 그들에게 혼미한 심령과 보지 못할 눈과 듣지 못할 귀를 주셨다 함과 같으니라_롬 11:7~8

'우둔해지다'라는 표현은 굳은살이 박여서 딱딱하고 둔해진 상태를 말합니다. 너무 단단하게 굳어서 찔러도 반응이 없는 상태입니다. 하나님이 깊이 잠들게 하셨기 때문에 감동이 없습니다. 모두가 은혜를 받아도 혼자 은혜를 못 받습니다.

우둔의 반대는 온유입니다. 하나님께서 남겨 두신 자는 온유한 자들입니다. 성품으로가 아니라 십자가로 처리된 온유가 있는 사람들입니다.

우리는 우둔한 자든지, 택하신 자든지 둘 중에 하나입니다. 택하신 것도 하나님이시고, 우둔하게 하신 것도 하나님이십니다. 저희에게 혼미한 심령과 보지 못할 눈과 듣지 못할 귀를 주신 것도 하나님이십니다. 그러니 우둔한 자들에게 "너는 왜 그렇게 우둔해!" 하고 악을 쓸 필요가 없습니다.

혼미한 심령을 가진 사람은 진실을 모릅니다. 거짓말을 하면서도 자기가 거짓말하는 줄도 모르고, 자신도 속고 남도 속입니다. 보지 못하는 눈을 가진 사람은 책을 읽고 공부를 해도 무엇이 중요한지 모릅니다. 듣지 못하는 귀를 가진 사람은 대화를 해도 핵심을 모릅니다. 보지 못하고 듣지 못하는 사람들이 서로 모여서 대화를 하려니까 그것이 비극입니다.

김혜자 씨의 책 《꽃으로도 때리지 말라》에 관한 인터뷰 기사를 읽었습니다. 김혜자 씨는 1990년대 초 우연히 케냐, 시에라리온, 인도, 에티오피아, 아프가니스탄의 수많은 불쌍한 아이들을 보았습니다. 마른 몸에 배만 볼록 나온 아이가 가슴에 딱 붙어서 나 좀 데려가 달라고, 밥 좀 먹여 달라고, 공부 좀 시켜 달라고 매달렸다고 합니다. 김혜자 씨는 책을 내면서 "어느 순간 스스로의 처지를 불행하다고 생각할 때 자신의 눈과 귀를 크게 열라"고 말해 주고 싶다고 했습니다. "지금의 나보다 더 불행한 사람들을 볼 줄 아는 눈, 그들의 외침을 듣고자 하는 귀가 있다면 여러분의 삶은 불행이라는 단어를 잊어버리게 된다"는 것입니다.

김혜자 씨도 예수님을 믿으면서 얼마 동안은 담배를 끊지 못했다고 합니다. 그러나 이제는 담배도 끊고, 어려운 이들을 보는 눈과 그들의 고통을 듣는 귀를 가진 남은 자로 살고 있습니다.

또 다윗이 이르되 그들의 밥상이 올무와 덫과 거치는 것과 보응이 되게 하시옵고 그들의 눈은 흐려 보지 못하고 그들의 등은 항상 굽게 하옵소서 하였느니라_롬 11:9~10

엘리야는 자기 민족을 하나님께 고발하더니, 다윗은 한술 더 떠서 심술궂은 기도를 합니다. 밥상은 풍성함을 의미하는데 그것이 올무가 되고, 거치는 것이 되게 해 달라고 합니다.

다윗이 진짜 심술로 이런 기도를 했겠습니까? 사랑하기 때문에 이런 기도를 하는 것입니다. 하나님을 떠나서 살고 있는 사람들, 예수님을 안 믿고 불법을 행하는데도 풍성하게 사는 사람들에게 그들이 추구하는 밥상이 올무이고 덫인 것을 깨닫고 돌아오라고 하는 기도입니다. 세상적으로 차려 놓은 밥상이 좋으면 거치는 것이 많을 수밖에 없습니다.

한 신문 기사를 보니 어떤 의사가 결혼하자마자 일주일 만에 부인에게 이혼 소송을 당했는데 위자료 1억 5천만 원을 지급하라는 판결을 받았다고 합니다. 결혼할 때 부인이 의사에게 시집온다는 이유로 아파트도 장만하고, 예단 등으로 3억 원을 썼다고 합니다. 그걸 마련하느라고 3천만 원을 대출 받았다고 했더니 의사 남편이 "그 돈은 친정에서 갚아야 하는 돈이다. 그리고 오피스텔을 하나 더 해 내라"고 했다는 겁니다. 그래서 부인이 이혼 소송을 제기했고 남편은 위자료 1억 5천만 원을 물어 주게 됐습니다.

특권이 많을수록 걸리는 것이 많습니다. 의사, 변호사 '사' 자의 특권을 보고 결혼하려니 혼수가 올무가 되고, 강남의 대형 아파트에 살려니 거기에 맞는 생활비, 교육비가 거치는 것이 됩니다. 내 체면 때문에, 내 이익 때문에 보응으로 당해야 하는 것들이 너무나 많습니다.

그러다 보니 등이 굽을 수밖에 없죠. 잘 차려진 밥상을 지고, 특권과 야망을 이고 지고 가려니 허리가 휘고 등이 굽습니다. 예수님을 믿으면서도 아직도 수고하고 무거운 짐으로 등이 굽은 사람들이 많습니다. 이제는 짐을 내려놓고 허리를 좀 펴시기 바랍니다.

7절부터 11절까지의 말씀을 거꾸로 적용하면 하나님이 남겨 두신 자의 삶이 어떤 것인지 알 수 있습니다.

첫째, 하나님이 남겨 두신 자는 우둔하지 않습니다. 마음이 민감하고 온유해서 하나님과 사람에 대해 관심을 두고 반응하는 사람입니다.

둘째, 하나님이 남겨 두신 자는 혼미한 심령이 아닙니다. 늘 진실하고 순결한 마음을 가진 사람입니다.

셋째, 하나님이 남겨 두신 자는 제대로 보는 눈과 듣는 귀를 가진 사람입니다. 김혜자 씨처럼 봐야 할 것을 보고, 들어야 할 것을 들어서 하나님의 뜻을 실천하는 사람입니다.

넷째, 하나님이 남겨 두신 자는 잘 차려진 밥상에 연연하지 않으며, 인정받는 것과 욕심 때문에 올무에 걸리지 않는 자유한 사람입니다. 하나님 때문에 모든 것을 내려놓았기에 등이 굽지 않고, 당당하게 허리를 펴고 사는 사람입니다.

쉽게 무릎 꿇는 욕심과 음란의 바알이 있습니까? 내 힘으로는 거부할 수 없는 바알의 유혹을 날마다 말씀의 힘으로 거부하고 있습니까? 외모와 학벌로 잘 차려진 밥상 때문에 불신 결혼의 올무에 걸리고, 카드빚으로 등이 굽었습니까? 세상에서 망하더라도 하나님의 남은 자로 사는 것이 가장 당당한 삶임을 믿습니까?

실패와 넘어짐이 풍성함으로

그러므로 내가 말하노니 그들이 넘어지기까지 실족하였느냐 그럴 수 없느니라 그들이 넘어짐으로 구원이 이방인에게 이르러 이스라엘로 시기나게 함이니라 그들의 넘어짐이 세상의 풍성함이 되며 그들의 실패가 이방인의 풍성함이 되거든 하물며 그들의 충만함이리요_롬 11:11~12

하나님을 믿는 우리도 넘어질 수 있습니다. 그러나 우리가 넘어지는 것은 완전히 망하는 것이 아니라 과정입니다. 이스라엘의 넘어짐으로 구원이 이방인에게 이르렀듯이, 우리도 실패와 넘어짐의 고난으로 하나님의 뜻을 더 깊이 깨닫고 성숙해집니다. 내가 믿음으로 잘 서 있으면 내 옆의 사람들까지 풍성해집니다. 암에 걸려서 넘어져도 천국의 확신을 가지고 평안한 모습을 보이면 힘들던 가족들까지 풍성해집니다.

그래도 우리는 넘어짐보다는 풍성함만 누리고 싶습니다. 부자로 살고 싶고, 암도 기적처럼 낫기를 바랍니다. 세계적으로 예수님을 믿는 나라들이 부요한 것도 사실입니다. 복음을 처음 듣는 사람에게는 고난보다는 예수 믿어서 잘된 경우를 가지고 다가가는 것도 필요합니다. 예수님을 믿어서 개인이 복을 받고 나라가 복을 받는 것도 엄연한 사실이기 때문입니다.

우리나라도 그렇습니다. 북에서 내려온 신앙인들이 남한의 곳곳에 교회를 세웠습니다. 그 결과 한국은 천만 명의 성도를 가진 나라가 되었고 세계 각지에 선교사를 파송하고 있습니다. 그래서 하나님이 이만큼 우리나라를 축복하신 것이 사실입니다. 북한이 공산화되지 않았다면 그리스도인들이 남쪽으로 내려오지 않았을 것이고 교회가 이만큼 세워지지도 않았을 것입니다. 북한의 넘어짐으로 우리가 구원에 이르게 되었습니다. 공산주의의 실패가 남쪽의 우리에게 영적 풍성함이 되었습니다.

그렇다면 북한은 하나님께 버림을 받았을까요? 그렇지 않습니다. 하나님은 결코 북한을 버리지 않으셨습니다. 하나님이 먼저 택하신 북한, 먼저 믿은 북한도 다시 세우시고 충만하게 하실 것입니다.

수년 전 미국 시민권을 가진 선교사가 북한을 방문했을 때 그곳의 지하교회 성도와 직접 만나서 교제한 내용이 있어서 전해 드리려고 합니다.

저는 북한에서 하나님의 허락하심으로 인하여 믿음을 지키는 성도들을 만날 기회를 얻었습니다. 또 몇몇 분의 소개를 거쳐 그들을 접촉할 수 있었습니다. 그들의 신앙은 우리 자유 진영의 성도들은 감히 부끄러워서 말할 수도 없을 정도로 독실했습니다. 죽으면 죽으리라는 순교의 각오로 믿음을 지키고 있었습니다. 하늘나라의 광채를 가진 그들의 얼굴은 이미 이 땅 사람의 얼굴이 아니었습니다.

그들은 양식이 없어도 산에 올라가거나 들에 나가 기도한다고 했습니다. 아침에 출근하기 전에 기도하고, 낮에 12시가 되면 각자 일터에서, 그리고 학습장에서, 눈을 감고 기도하는 것이 아니라 그냥 눈을 뜨고 하늘을 바라보며 마음속으로 기도하고, 저녁에 퇴근하고 식사 후에도 기도한다고 했습니다.

그들의 2세는 청장년이 되었습니다. 그들은 대부분 찬송가를 300곡쯤은 족히 알고 있다고 했으며, 그것도 삼사 절까지 외우는 경우가 많다고 했습니다. 그들이 자녀들을 양육하면서 하나하나 가르친 것이었습니다. 찬송가를 구할 수가 없기에 외울 수밖에 없었던 것입니다.

성경도 물론 귀했습니다. 종이에 베껴서 많은 사람이 돌려 보아야 했으며 그나마 부모님이 순교를 각오하고 숨겨 두셨던 옛날 성경책은 너무나 오래된 것이라 옛말이 많이 섞여 있어 볼 수가 없다고 했습니다. 식구들이 돌아가면서 성경을 읽을 때 읽을 차례가 아닌 다른 식구들은 교대로 밖에 나가서 보초를 서야 한다고 합니다. 저는 그들에게 남한의 교회들이 구국 제단을 쌓고 열심으로 기도한다고 전하면서 위로해 주었습니다.

한 가정이 어려움에 처해 숙청을 당할 위기에 처하면, 50~60리 먼 길을 걸어 다른 사람에게 기도 제목을 나누고 합심하여 기도하여 하나님이 응답해 주신다고 합니다. 그렇기 때문에 역사하시는 하나님을 믿으며 남한의 성도들이 자기들을 맞아 줄 것을 기대하며 살고 있습니다.

그곳의 성도들은 믿지 않는 사람들과는 절대 결혼을 하지 않는다고 했습니다. 한 사람의 불신앙인이라도 들어오면 지하교회 전체가 무너지기 때문입니다. 신자들끼리 결혼을 하면서 선을 보는 것도 아니고 어느 집, 어느 성도의 가정, 누구의 손자 손녀 정도로 소개할 뿐 얼굴도 보지 않고, 그가 불구자인지 아닌지도 모른 채 맘에 들지 않더라도 결혼을 한다고 합니다. 그러니까 지하교회 성도들은 다 친척이고 사돈입니다.

믿는 성도들 가운데는 고급 당원도 있고 정치인도 있고 또 기술자도 있습니다. 그들은 믿음 안에서 한 지체인 성도들에게 자신의 배급품들을 나누어 줍니다. 고급 당원들의 단복이라고 하는 나일론 운동복은 아주 귀히 여기는 옷인데도 자식들보다는 믿는 형제들에게 먼저 나누어 준다고 합니다.

그들은 십일조를 모릅니다. 적게 하면 십의 이조, 십의 오조를 하는 사람도 많이 보았습니다. 물론 돈으로 내는 것은 아니었습니다. 자기 집 앞에 심은 땅콩, 감자 이런 것들을 없는 사람들에게 보내 줍니다. 순교를 당한 한 성도의 아내는 어린 자식 다섯을 키우기 위해 13년을 탄광에서 일했는데, 그동안 지하교회 성도들이 십일조를 통해 그 가족을 도왔으며 도움 받은 그 아이들은 장성하여 십의 오조를 드렸다고 합니다.

북한의 성도들은 예배뿐만 아니라 생활에서도 이와 같이 헌신적으로 서로 섬기는 삶을 보여 주고 있습니다. 저들은 물질적으로 궁핍하지만 그리스도의 사랑으로 초대교회의 삶을 그대로 실행하고 있습니다.

저는 로마의 카타콤(초기 기독교 시대의 비밀 지하 묘지)에 숨어 살았던 초대교회 성도들보다 북한의 성도들이 더 힘들다고 생각합니다. 로마는 이렇게까지 잔인한 공산주의는 아니었습니다. 로마가 변화되고 기독교가 공인되기까지는 300년이 필요했는데, 북한의 성도들에게는 얼마만큼의 시간을 허락하실지 아직은 알 수 없습니다.

하나님은 분명 북한에 남겨 두신 자들을 놀라운 역사로 사용하실 것입니다. 통일이 되면 누가 선교에 앞장설 것 같습니까? 우리는 물질이나 돕겠지만 북한의 성도들은 우리에게 신앙의 진수를 가르칠 것입니다. 당연히 북한이 선교에 앞장서서 나갈 것입니다. 그래서 하나님이 통일을 앞당기실지도 모릅니다. 바알에게 무릎 꿇지 않은 그들, 목숨을 건 북한 성도들의 믿음이 칠천 배의 응답이 되어 하나님의 나라를 확장할 것입니다.

자폐를 가진 수영 선수 김진호 군의 이야기를 들었을 것입니다. 혼자 힘으로는 밥도 제대로 못 먹던 아이가 수영 선수가 되어서 세계 대회에서 금메달을 땄습니다. 그 일을 통해 진호와 엄마는 하나님의 은혜를 증거했습니다. 지금 김진호 군은 선수생활을 은퇴하고 바리스타 일을 하며 성실하게 자신의 삶을 살아가고 있다고 합니다. 이것이 칠천 배의 응답입니다.

오른팔을 잃은 분이 왼팔 하나로 자장면을 만들어서 지리산에서 유명한 음식점을 운영한다는 방송을 보았습니다. 부자유한 왼팔 하나로 자장면 반죽을 하는데 그것만 봐도 눈물이 났습니다. 왜 자장면 장사를 시작했느냐고 물었더니 아이 넷을 가진 부인을 만나 결혼했는데 아이들을 먹여 살리려고 음식 장사를 했다고 합니다. 한 팔이 없어서 배달도 오토바이로 못 합니다. 한 팔로 철가방을 들고 시골길을 걸어서 배달을 합니다.

그분이 본인이 낳지도 않은 부인의 아이들을 얼마나 사랑으로 키우는지 모릅니다. 부인도 너무 사랑하고 애를 써서 아이들을 키웁니다. 그뿐만이 아닙니다. 양로원의 노인들을 모셔다가 정기적으로 자장면을 대접합니다. 팔이 없어도 동네 야구부를 창단하고 한 팔로 야구도 합니다. 이것이 칠천 배의 응답입니다.

극복할 수 없는 장애를 가지고, 돈을 잃고, 사람에게 배신을 당하고 아무것도 남은 것이 없는 것 같아도 하나님이 남겨 두신 칠천이 있습니다. 자폐를 가진 수영 선수도 금메달을 따고 커피를 만들며 최선을 다해 자신의 일상을 살아가는데, 한 팔을 가지고도 그렇게 많은 사람을 사랑하고 살아가는데, 왜 남은 자가 없다고 낙심합니까? 나만 남았다고, 나만 힘들게 살고 있다고 불평을 합니까? 잘 차려진 밥상만 바라면서 그렇게 불평하고 있으면 하나님이 넘어지게 하실 수밖에 없습니다.

어떤 상황에서도 우리는 하나님이 남겨 두신 칠천을 기억해야 합니다. 하나님의 일을 이루시기 위하여 이미 예비해 두신 칠천 명을 믿음으로 바라봐야 합니다. 오늘 넘어진 나를 일으키셔서 많은 이들의 구원을 위해, 그들의 풍성함을 위해 사용하실 것을 가슴 벅찬 소망으로 품어야 합니다.

인간은 100% 죄인입니다. 그래서 죄를 지을 수밖에 없습니다. 그런 죄인까지도 하나님은 사랑하심으로 늘 다시 일으켜 세우십니다. 우리는 또 넘어집니다. 그러나 하나님은 또다시 일으켜 세우십니다. 우리는 넘어지고, 하나님은 세우시고……. 하나님은 계속 이런 방법으로 당신의 나라를 이루어 오셨습니다.

───

나의 넘어짐과 실패가 다른 사람의 구원과 풍성함을 위해 쓰이고 있습니까? 칠천 배의 응답을 주실 것을 믿고 감사로 기도하고 있습니까? 우리의 구원을 위해 쓰임 받는 북한 동포와 지도자들을 위해 지속적으로 기도하며 후원합시다.

말씀으로 기도하기

아버지 하나님! 믿지 않는 식구들 때문에 가슴이 아픕니다. 하나님이 버리신 것 같은 부모형제를 보면서 나 혼자 예수 믿기가 너무 어렵다고 낙심합니다. 그러나 내가 얼마나 죄인이었는지를 기억하게 하옵소서. 내가 얼마나 절망적인 인간인데 하나님이 구원하셨는가를 생각하며, 나 같은 사람도 주님이 세우셨다면 우리 모든 식구들도 세워 주실 것을 믿게 하여 주옵소서. 그러나 그 기다림이 너무 힘들어서 엘리야처럼, 다윗처럼 오늘도 하나님께 고발합니다. 하나님을 모르기 때문에 주의 제단을 헐고, 올무와 덫에 걸려 사는 그들을 주님께 아룁니다.

그렇게 기도하면 칠천 배의 응답을 주신다고 합니다. 바알에게 무릎 꿇지 않은 칠천 명, 진정한 신앙의 힘이 예비되어 있다고 응답해 주십니다. 그 응답을 믿고 이제는 담대하게 가족과 이웃을 위해 기도하게 하옵소서. 우둔하고 완악한 배우자, 혼미한 심령을 가진 자녀, 보지 못하고 듣지 못하는 귀를 가진 내 식구들을 위해 그들이 넘어져서라도 주님께 돌아오게 해 달라고 확신에 찬 기도를 드리게 하옵소서. 먼저 내 자신부터 하나님이 남겨 두신 자로 살기 위해서 바알에게 무릎 꿇지 않게 하옵소서. 외모와 출세와 음란과 타협하지 않고 믿음을 지키게 하옵소서. 나의 우둔하고 완악한 것을 버리고 하나님의 은혜에 민감해지기 원합니다. 거짓으로 혼미하지 않기를 원합니다. 하나님의 말씀을 보는 눈과 하나님의 뜻을 듣는 귀를 갖기 원합니다. 욕심으로 등이 굽지 않고 당당하게 허리를 편 자유함을 갖기 원합니다.

주님, 북한에 남겨 두신 성도들을 지켜 주옵소서. 바알에게 무릎 꿇지 않은 그들의 믿음으로 북한에도 복음의 문이 열릴 것을 믿습니다. 통일이 되고 북한과 남한이 하나가 되어 세계 선교를 향한 놀라운 일들에 쓰임 받을 것을 소망으로 바라봅니다. 북한의 성도들로 인해 이 땅에 남겨 두신 칠천 배의 응답을 보게 하옵소서. 내 속에 남겨 두신 칠천 배의 응답, 가망이 없는 것 같은 우리 가정에 남겨 두신 칠천 배의 응답을 보게 하옵소서. 하나님이 남겨 두신 남은 자로서 어떻게 살아야 할지 말씀이 제게 임하기를 원합니다. 예수님의 이름으로 기도하옵나이다. 아멘.

공동체 고백

칠천 배의 응답

제 아버지는 혈기가 많고 성미도 급한 분입니다. 저는 집 안팎에서 온 동네가 떠나가게 소리치시는 아버지 때문에 행여 싸움으로 번지지는 않을까 늘 두려워하면서 청소년 시절을 보냈습니다. 아버지는 집안일을 돕다가 작은 실수라도 할 때면 벼락같이 야단을 치셨고, 제가 무언가를 시도해 보려 하면 "네가 할 수 있는 게 뭐가 있냐? 꼴에 뭘 한다고" 하며 저를 무시하곤 하셨습니다. 저는 그런 아버지의 말에 마음이 상해서 절대로 아버지 성품을 닮지 않겠다고 이를 악물었습니다.

이런 내면의 분노와 혈기의 근원을 모른 채 겸손하고 온화한 척만 하면 마음과 생각도 변할 줄 알았지만, 오히려 저는 겉과 속이 다른 사람이 되어 갔습니다. 일곱 살 연하인 아내에게서 아버지의 모습이 보일 때면 큰 실망을 하면서도, 좋은 남편과 아빠로 불리고 싶은 욕심에 겉으로는 "사랑해"를 외치는 가식적인 결혼생활을 했습니다. 그러나 성품으로 하는 인내가 바닥나자, 원망하는 마음이 올무가 되어 '왜 나에게 남편을 위하는 아내를 허락하지 않으셨냐'는 마음으로 쾌락의 덫을 합리화하며 6년 동안 불륜을 행했습니다(롬 11:9).

제가 '아내와 합하여 한 몸을 이루라'는 하나님의 명령을 무시하고 도리어 아내를 가해자 취급하며 집안 분위기를 냉랭하게 만들자 아이들도 병들어 가기 시작했습니다. 고등학교 2학년 때 자퇴를 한 큰아들은 대부분의 시간을 어두운 방에서 게임에만 몰두하는 22살의 106kg 청년이 되었습니다. 작은아들은 불안한 가정환경을 술과 담배로 피하고, 절도와 폭력사건을 수시로 일삼는 것으로 자신의 불만과 분노를 표출했습니다.

그러던 어느 날 스스로 해결할 수 없는 죄책감에 찾은 주일예배에서, 제가 평생 성품으로 인정받고자 한 결과가 '서로 등 돌린 부부관계'와 '망가져 가는 두 아들'이라는 현실을 직면하게 되었습니다. 그리고 '마음만 먹으면 언제든지 불륜을 끊을 수 있다'고 생각한 저의 교만과 우둔함이 말씀을 통해 깨달아지면서 아내가 속해 있는 소그룹 모임을 찾게 되었습니다(롬 11:7). 그곳에서 나와 같은 지체들의 죄 고백을 들으며, 나와는 다른 아내에게 내 기준만을 강요하면서 아내를 얼마나 힘들게 했는지 깨달았고, 제 구원을 위해서 인내하며 기다려 준 아내가 진정한 '돕는 배필'임을 고백하게 되었습니다. 아울러 지체들과 교제하면서, 제가 가정으로 돌아오기까지 아내의 눈물을 닦아 주고 함께 죄를 깨달아 준, 바알에게 무릎 꿇지 않은 공동체가 있었다는 것도 알게 되었습니다(롬 11:4).

이렇게 예배가 회복되니 심판과도 같은 음란의 죄가 드러나는 사건이 회복으로 인도하시는 하나님의 사랑이자 축복임이 깨달아지면서, 자녀 앞에서 저의 죄와 "아빠가 잘 안 돼"라는 연약함의 고백도 하게 되었습니다. 그 결과 오랜 시간 마음의 문을 닫았던 자녀들이 지금은 마음속에 있는 생각과 감정을 솔직히 나누게 되었습니다. 아내도 실수하는 저에게 "바보야", 밥을 많이 먹는 저에게 "돼지야" 하며 편하게 놀리고, 부부가 서로 웃는 시간이 느는 칠천 배의 응답을 경험하고 있습니다. 저로 남은 자가 되어 죄의 올무에 넘어진 인생을 간증하는 사명자로 살게 하셨으니, 이제는 누군가의 풍성한 구원을 위해 죽어지고 썩어져서 밀알이 되는 삶이 되기를 기도합니다(롬 11:12).

영광스러운 직분을 사모하자

로마서 11:13~24

하나님 아버지, 참되신 하나님이 주시는 참된 영광이 무엇인지 알고 그 영광을 구하기 원합니다.
말씀을 깨달을 수 있도록 눈을 여시고, 귀를 열어 주옵소서.
예수님 이름으로 기도하옵나이다. 아멘.

의사 아들, 변호사 아들, 목사 아들이 같이 모여서 놀다가 의사 아들이 잔뜩 뽐내며 말했습니다.

"우리 아빠는 환자 한 사람 수술하면 백만 원 받는다!"

변호사 아들이 말했습니다.

"우리 아빠는 사건 한 건 맡으면 이백만 원이야!!"

듣고 있던 목사 아들이 우습다는 듯 받아쳤습니다.

"야, 우리 아빠가 한마디 하면 수십 명이 돈 걷으러 다녀!!!"

세상은 돈을 많이 버는 직업을 영광스럽다고 합니다. 권세 많은 사람을 영광스럽다고 합니다. 남에게 인정받는 것을 영광스럽다고 합니다. 그러면 하나님이 말씀하시는 정말 영광스러운 일, 영광스러운 직분은 어떤 것일까요?

사람을 살리는 직분

내가 이방인인 너희에게 말하노라 내가 이방인의 사도인 만큼 내 직분을
영광스럽게 여기노니 이는 혹 내 골육을 아무쪼록 시기하게 하여 그들 중
에서 얼마를 구원하려 함이라_롬 11:13~14

바울은 자신의 사도 직분을 영광스럽게 여겼습니다. 사도직이 돈을 많이
버는 직업이어서도 아니고, 모든 사람에게 존경과 칭찬을 받아서도 아닙니
다. 오직 한 가지 이유, 사람을 구원하는 일이기 때문입니다.

바울은 이방인의 사도로 강도와 풍랑의 위험 가운데 이곳저곳을 떠돌며
전도여행을 다녔습니다. 이스라엘 최고의 가문에서 자랐지만 권세와도 상관
없고 돈과는 더더욱 상관없는 직분을 가지고 살았습니다. 그런데도 자신의
직분을 영광스럽게 여긴 것은 바로 구원 때문이었습니다.

우리가 어떤 직업을 가지든, 돈을 얼마를 벌든, 누가 인정을 하든지 안 하
든지 그 일이 누군가를 구원으로 인도하는 통로가 될 때 가장 영광스러운 일
입니다. 어떤 사람은 자신의 직업으로 돈과 명성을 얻으면서 사람을 살리는
것이 아니라 죽이기도 합니다.

제 남편은 산부인과 의사였습니다. 돈도 잘 벌었고, 누구보다 성실하고,
환자에게 최선을 다하고, 정직하게 병원을 운영한 소위 양심을 가진 사람이
었습니다. 그러나 죽음 직전에 낙태 수술을 한 것에 대해 회개했습니다. 모

두가 우러러보는 의사라는 직업을 가졌지만 하나님이 보시기에 영광스러운 일은 아니었던 것입니다.

힘들게 직장생활을 하면서 '내가 이 월급을 받고 무슨 고생인가!' 이런 생각이 들 때도 있을 것입니다. 그러나 내가 하는 일이 생명을 살리고, 생명을 확장시키고, 생명을 부요케 하는 일이라면 나의 직업은 영광스러운 직분입니다. 집에서 설거지, 청소만 하고 있어도 가족의 생명과 생활이 내 손에 달렸다는 사실을 생각하면 그것이 영광스러운 직분입니다.

몇 해 전 신문에 '강남 엄마와 그냥 엄마의 차이'를 말해 주는 기사가 났습니다. '강남 엄마'는 이제 일종의 사회적 신분이 된 것 같습니다. 우연히 어떤 강남 엄마와 대화를 하게 되었다는 기자는 강남 엄마들이 세간의 곱지 않은 시선에 대해 우려하는 것 같으면서도 한편으로는 즐기는 듯한 느낌을 받았다고 합니다.

아무튼 강남에서 잔뼈가 굵었다는 그 강남 엄마의 말에 의하면 강남 학생들의 명문대 입학률을 좌우하는 엄마의 첫 번째 자질은 정보력입니다. 자신의 아이가 가고자 하는 학교에 대해서 학교 선생님이나 학원 선생님들보다 더 많은 정보를 가져야 하고, 입시 정보 책자나 인터넷 사이트를 다 꿰뚫고 있어야 한다는 것입니다. 그리고 엄마들만의 비밀스러운 루트를 통해서 일류 선생님을 붙여 줄 능력이 있어야 합니다.

두 번째 자질은 부지런함과 기동력입니다. 새벽부터 일어나서 아침은 영양식으로 챙겨 주고, 아이가 아침을 먹는 동안 옆에 앉아서 신문 주요 기사를 브리핑 해 주고, 학교에 데려다 주는 시간을 이용해서 차 안에서 중요한 시사 정보를 알려 줍니다. 학교에서 학원, 학원에서 집을 오가는 모든 동선을 관리해서 10분, 20분의 시간도 길에 버리지 않도록 해야 한답니다.

아이가 학교에서 수업을 받는 동안에도 강남 엄마는 쉬지 않습니다. 몇 가지 신문이나 잡지를 읽고 필요한 내용을 스크랩해서 논술 자료를 만듭니다. 그중에서 발췌한 것을 화장실이나 식탁 유리에 붙여서 아이가 오가면서 볼 수 있게 하는 겁니다.

새로운 정보를 얻기 위해 엄마들과 정보교환을 하는 모임을 갖는 것도 필수입니다. 그뿐만이 아닙니다. 일주일에 두 번 정도, 유명한 학원 강사를 초청해서 엄마들이 직접 강의를 듣기도 합니다. 아이들이 주요 과목에 집중하느라고 암기 과목을 공부할 시간이 부족하기 때문에 엄마들이 외워서 요점 정리를 하고 요약 노트를 만들어 주기 위해서입니다.

강남 엄마는 이렇게 말했습니다.

"다른 지역 사람들은 우리를 이상하게 보는데 그건 실상을 잘 몰라서 하는 이야기입니다. 강남에 이사만 오면 아이들이 갑자기 공부를 잘하게 되고 좋은 학교에 진학한다는 생각도 잘못된 생각입니다. 우리는 남들보다 많은 정보를 얻기 위해 노력하고, 아이를 위해 그만큼 시간과 금전과 노력을 투자하고 있습니다. 강남 아이들이 좋은 학교에 많이 가는 것은 그런 아이들 뒤에 우리 같은 엄마들이 있기 때문입니다."

강남의 교육열이 엄마들의 분별없는 치맛바람이라고 생각했던 기자도 구체적인 이야기를 들으며 주눅이 들었다고 했습니다.

이번에는 '그냥 엄마'의 이야기를 들어봅니다.

신도시의 작은 서민아파트에 사는 한 엄마는 대형 할인점 생선 코너에서 일을 하고 있습니다. 남편이 택시 운전을 해서 벌어 온 수입으로 어렵게 아파트를 장만했는데 융자금 갚으랴, 부모님 생활비 보태랴, 두 아이 키우며 살아가기가 빠듯합니다. 할인점에서 일을 시작한 것도 중학생이 된 아이의 학원비를 대기 위해서였습니다. 어차피 일을 시작한 김에 시간 수당이 몇백 원 더 높은 생선 코너에 지원했습니다. 그리고 거기에 몇백 원이 더 추가되는 심야 근무를 하고 있습니다.

종일 생선을 만지고 포장하느라고 다리가 퉁퉁 부어도 그 돈으로 아이를 학원에 보낼 생각을 하면 피곤쯤은 기쁘게 견딜 수 있답니다. 이 엄마는 뉴스 한 번 볼 시간이 없고, 집에 돌아오면 아이들의 잠든 얼굴이나 보게 되고, 착한 아들은 피곤에 지쳐 잠든 엄마를 깨우지 않고 조용히 아침을 챙겨 먹고 학교에 간다고 합니다. 힘들어도 항상 밝게 사는 씩씩한 엄마지만 아이들에게는 항상 미안하다고 했습니다. 신문도, 뉴스도 볼 여유가 없으니 입시 정보도 잘 모르고, 잘사는 부모들에 비해서 해 줄 수 있는 게 없어서 언제나 미안한 마음입니다.

'그냥 엄마'는 이렇게 말을 합니다.

"저는 우리 애들이 좋은 학교에 가는 건 바라지 않아요. 겨우 학원 하나 보내기도 이렇게 힘든데 무슨 수로 잘사는 사람들을 따라가겠습니까? 그냥 보통이라도 되어 주었으면 좋겠어요. 그래도 부모인 우리보다 많이 배웠으니 좀 더 잘살지 않겠어요?"

이 기사의 제목이 〈교육의 빈익빈, 부익부〉입니다. 우리들교회 청소년부 학생들에게 둘 중 어떤 엄마가 좋으냐고 물었더니 '그냥 엄마'가 좋다고 합니다. 그냥 엄마는 잔소리도 안 하고 재촉을 안 하니까 당연히 그냥 엄마가 좋겠지요.

강남 엄마가 극성이라는 것도, 그냥 엄마가 너무 훌륭하다는 것도 인본주의적인 시각입니다. 각자 자신들의 입장에서 최선을 다할 뿐입니다. 각자의 수입을 생각하면 강남 엄마가 아이들 교육비로 수백만 원을 쓰는 것도, 그냥 엄마가 수십만 원을 쓰는 것도 다 똑같습니다. 그냥 엄마도 수입이 많아지면 또 그만큼 쓰지 않겠습니까? 중요한 것은 그들의 수고가 자식을 살리는 일인가 하는 것입니다.

정보를 모으고 공부를 해서 아이들이 명문대에 갈 수는 있겠지만 그렇다고 구원의 결승점에 들어갈 수는 없습니다. 밤낮으로 노동을 해서 아이들을 가르쳐도 그것이 구원을 얻는 영광의 자리에 가는 길은 아닙니다. 돈이 없으면 없는 대로 있으면 있는 대로 수고하는데, 그것이 하나님과 상관이 없다면 결국 악을 행하는 일입니다.

그리스도인은 아무리 돈이 많이 생기는 일이라도, 승진과 출세가 보장되는 일이라도 구원과 상관없는 일은 안 해야 합니다. 할 수가 없어야 합니다. 더욱이 생명을 해치고, 복음을 훼방하는 직업이라면 단호하게 내려놓아야 합니다. 직업의 종류가 선하고 악하다고 말하는 것이 아닙니다. 어떤 직종에서 어떤 업무를 하든지 생명을 위한 일인가, 다른 사람을 해치고 죽이는 일인가를 꼭 생각하기 바랍니다.

그리스도인은 이 세상을 사로잡은 죽음의 그림자를 지우는 일을 해야 합니다. 다른 사람은 이 일을 할 수 없습니다. 하나님을 모르는 사람은 죽음의 그림자가 드리워졌다는 것도 모르고, 자신들이 죽을 수밖에 없는 존재라는 것도 알지 못하기 때문입니다. 고위층의 지도자들, 도지사, 대법관, 기업 회장도 자살을 했습니다. 모두가 부러워하는 연예인들의 자살 사건도 이어지고 있습니다. 모두가 부러워하는 영광스러운 자리에 있어도 아무도 죽음의 징후를 지울 수가 없습니다.

오직 예수님의 부활을 아는 자라야 죽음을 지우고 생명을 꽃피게 합니다. 죽음을 이기고 살아나신 예수님을 모르면 자녀, 배우자, 식구들에게서 죽음을 몰아낼 수 없습니다. 나를 핍박하고 괴롭힌다고 그들을 모른 척해서는 안 됩니다. 날마다 죽음의 계단을 오르는 내 가족, 이웃들에게 영원한 생명이신 예수님을 알게 하는 것이 영광의 직분입니다.

> 그들을 버리는 것이 세상의 화목이 되거든 그 받아들이는 것이 죽은 자 가운데서 살아나는 것이 아니면 무엇이리요_롬 11:15

"그들을 버리는 것이 세상의 화목"이 된다는 것은 유대인들을 외면하고 버린다는 의미가 아닙니다. 오히려 그들을 통해 예수님의 십자가 사건이 이루어지고, 그로 인해 하나님과 세상이 화목하게 되었다는 뜻입니다. 나를 괴롭히는 사람, 괴로운 사건 때문에 예수님을 믿게 되고 하나님과 화목하게 되었습니다. 그렇게 괴롭히던 사람을 받아들여서 하나님께로 돌아오게 한다면 그것은 죽은 자가 살아나는 기적만큼 기쁜 일이라는 겁니다.

바울이 이방인의 사도로 이방인을 사랑할수록 동족에 대한 사랑도 커졌습니다. 동족이 나를 핍박한다고 돌아보지도 않고 나를 받아 주는 이방에게만 간 것이 아니라, 이방인들 가운데 구원이 이루어질수록 골육의 구원에 대한 간절함이 더욱 뜨거워졌습니다.

나의 구원은 다른 사람의 구원으로 나가게 돼 있습니다. 나 같은 사람도 구원되었다면, 이방인이나 다른 어떤 사람도 구원 받을 수 있습니다. 그렇다면 예수님을 죽인 유대인이라고 해도 구원을 받을 수 있다는 것입니다.

나 같은 사람도 예수님을 믿었다면, 이미 내 집에 구원이 이른 것입니다. 이것을 믿어야 합니다. 도무지 예수님을 믿지 않을 것 같은 사람이 있어도 이제는 시간문제입니다. 하나님께로 다 돌아오게 돼 있습니다.

나는 지금 무엇을 따르고 있습니까? 나의 역할과 직업을 다른 사람의 구원을 위해 잘 사용하고 있습니까?

현재의 자리에서 최선을 다하는 직분

이는 혹 내 골육을 아무쪼록 시기하게 하여 그들 중에서 얼마를 구원하려 함이라_롬 11:14

바울은 골육을 시기하게 만들어서라도 그들이 구원되기를 원했습니다. 예수님을 믿는 바울이 다른 사람을 살리고 승리하는 것을 보며 골육들도 믿고 싶은 마음이 생기기를 바랐던 것입니다.

우리는 최선을 다해서 구원의 일을 해야 합니다. 이스라엘을 사랑하시는 하나님은 그들을 돌이키시기 위해 포로로도 잡혀가게 하시고, 멸망시켰다가 회복시켜 주시고, 가능한 모든 방법을 다 사용하셨습니다.

최선을 다한다고 해서 아무 방법이나 괜찮다는 건 아닙니다. 어느 교회에서 지역 전도를 위해 전도왕으로 유명한 강사를 모시고 집회를 했습니다. 강사는 수단 방법을 가리지 말고 사람들을 교회에 데려오라고 하면서 이런 방법을 소개했습니다. 집에서 신문을 보고 있다면 그 신문을 끊어 보라는 겁니다. 신문을 배달하던 사람이 놀라서 왜 끊었느냐고 하면 "우리 교회 전도 집회에 한 번만 와 주면 다시 신문을 보겠다" 이렇게 말하라고 합니다.

한 번이라도 교회에 와서 말씀을 듣게 하는 것도 중요하지만 저는 그렇게 비인격적인 방법으로 전도를 해서는 안 된다고 생각합니다. 최선을 다하되 그 방법 또한 하나님이 기뻐하시는 것이어야 합니다. 출석 교인 수를 하나 더 늘리려고 전도하는 게 아닙니다. 우리 집에 신문 배달하는 사람, 우유 배달하는 사람이 정말 구원 받기를 원한다면 얼마든지 다른 방법을 찾을 수 있습니다. 하나님을 비인격적인 분으로 만들지 않으려면 우리가 인격적인 방법으로 다가가야 합니다.

또 한 가지, 영혼 구원의 일을 하기 위해서라면 직장도 그만둬야 한다고 생각하는 분들이 많습니다. 영적인 일과 육적인 일을 이원론으로 생각하기 때문에 직장을 내려놓고 신학을 한다고 합니다. '목구멍이 포도청'이라 직장에 다니는 것이지 자기가 갈 길은 신학이고 해외 선교라고 부르짖는 분들이 의외로 많습니다. 너무 믿음 좋아 보이지요?

전혀 그렇지가 않습니다. 그것은 하나님이 허락하신 직업에 대한 오해입니다. 그런 사람일수록 신학을 하면 큰일 납니다. 평범한 직장인, 일해서 먹고사는 사람들은 무조건 육적인 일을 하는 것이라고 생각하면서 어떻게 다른 사람을 인도하겠습니까?

하나님이 누군가를 신학으로, 선교로, 목회로 부르시는 것처럼 하나님은 또한 우리를 직장으로 부르십니다. 직장은 전도의 장(場)으로서만 의미가 있는 것이 아닙니다. 나의 직업 그 자체가 다른 이들의 삶을 윤택하게 하는 하나님의 도구입니다. 공장에서 물건을 만드는 사람은 물건을 값싸고 튼튼하게 잘 만들어서 사람들의 생활을 윤택하게 합니다. 식당을 하는 사람은 맛있고 영양 많은 음식을 만들어서 다른 사람의 삶을 건강하게 합니다. 전화 받는 업무를 하는 사람은 친절하게 전화를 받으면서 다른 사람의 마음을 따뜻하게 합니다.

우리의 직장은 썩어질 세상 것이 아닌 섬김의 장입니다. 주어진 내 업무에서 정성스럽고 성실하게 최선을 다하는 것은 오지(奧地) 선교 못지않은 십자가입니다. 성도들이 삶의 현장에서 감당하는 그 일은 목사가 강단에서 하는 일 못지않게 너무나 중요한 일입니다. 지금 현재의 자리에서 최선을 다할 때, 그것으로 다른 사람을 살리는 영의 직분을 감당하게 되는 것입니다.

—

전도를 위해 내가 할 수 있는 최선은 무엇입니까? 구체적으로 실천할 내용을 적어 봅시다. 전도 방법론을 배우지 않아도 영혼 구원을 위해 사랑하고 인내하는 것이 최선임을 알고 있습니까?

돌감람나무에서 참감람나무로

제사하는 처음 익은 곡식 가루가 거룩한즉 떡덩이도 그러하고 뿌리가 거룩한즉 가지도 그러하니라 또한 가지 얼마가 꺾이었는데 돌감람나무인 네가 그들 중에 접붙임이 되어 참감람나무 뿌리의 진액을 함께 받는 자가 되었은즉 그 가지들을 향하여 자랑하지 말라 자랑할지라도 네가 뿌리를 보전하는 것이 아니요 뿌리가 너를 보전하는 것이니라_롬 11:16~18

거룩한 가루로 만든 떡은 거룩한 것입니다. 곡식 가루가 거룩하니까 떡덩이도 거룩합니다. 하나님을 떠난 유대인의 역사를 돌아보면 마치 꺾어진 가지처럼 느껴집니다. 때로는 하나님을 대적하고 국가도 없이 유랑 생활을 했고 대학살을 겪었습니다. 그래서 구원과 멀어진 것 같지만 그들은 거룩한 존재입니다. 믿음의 후손으로 뿌리가 거룩하기에 반드시 구원에 이르게 될 것입니다.

참감람나무였던 유대인이 꺾임으로 돌감람나무 같던 이방인인 우리가 그리스도께 접붙임이 되었습니다. 아브라함과 이삭과 야곱의 자손도 아니고 믿음의 뿌리도 없는 내가 접붙임이 되어서 참감람나무 뿌리의 진액을 받게 되었습니다. 그런데 어떻게 자랑할 수 있겠습니까? 뿌리가 나를 붙들고 있는 것이지 내가 뿌리를 붙들고 있는 게 아닙니다. 하나님이 자격 없는 나를 접붙여 주시고 생명의 진액을 받게 하시는데 스스로 자랑할 것이 무엇이 있겠습니까?

> 그러면 네 말이 가지들이 꺾인 것은 나로 접붙임을 받게 하려 함이라 하리니 옳도다 그들은 믿지 아니하므로 꺾이고 너는 믿으므로 섰느니라 높은 마음을 품지 말고 도리어 두려워하라 하나님이 원 가지들도 아끼지 아니하셨은즉 너도 아끼지 아니하시리라 그러므로 하나님의 인자하심과 준엄하심을 보라 넘어지는 자들에게는 준엄하심이 있으니 너희가 만일 하나님의 인자하심에 머물러 있으면 그 인자가 너희에게 있으리라 그렇지 않으면 너도 찍히는 바 되리라_롬 11:19~22

유대인이 꺾임으로 이방인인 우리가 접붙임을 받은 것처럼, 나를 핍박하는 식구가 꺾임으로 내가 믿음을 갖게 될 수 있습니다. 나를 믿음으로 접붙이기 위해서 내 식구의 원(原) 가지가 꺾였습니다. 나 때문에 수고한 것입니다. 나를 속 썩이고 힘들게 하는 바로 그 사람이 바로 나의 원 가지입니다. 나를 예수님께 접붙여 준 믿음의 공로자입니다. 그래서 "옳도다!"입니다.

그것을 생각하면 누구에 대해서도 높은 마음을 품을 수가 없습니다. 내가 믿게 되었다고, 내 식구들이 믿게 되었다고 안심할 수 없습니다. 나도 잘못하면 아끼지 않으십니다. 원 가지인 이스라엘도 아끼지 않고 꺾으셨는데 나를 아끼시겠습니까!

육적으로 꺾여서 예수님을 믿고 나면 영적인 교만이 들어올 수 있습니다. 고생해서 예수님을 믿었으니 뭐든지 잘되겠지 하고 헛된 욕심을 품을 수가 있습니다. 그러나 믿음은 바라는 것들의 실상이요, 보이지 않는 것들의 증거라고 했습니다(히 11:1). 믿음의 사람은 10년, 20년 뒤를 내다보는 사람입니다. 더 나아가서 죽음 뒤의 부활을 바라보는 사람입니다. 이사야 선지자는 700년 뒤의 예수님을 바라보고 예수님을 증거하고 외치다 갔습니다. 세상에서도 십 년 뒤를 내다보는 사람들이 성공합니다. 처음 예수님을 믿고 반짝 뜨겁다가 식어 버리는 냄비 신앙이 되면 안 됩니다. 하나님이 인자로 나를 접붙여 주시고 축복해 주셨다고 나태해져서 넘어지면 하나님이 준엄히 다스리시고, 또다시 인자로 일으켜 주십니다. 이렇게 하나님의 준엄하심과 인자하심이 공존하면서 나를 성화시켜 가는 것이 그리스도인의 인생입니다.

그렇지 않으면 너도 찍히는 바 되리라 그들도 믿지 아니하는 데 머무르지 아니하면 접붙임을 받으리니 이는 그들을 접붙이실 능력이 하나님께 있음이라 네가 원 돌감람나무에서 찍힘을 받고 본성을 거슬러 좋은 감람나무에 접붙임을 받았으니 원 가지인 이 사람들이야 얼마나 더 자기 감람나무에 접붙이심을 받으랴_롬 11:22b~24

바울은 유대인을 원 가지로 표현했는데, 지금은 모태신앙을 원 가지라고 할 수 있습니다. 모태신앙은 태어나면서부터 믿음의 환경에서 자랍니다. 날마다 예배, 교회 수련회, 공동체 모임이 있으니까 안 믿기가 차라리 어렵습니다. 그런데도 찍히고 잘려 나가는 사람이 있을 수 있습니다. 나는 믿지 않다가 돌아와서 겨우 접붙임을 받았는데, 교회 잘 다니던 사람이 하나님을 떠나 버림받은 것처럼 보일 수 있습니다.

그러나 하나님은 그들도 접붙이실 능력이 있으십니다. 복음을 모르고 제멋대로 살았던 내가 본성을 거슬러 예수님을 믿었다면, 태어나면서 믿음의 환경에서 자란 원 가지들이 돌아오는 것도 얼마든지 가능한 일입니다.

나는 좋은 감람나무에 접붙여지기 위해서 돌감람나무에서 찍힘을 받았습니다. 내가 잘나서 접붙여진 것이 아닙니다. 돌감람나무에 붙어살다가 찍혀 잘렸기 때문에, 세상에서 실패하고 버린바 되었기에 좋은 감람나무, 참감람나무이신 주님께 접붙여진 것입니다. 전해 주는 사람도 없고 고난도 없는데 자발적으로 예수님을 믿는 사람은 거의 없습니다. 겉으로는 좋은 환경에 있는 것 같아도 대부분 상처 받고, 배신당하고, 병들고, 물질과 성공과 모든 인간관계에서 찍힘을 받아서 예수님을 믿게 되었습니다.

내가 이만큼 쓰임을 받는다면 전에 믿었던 사람이 다시 돌아오면 훨씬 더 크게 쓰임을 받을 것입니다. 문제 많고 죄 많은 나도 쓰임을 받았는데 성실하고 바르게 살던 사람이 돌아온다면 또 다른 큰 그릇으로 쓰임을 받지 않겠습니까?

그러니 누구도 비난할 수 없습니다. "믿음 좋은 것 같더니 왜 저렇게 됐어? 성경 많이 알고 모태신앙이어도 별 수 없다니까!"라고 욕할 수 없습니다. 예수님을 죽게 한 유대인들도 이제라도 회개하고 돌아오면 훨씬 더 크게 쓰일 것입니다. 성경을 좔좔 꿰는 사람들이기 때문에 예수님께 접붙여지기만 하면 더 풍성한 열매를 나타낼 것입니다. 우리는 그것을 기대하며 그 어떤 사람도 하나님의 형상이라는 것을 인정해야 합니다.

결국 이 본문은 육적인 이스라엘 민족과 영적인 이스라엘을 모두 포함하고 있습니다. 결국 전 세계, 모든 민족이 하나님의 구원의 대상입니다. 이방인이었던 우리도 이 영광스러운 직분을 감당해야 합니다. 자격 없는 우리에게 사람 살리는 직분을 주셨습니다.

자격이 없는 나도 예수님을 믿었는데 나보다 나은 사람이 안 믿고 있으면 얼마나 미안합니까! 부족하기 짝이 없는 내가 예수님을 믿었는데 나보다 성실하고 똑똑한 남편이 예수님을 안 믿는 게 안타깝지 않습니까?

그런 안타까움으로 내 배우자, 자녀, 부모형제, 직장 동료들이 예수님께 접붙여지도록 기도하십시오. 나보다 먼저 믿었는데 실족하고 떠난 사람이 있다면, 그 사람이 돌아오면 얼마나 더 크게 쓰임 받을까를 기대하며 그 사람을 위해 간절히 기도하십시오.

한 알의 씨가 죽어지고 썩어져도 그것이 뿌리를 내리고 줄기가 올라오고 열매를 맺는 데는 시간이 걸립니다. 나의 원 가지들이 구원되기까지, 안타까운 마음으로 애통하며 기다릴 때 반드시 그들의 구원이 이루어질 것입니다. 여러분 한 사람이 그 마음을 품으면, 가정과 교회와 사회가 살아날 것입니다.

술 마시는 남편에게 가서도 '감사합니다. 나의 원 가지여!' 하고 감사하시고, 아이가 가출을 해도 '오! 나의 원 가지! 너 때문에 너무 감사하다, 네가 아니었으면 내가 어떻게 예수를 믿었겠니' 마음속에서 우러나는 말로 그렇게 이야기해 보십시오. 그리고 변화될 모습을 지금 미리 바라볼 때에 우리 마음에 평강이 우러날 것입니다. 내가 예수님께 잘 붙어 있기만 하면 뿌리의 진액을 공급해 주십니다. 내 힘으로 돌아오게 할 수 없어도, 생명의 진액을 주셔서 그 일을 감당하게 하십니다. 지금 어떤 척박한 환경, 어떤 척박한 사람들 속에 있더라도 관계없습니다. 나만 바른 접붙임이 돼 있으면 온 집안이 구원되는 건 시간문제입니다. 온 직장, 온 나라가 구원되는 것도 문제가 아닙니다.

그런 영광스러운 직분을 가진 자가 바로 예수님을 믿는 나입니다. 대통령과도 비교할 수 없는, 사람을 살리는 직분을 가진 자가 바로 나입니다!

—

같이 교회에 다니다가 낙심하고 떠난 가족, 친구가 있습니까? 그들을 위해 안타까운 마음으로 기도합니까? 때로는 판단이 되어서 돌아오라고 권하기도 지쳤습니까? 그들도 언젠가 돌아온다면 나보다 더 크게 쓰임 받을 것을 믿으며, 그들이 예전의 믿음을 기억하도록 기도합니까?

말씀으로 기도하기

아버지 하나님! 참으로 영광스러운 직분을 제게 주셨습니다. 제게 주신 직업과 위치에서 그 영광스러운 직분을 감당하게 하셨습니다. 공장에서는 좋은 물건을 싸게 만들어서 공급하고, 학생은 열심히 공부하고, 선생님들은 열심히 가르치며, 의사는 최선을 다해 치료함으로써 사람을 살리라고 하십니다. 그것이 최고의 직분이라고 하십니다. 무슨 일을 하든지 사람을 살리고 섬기는 일이 되게 하시고 영광스러운 직분에 참여할 수 있도록 은혜를 내려 주시옵소서.

돌감람나무에서도 찍힘을 받아서 100% 죄인일 수밖에 없는 저의 본성을 은혜로 거스르게 하신 주님! 이제 참감람나무 되시는 예수님께 접붙여 주시니 감사합니다. 내 남편과 내 자녀가 믿어야 할 그 자리에 제가 접붙임을 당했습니다. 그들이 수고해서 제가 생명의 진액을 받게 되었으니 애통하고 감사합니다. 나 같은 죄인도 구원 받았는데, 내 배우자와 자녀, 부모형제가 주님께로 돌아온다면 얼마나 더 귀하게 쓰임 받겠습니까? 지금은 실족해 있어도 모태신앙인 내 동료와 이웃이 다시 돌아온다면 얼마나 더 큰 열매를 맺겠습니까?

그들이 돌아와 참감람나무 예수님께 접붙여지고 열매를 맺기까지 시간이 걸리겠지만 그 시간을 앞당겨 주시길 기도합니다. 좋은 부모 나쁜 부모 할 것 없이 부모님이 있어서 제가 예수를 믿게 되었습니다. 우리 부모님 원 가지들이 빨리 예수님께 접붙임 되게 하시고, 남편과 자녀와 수고하는 모든 식구들이 어서 제자리를 찾도록 도와주시옵소서.

예수님 이름으로 기도하옵나이다. 아멘.

공동체 고백

학교에서 온 전화

"○○ 어머님이시죠? 이틀 뒤 학교폭력위원회가 열리니 꼭 참석해 주세요." 지난 4월 중학교 2학년인 큰아들의 문제(피의자)로 학교에서 참석 여부를 묻는 전화를 받았습니다. 지금껏 큰 문제 없이 성적과 우애 관계가 좋았던 아이라 그 전화 한 통으로 참석하는 날까지 긴장감과 두려움이 더해졌습니다. 위원회가 시작되면서 억울한 부분도 있었지만, 그럴 때마다 세상 방법을 구하는 것이 아니라 교회 지체들을 통해 조언과 위로를 받았습니다. 그 사랑에 힘입어 지금까지 경찰서와 학교에 다니며 부모자녀 상담과 사회봉사의 징계를 잘 받고 있습니다. 이 과정에서 하나님은 또 다른 담배 사건으로 아들의 문제가 드러나게 하셔서 돌감람나무 가지와 같은 저희 가정이 확실히 찍힘을 받아 참감람나무에 접붙임 되게 하셨습니다(롬 11:24). 학교폭력 사건을 겪으면서도 제 말을 한 귀로 흘려보내며 마냥 친구들만 찾는 큰아들을 보면서 AD(주의력 결핍)와 분노조절 장애가 있는 저는 아들에게 화를 내거나 분을 토하지 못하고 그저 바라볼 수밖에 없었습니다.

저는 중고등학교 시절 부모님의 잦은 부부 싸움과 혈기 충만한 아버지의 폭력으로 피해의식만 가득 차 분노와 화를 밖으로 표출하면서 방황과 가출을 일삼는 문제아 중의 문제아였습니다. 그러기에 부모와 자식 간의 사랑을 어떻게 표현하고 들어줘야 하는지 몰라 공동체를 만나기 전까지 힘없는 어린아이들에게 제 마음대로 폭언과 폭력을 일삼으며 깊은 상처를 주었고, 공동체에 속한 뒤에도 몇 년간 저의 혈기는 멈추지 않았습니다. 공동체 식구들의 권면으로 정신과 상담을 받고 약도 3년 넘게 먹으면서 조금씩 "문제아는 없고 문제 부모만 있다"는 말씀이 깨달아졌고 자녀의 목소리도 들리기 시작했습니다. 특히 둘째보다 큰아들이 외모와 성격과 성적이 좋았기에 큰아들을 우상의 자리에 놓고 편애도 많이 했습니다. 그래서인지 세상의 자랑거리인 큰아들의 문제가 제게는 더욱 괴롭고 힘든 사건으로 다가왔습니다.

그렇지만 이 사건이 와서야 비로소 저의 숨은 악함을 보고 아들을 위한 애통의 눈물을 흘릴 수 있었습니다. 늘 급하고 이기적이며 세상 가치관으로 변하지 않을 것 같은 제가 말씀과 소그룹을 통해 지체들과 함께 갈 수 있기에 바로 이 자리가 세상의 성공과 자랑, 돈과 권세보다 더 영광스러운 자리임을 깨닫게 됩니다(롬 11:13). 지금의 공동체에 뿌리내리고 신앙생활 한 지 10년이 되어가는 저희 가족은 그 어느 때보다 말씀으로 하나 되어 거룩을 향해 가고 있습니다(롬 11:16-17). 학교폭력 사건은 아직 해결되지 않았지만, 아들의 수고가 헛되지 않아 다른 누군가를 살리는 가정으로 기쁘게 쓰임 받기를 소망합니다.

주님의 신비를 알자

로마서 11:25~36

날마다 성경을 묵상하고 읽고 들으며 주님이 말씀하시는 뜻이 무엇인지를 깨닫기 원합니다.
주님의 마음을 알기 원합니다. 예수님 이름으로 기도하옵나이다. 아멘.

암이나 중한 병에 걸린 환자를 방문할 때 어떻게 기도하십니까? 무작정 낫기를 구해야 할까요? 그렇게 기도했는데 하나님이 데려가시면 어쩌나 하는 생각 때문에 "낫게 해 달라"고도 못하고, "데려가시라"고도 못하고, "주님의 뜻대로 하옵소서" 하고 어정쩡하게 기도한 경험은 없습니까?

신앙생활을 하면서 주님의 마음을 아는 것이 쉽지 않다고 느낄 때가 참 많습니다. 그러나 우리의 기도가 어정쩡할지라도 하나님의 뜻은 어정쩡하지 않습니다. 하나님의 뜻은 우리가 병에 걸리는 것도, 병으로 죽는 것도 아닙니다. 하나님의 뜻은 우리가 모든 죄와 아픔으로부터 구원 받는 것입니다. 육신의 병으로부터 구원 받는 것을 원하십니다. 그러므로 혹시 낫지 못하고 데려가시더라도 우리 입장에서는 낫기를 구하는 것이 주님의 마음을 따라가는 것이라고 생각합니다. 그런데 그 주님의 마음을 어찌해야 잘 헤아릴 수 있을까요?

하나님의 신비를 아는 사람

형제들아 너희가 스스로 지혜 있다 하면서 이 신비를 너희가 모르기를 내가 원하지 아니하노니 이 신비는 이방인의 충만한 수가 들어오기까지 이스라엘의 더러는 우둔하게 된 것이라 그리하여 온 이스라엘이 구원을 받으리라_롬 11:25~26a

온 이스라엘이 구원을 얻기 위해 '이스라엘의 더러는 우둔하게 된 것', 이것이 하나님의 신비라고 합니다. 하나님이 하시는 모든 일이 구원을 목적으로 하는데, 하나님은 우리가 그 신비를 아는 자가 되기를 원하십니다. 우리가 하나님의 '비밀 첩보원'이 되어서 구원의 일을 하도록 우리의 삶을 움직이십니다.

결혼을 위해 사람을 만날 때, 사업에서 파트너나 직원을 구할 때, 내가 일할 직장을 구할 때 나의 관심은 어디에 있습니까? 아마도 '돈은 얼마나 벌까, 성공 가능성이 있나, 나하고 잘 맞는 곳인가, 상사의 성격은 어떤가' 하는 것에 관심이 있을 겁니다. 그러나 무슨 일을 하든지 누구를 만나든지 구원의 관점으로 보는 것이 하나님의 신비를 아는 사람입니다.

어떤 유학생이 담당 교수님의 집에 초대를 받았습니다. 저녁 식사를 하고 차를 마시는 시간에 연세가 지긋하신 사모님에게 자녀분이 어떻게 되시느냐고 물었습니다. 사모님은 "손자가 셋이고, 손녀가 둘인데 첫째는 천국에 갔고, 셋은 예수님을 영접했는데 막내 제이콥은 예수님을 영접하지 않았다"라고 대답했습니다.

누가 손자, 손녀들 구원 문제를 물어봤습니까. 그런데 이 사모님은 인생의 목적이 구원이기 때문에 그런 대답을 한 것입니다. 자녀 이야기를 물었더니 구원 받지 못한 막내가 기도 제목이라고 생각나면 기도해달라고 하는 것입니다. 여러분은 이렇게 구원의 관점에서 자기소개를 할 수 있겠습니까?

제아무리 능력과 학벌이 있어도 '스스로 지혜 있다고 하는 것'은 악입니다. 오직 구원에 관심을 두고 스스로 지혜 있다 하지 말아야 합니다.

이스라엘이 스스로 지혜 있다 하면서도 "더러는 우둔하게" 되었다고 했습니다. 이스라엘이 어떤 나라입니까? 하나님이 택하신 백성, 성경을 아는 나라입니다. 예수님의 혈육인 나라입니다. 그런데 그들이 예수님을 죽였으니 이스라엘이야말로 우둔함의 대명사라고 할 수 있습니다.

중요한 것은 "더러는" 우둔하게 하셨다는 것입니다. 이스라엘 가운데 우둔한 사람은 "더러", 즉 일부분이라는 것입니다. 우둔한 것은 일부분이고 구원은 온 이스라엘이 받게 하신다는 것입니다. 이것이 세상이 모르는 하나님의 신비입니다. 그러므로 나의 안 되는 부분만 보지 말고, 되는 부분을 보아야 합니다.

아브라함이 하나님을 믿고 갈대아 우르를 떠났는데 날마다 자식에 대한 갈망이 끊어지지 않았습니다. 믿음의 조상 아브라함도 '더러는' 그렇게 우둔하고 안 되는 부분이 있었습니다. 그래서 하나님은 25년 동안이나 자식을 안 주셨습니다. 예수 믿는 우리도 여전히 내려놓지 못하는 부분이 있습니다.

모세의 '더러는 우둔한 부분'은 혈기였습니다. 다윗의 '더러는 우둔한 부분' 은 여자 문제였습니다. 다윗이 그렇게 여자를 못 끊더니 잘생긴 아들 압살롬 이 반역을 일으키고, 백주에 많은 사람들 앞에서 자기 부인들을 범하는 일을 겪고 나서야 여자 문제가 끊어졌습니다. 그렇게 내 속에도 안 돼서 절망하는 부분들이 있습니다. 내 가족들도 마찬가지입니다.

내 남편이 아무리 완악하고 우둔하게 복음을 거부해도 이것이 전부가 아 닙니다. '더러는 우둔한 부분'입니다. 부도가 나고, 바람을 피우고, 알코올중 독에, 폭력에, 자식은 가출을 하고, 나를 둘러싼 환경이 아무리 험악해도 '더 러는' 험악한 것입니다. 예수님을 죽인 유대인도 "더러는"이라고 하셨는데, 나를 죽인다고 한들 모조리 악하다고 할 수 있겠습니까?

아무리 힘든 환경도 "더러는"이라고 고백하고 나면 내 속의 우둔함을 보 게 됩니다. 남편, 시어머니가 우둔하다고 원망하다가 그것이 '더러는' 악할 뿐이라는 걸 인정하고 나면 신기하게도 나의 우둔함이 보이기 시작합니다. 그럼으로 "온 이스라엘이 구원을 받으리라"는 언약이 성취됩니다.

더러는 우둔하게 하신 그 부분 때문에 내 자신의 죄를 깨닫고 나면 나로 인해 온 가족이 구원으로 인도될 수 있습니다. 이것을 바라보며 '더러는' 힘 들게 하신 지금 환경에 순종하는 사람이 하나님의 신비를 아는 사람입니다.

미국의 가정사역단체 Family's Pray의 대표인 체리플러의 아들에 관한 이 야기입니다. 그의 부인인 쉐릴이 여성 사역을 위해 집을 나서려는데 전화가 왔습니다. 아들 트렌드가 불법 마약을 소지하고 판매한 죄로 5~10년 을 감 옥에서 지내야 하고, 보석금도 5만 달러를 넘을 거라고 했습니다.

아들 트렌드는 고등학생 때부터 술과 대마초를 했고, 아무리 달래고 꾸짖 어도 소용이 없었습니다. 반항하는 아들로 인해서 집안은 항상 전쟁터였습니다. 그래도 이들 부부는 교회를 잘 섬기기 위해 애썼고 아들을 기독교 가정에서 양육하려고 노력했습니다. 하지만 아들과의 사이에는 끝없는 전투만 있을 뿐이었습니다.

이 아들의 우둔함, 이스라엘의 우둔함은 하나님의 책임이 아닙니다. 그들 자신의 책임입니다. 그러나 하나님께서는 그들의 마음이 굳어지는 것을 이방인의 충만한 수가 들어오기까지, 즉 구원이 다 이루어질 때까지 허락하십니다. 아들 트렌드의 마음이 더러는 굳어지는 것으로 인하여 그 부모가 하나님과 진정한 관계를 맺게 되는 것입니다.

> 그리하여 온 이스라엘이 구원을 받으리라 기록된 바 구원자가 시온에서 오사 야곱에게서 경건하지 않은 것을 돌이키시겠고 내가 그들의 죄를 없이할 때에 그들에게 이루어질 내 언약이 이것이라 함과 같으니라
> _롬 11:26~27

1948년 5월, 국가를 잃고 떠돌던 유대인이 2천 년 전의 영토를 다시 찾아서 팔레스타인 지역에 국가를 창설했습니다. 전 세계가 놀랐습니다. 이때 "온 이스라엘이 구원을 얻으리라"는 말씀에서 구원이란 개인 구원이 아니라 이스라엘의 국가적인 구원을 의미한다는 '시오니즘(Zionism)'이 부각되었습니다. 미국이 거기에 동조해서 이스라엘과 특별한 외교적 친분을 갖게 되었고 다른 아랍 국가들과 충돌하게 되었습니다.

사무엘 헌팅턴은 "미국에 청교도들이 들어와 동부의 모든 기득권을 장악하고 지도층이 되어 전쟁을 명령하는데, 전쟁터에 나가 수고하는 사람들은 전부 다른 종교를 가진 사람들이다"라고 지적했습니다. 지도층은 성경 말씀

을 인용해 가면서 전쟁을 명령하는데, 정작 하나님을 안 믿는 사람들이 가서 목숨을 잃고 있다는 겁니다.

내 식구가 아무리 악해도 내 마음대로 버리고 내칠 수 없는 것과 마찬가지입니다. 잔혹한 테러의 주범이라고 해도 '더러는' 악하고 나머지 부분은 하나님께 돌아올 가능성이 있다는 것을 구원의 관점으로 볼 수 있었으면 좋겠습니다. 그들을 변화시키기 위한 하나님의 방법이 무엇인지를 먼저 생각해야 할 것입니다.

하나님이 택하신 이스라엘이라고 무조건 그 편에 서는 것은 위험하지만, 그럼에도 육적인 이스라엘이 돌아오는 것은 확실합니다. 그때가 언제인지는 모릅니다. 그것 역시 하나님의 신비입니다. 예수님을 죽인 가장 완악하고 우둔한 나라가 이스라엘이기 때문에 '이스라엘이 돌아오면 예수님이 재림하신다'는 이야기도 있습니다. 이스라엘이 돌아온다면 우리 가운데 못 돌아올 사람이 없다는 겁니다.

하지만 그렇게 우둔해도 '더러는'입니다. 이 얼마나 감격스러운 은혜입니까? 어떤 우둔한 사람도, 완악한 나라도 언젠가 하나님에게 돌아올 사람임을 믿고 내 힘으로 쳐부수려 하지 않기를 바랍니다. '더러는' 우둔한 그 부분을 가지고 하나님은 경건하지 않은 것을 돌이키십니다. 저희 죄를 없이하시고, 그때에 구원의 언약을 이루십니다. 더러는 우둔하고 완악한 그 부분은 내가 쳐부수어야 할 대상이 아닙니다. 그것을 쳐부수려다가 '온 이스라엘'을 잃을 수도 있다는 것을 기억해야 합니다. '더러는' 우둔한 남편, 아내, 자녀가 싫어서 이혼으로, 가출로 쳐부순다면 온 가족을 잃을 수도 있는 것입니다.

가족, 직장 상사의 우둔함 때문에 오늘도 힘든 하루였습니까? 나도 우둔했지만 구원해 주신 주님의 은혜를 생각하며 다른 이들의 우둔함도 구원의 관점에서 바라봅니까? '더 러는' 우둔하게 하신 그 부분을 십자가 질 때, 나의 구원이 온 집안의 구원으로 이어질 것을 믿습니까?

하나님의 지혜를 가진 사람

복음으로 하면 그들이 너희로 말미암아 원수 된 자요 택하심으로 하면 조 상들로 말미암아 사랑을 입은 자라 하나님의 은사와 부르심에는 후회하 심이 없느니라 너희가 전에는 하나님께 순종하지 아니하더니 이스라엘이 순종하지 아니함으로 이제 긍휼을 입었는지라 이와 같이 이 사람들이 순 종하지 아니하니 이는 너희에게 베푸시는 긍휼로 이제 그들도 긍휼을 얻 게 하려 하심이라 하나님이 모든 사람을 순종하지 아니하는 가운데 가두 어 두심은 모든 사람에게 긍휼을 베풀려 하심이로다_롬 11:28~32

하나님의 원수였던 이방인은 하나님의 자녀가 됐습니다. 유대인은 조상 들 때문에 하나님의 사랑을 입은 자였지만 하나님의 원수가 되었습니다. 원 수로 살 것인지 사랑을 입은 자로 살 것인지는 우리의 선택입니다. 이것은 순종과 불순종으로 결정됩니다. 내 의지로 순종하는 것이 아닙니다. 불순종 할 수밖에 없는 내가 하나님의 긍휼을 입어 순종하게 되었습니다.

모든 사람을 순종하지 아니하는 가운데 가두어 두시는 것이 모든 사람에게 긍휼을 베풀려 하심이라고 했습니다. 이스라엘의 불순종이 이방인들에게 긍휼을 베푸시는 계기가 되었습니다. 불순종하는 누군가 때문에 내가 긍휼을 입고 순종하게 되는 것, 이것이 구원의 신비입니다.

> 깊도다 하나님의 지혜와 지식의 풍성함이여, 그의 판단은 헤아리지 못할 것이며 그의 길은 찾지 못할 것이로다_롬 11:33

그 신비를 우리의 지식으로는 다 이해할 수 없습니다. 순종의 역할과 불순종의 역할이 돌고 돌면서 하나님은 한 치의 오차도 없이 구속사를 이루어 가십니다. 그 지혜와 지식의 풍성함을 우리는 측량할 수 없습니다. 그 깊으신 사랑 앞에 입을 다물 수밖에 없습니다. 하나님의 판단과 하나님의 길은 오직 십자가입니다. 불순종할 수밖에 없는 내게 긍휼을 베푸시고 순종을 이루신 예수 그리스도의 십자가의 길입니다.

남편과 이혼을 하려고 몇 개월 별거 생활을 하던 분이 우리들교회에 오셨습니다. 부부가 서로를 원망하면서 여러 가지로 힘든 상황이었습니다. 목장 예배에 참석해 교제를 나누면서 우울증으로 힘들어하는 그분을 위해 목장 식구들이 함께 병원에도 가 주었습니다. 전도사님과 목자와 함께 남편에게도 찾아갔습니다. 남편은 부인에게 이미 모든 정이 떨어졌다고 어떤 이야기도 하기 싫다고 했습니다. 이혼도 부인이 먼저 하자고 했으니 돌이킬 마음도 없답니다. 이혼은 안 된다고 부인을 용서해 달라고, 말씀을 듣고 부인도 많이 달라졌다고 설득을 했지만 남편은 요동도 하지 않았습니다. 전도사님과 함께 간 집사님들이 부인과 함께 남편 앞에서 무릎을 꿇었습니다. 다시 합치지 않아도 좋고, 한 번만 말씀을 듣고 예배를 드리자고 간청을 했지만 남편은 냉담하게 자리를 떠났습니다.

부모형제라고 그 남편 앞에서 무릎을 꿇겠습니까? 그렇게까지 했지만 돌아오지 않을 수도 있습니다. 그럼에도 그 남편의 구원과 가정의 회복을 위해 무릎을 꿇는 것, 그것이 우리가 할 수 있는 십자가의 순종입니다. 마지막까지 낮아져서 용서를 빌고 기도했는데도 결국 이혼할 수밖에 없었다면, 그것은 하나님의 판단이고 하나님의 길입니다.

하나님의 은사와 부르심에는 후회하심이 없습니다. 어떤 나라도, 어떤 개인도 하나님이 한 번 부르시면 후회하심이 없습니다. 내 가정으로 나와 배우자를 부르시고, 자녀를 부르신 것에도 결코 후회하심이 없습니다.

그런데 내가 후회된다고 내 판단으로 먼저 이혼을 요구해서는 안 됩니다. 후회하심이 없는 하나님의 뜻이 우리 가정에 있습니다. 그 뜻을 발견하기까지 순종의 모습을 보이십시오. 그래도 쫓겨났다면 그때는 어쩔 수 없습니다. 하지만 아무리 상처의 골이 깊고, 갈등의 벽이 높아도 그와는 비교할 수 없이 깊고 풍성한 하나님의 지혜와 지식을 신뢰해야 합니다. 내 판단을 버리고 하나님의 지혜에 의지할 때 하나님은 반드시 회복할 길을 열어 주십니다.

앞에 말씀드린 가정사역자 쉐릴은 아들이 안 돌아오니까 하나님께 매달리면서 드디어 하나님과의 친밀함을 경험하기 시작했습니다. 하나님이 살아계신 것을 깨닫게 됐습니다. 그렇게 점점 하나님과 친밀한 관계를 갖게 되니 아들의 문제를 내려놓게 되었습니다. 그때부터 비로소 하나님께로 초점이 맞추어졌습니다.

그러나 그럼에도 그 삶에 영적인 전투가 끊이지 않았습니다. 아들이 무례하고 비뚤어질 때마다 무너진 적도 많았습니다. 그럴 때마다 성경을 읽으면 주님께서 말씀의 뜻을 가르쳐 주셨습니다. 말씀에 집중하고 그 말씀이 아들에게 임할 것을 믿으며 기도하자 놀라운 평화가 임했습니다. 의식적으로도 아들을 반항아가 아닌 하나님의 백성이라는 관점으로 보려고 노력했습니다. 아무리 반항해도 '더러는 반항하는구나' 이렇게 생각한 것입니다. 그러면서 쉐릴은 점점 변화되었습니다.

저도 남편이 구원 받을 것 같지 않은 상황이 오래도록 계속되자 점점 숨이 턱에 찼습니다. 아무리 남편이 성실하고 돈을 잘 벌어도 '이제는 소원이 주님밖에 없다. 구원을 위해 저를 써 달라'며 기도하게 됐습니다. 하나님께서 어디를 가라고 하셔도 순종하고 가겠다던 그때의 기도를 주님이 이렇게 응답해 주셨습니다.

이방인의 충만한 수가 차기까지, 내가 아직 뭔가가 안 되어 있을수록 '더러는' 우둔하게 된 것을 알아야 합니다. 쉐릴의 상황도 더 나빠졌습니다. 잠시 마약을 끊는 것 같았던 아들은 대학 진학을 위해 집을 떠나면서 다시 마약을 복용하고, 한술 더 떠서 마약 판매에까지 손을 대기 시작했습니다. 그렇다면 하나님이 그녀의 아들을 버리신 걸까요?

그렇지 않습니다. "하나님의 은사와 부르심에는 후회하심이 없다"고 했습니다. 어떤 나라도, 개인도 하나님이 한 번 부르시면 후회하심이 없습니다.

아들은 비록 하나님과 부모에게 원수되는 쪽을 택했지만, 쉐릴은 아들이 "조상들로 말미암아 사랑을 입은 자"임을 믿었기 때문에 다시 기도하며 금식을 시작했습니다.

부부간에, 부모자식 간에, 직장에서 관계가 깨어졌습니까? 왜 이 사람하고 결혼을 했나, 왜 이 직장에 들어왔나 하면서 후회합니까? 지금의 가정과 직장으로 나를 부르신 것이 후회함이 없는 하나님의 사랑이요 은혜인 것을 믿습니까?

하나님의 참모

누가 주의 마음을 알았느냐 누가 그의 모사가 되었느냐 누가 주께 먼저
드려서 갚으심을 받겠느냐_롬 11:34~35

우리 중에 누가 주님의 마음을 안다고 확신 있게 말할 수 있겠습니까? 만
일 그렇게 말하는 사람이 있다면 위험한 사람입니다. 우리는 주님의 마음을
알 수 없습니다. 이 땅에 남겨 두신 '더러는' 우둔한 부분에 대해서도 온전히
알 수 없고, 내 자신의 불순종에 대해서도 완전히 알 수 없습니다.

그럼에도 주님의 마음을 알아서 그의 모사(謀士)가 되는 사람은 성경을 읽
고 그 뜻대로 사는 사람입니다. 모든 일에서 하나님의 옳으심을 인정하고,
십자가를 길로 놓는 사람이 주의 모사입니다.

기도를 드렸으니까, 헌금을 드렸으니까, 열심을 드렸으니까 하나님이 갚
아 주셔야 한다고 할 수 있는 사람은 없습니다. 내가 먼저 드린 것이 어디 있
습니까? 내 육신과 소유와 생각과 감정까지도 내가 만들고 지은 것이 하나
라도 있습니까?

이는 만물이 주에게서 나오고 주로 말미암고 주에게로 돌아감이라 그에
게 영광이 세세에 있을지어다 아멘_롬 11:36

모든 것은 주에게서 나오고 주로 말미암는 것입니다. 결국 주에게로 돌아
가는 것입니다. 내가 드렸다고 자만할 것도, 감히 무언가를 요구할 자격도
없습니다. "내가 열심히 살았는데 왜 이런 일이 생기느냐?"고 말할 수가 없

습니다. 도무지 이해할 수 없고, 인정하기 싫은 어떤 사건도 주에게서 나오고 주로 말미암는 것이고 주에게로 돌아가는 것이기 때문입니다.

모사(謀士)는 참모입니다. 훌륭한 참모는 지휘관의 마음을 잘 알아야 합니다. 하나님이 나를 참모로 쓰기 원하시는데 나는 지휘관이신 하나님의 뜻과 상관없이 내 뜻대로 움직입니다. 하나님 모르게 뭔가 일을 꾸며 보려고 하면서 '내가 열심히 하면 어쨌든 알아주시겠지' 하고는 내가 먼저 드려서 복을 받아 보겠다고 합니다.

그러니까 하나님이 돈을 안 주실 수밖에 없습니다. 병에 걸리게 하실 수밖에 없습니다. 자식이 속을 썩일 수밖에 없습니다. 돈도, 건강도, 자녀도 주에게서 나오고 주로 말미암고 주에게로 돌아가는 것인데, 자꾸만 딴 우물을 파고 있으니까 막으시는 겁니다. 하나님의 그 사정을 알고 하나님의 전적인 주권을 인정하는 자가 하나님의 참모입니다. 하나님의 모사가 되면 다른 힘든 사람을 도울 수 있습니다. 주의 마음을 몰라서 낙심하는 사람들 또는 교만한 사람들에게 주님의 마음을 알려 주는 것이 참모의 역할입니다.

아들이 계속해 속을 썩이는 상황에서 쉐릴이 어떻게 하나님의 모사가 되었을까요?

쉐릴은 아들이 체포되었다는 연락을 받고 마음이 아파서 잠을 못 이루었지만 이 사건이 하나님의 주권 하에 이루어지는 일임을 알고 있었습니다. 쉐릴은 일주일 후 아들을 찾아가 이렇게 말했습니다.

"애야, 넌 아마 수감이 될 거야. 5년에서 10년이 될 수도 있다는구나."

그 상황에서도 아들은 심각하게 듣지 않았지만 쉐릴은 보석금을 내주는 것보다 아들이 감옥에 가는 것이 하나님의 뜻임을 잘 알고 있었습니다. 재판을 거쳐 트렌드는 6개월 형을 언도 받고 감옥에 들어갔습니다. 형기를 마치고 감옥에서 나온 트렌드는 자신을 위해 기도했던 중보기도자 30명에게 한 통의 편지를 보냈습니다.

"마약 때문에 체포된 뒤에도 저는 이 일이 하나님이 하신 일이라는 것을 몰랐습니다. 감옥에 들어가기 전 저는 마약에 의지해서 살았고, 가족에게는 무관심했고, 공부도 무의미하다고 생각했습니다. 그런데 하나님은 저의 아파트를 급습하셔서 저를 깊은 절망에서 구원하셨습니다. 그분은 감옥에서 수년을 보내야 할 제게 6개월의 시간만을 허락하셨습니다. 감옥에서 보낸 6개월은 제 인생에서 가장 멋진 시간이었습니다. 하나님과 교제하면서 이 세상, 옛 생활을 떠나는 특권을 누렸습니다. 그분은 그분의 관점에서 저를 변화시키셨고, 이제 제 인생은 그분의 것입니다. 지금 저는 하나님이 저와 함께하신다는 기쁨을 주체할 수가 없습니다. 저는 이것이 많은 사람들의 기도 덕분이라는 것을 잘 알고 있습니다. 이제는 제가 받은 기도의 능력을 다른 사람들에게 전하고 싶습니다. 왜냐하면 기도는 다른 사람들에게 줄 수 있는 가장 좋은 은사라는 것을 확신하기 때문입니다."

만물이 주에게로 와서 주로 말미암고 주에게로 돌아가는 것을 몰라서 방황하는 식구들이 있습니다. 인생이 어디에서 왔다가 어디로 가는지를 모르기 때문에 왜 살아야 하는지도 모르고, 공부는 왜 해야 하는지 모르고 중독과 죄에 빠져드는 자녀들이 있습니다. 어떤 지식으로 꾀를 내면 그 식구들을 변화시킬 수 있겠습니까!

트렌드는 자신의 아파트를 급습해서 체포되게 하신 것이 하나님의 구원이라고 했습니다. 엄마인 쉐릴도 그런 주님의 마음을 알았기 때문에 보석금을 내주기보다 아들이 감옥에 가도록 했습니다. 하나님의 모사로서 최고의 사랑을 보여 준 것입니다. 그처럼 어머니 쉐릴이 충만해지니까 그렇게 우둔하고 완악한 것 같았던 아들 트렌드가 돌아왔습니다.

"아무리 내 집안 식구들이 속을 썩여도, 부모로서, 아내로서 할 수 있는 전부는 눈물의 기도밖에 없다"고 쉐릴은 말합니다. 성령이 말할 수 없는 탄식으로 우리를 위해 기도해 주시듯이, 우리도 창자가 끊어지는 애통함으로 주님께 기도드릴 때 주님은 결코 외면하지 않으십니다.

이방인의 충만한 수가 차기까지는 공부를 왜 해야 하는지도 모르고, 가족이 나에게 무슨 의미가 있는지도 모르기 때문에 자녀들은 가출을 하고 배우자는 바람을 피우고 밖으로 나갑니다. 저는 늘 중고등부 아이들에게 "인생의 목적이 주님께 있지 않으면 모든 것이 의미가 없다"고 강조합니다. 인생의 목적을 모르는데 진로가, 공부가 아이들에게 무슨 상관이 있겠습니까.

엄마가 구치소까지 찾아가서 무슨 말을 해도 아들에게는 다 소 귀에 경 읽기입니다. 무슨 말씀을 읽어 주어도, 가정 사역자인 부모가 아무리 이야기해도 다 무의미한 것입니다. 결국 아들이 구원을 받기까지는 수치의 사건이 와야 하고, 그 아들이 감옥 6개월의 밑바닥까지 내려가 보아야 합니다.

그러므로 내 아들 불쌍하다고, 안타깝다고 빚을 갚아 주면 안 됩니다. 우리나라의 신용불량자 수가 한 도시의 몇 배라고 합니다. 감옥에 가게 됐다면 그냥 보내야 합니다. 그래야만 옛 생활을 버리는 특권을 누리게 됩니다. 이것이 빨리 심판 받고 빨리 회복되는 길입니다.

하나님의 깊으신 지혜와 지식을 우리는 다 알 수 없습니다. 어떤 방법으로 우둔한 것들을 해결하실지, 언제 돌이키실지 우리의 생각으로는 알 수 없습니다. 내가 죽을 때까지 우둔한 내 식구들이 안 돌아올 수도 있습니다. 아무리 기도해도 변하지 않는 자녀가 있을 수 있습니다. 그 시간 동안 하나님은 나를 하나님의 모사로 만들어 가십니다. 하나님의 마음을 아는 최고의 참모가 되라고 더 구하고, 더 두드리고, 더 간절히 찾게 하십니다.

호세아의 아내 고멜은 끊임없이 다른 남자를 찾아다녔는데, "그러므로 내가 가시로 그 길을 막으며 담을 쌓아 그로 그 길을 찾지 못하게 하리니"(호 2:6)라고 하셨습니다. 우리 옆의 완악하고 우둔한 이스라엘은 자신이 파멸의 길을 걷고 있다는 것을 볼 지혜가 없습니다.

그래서 우리는 남편과 아내와 자녀가 가고 있는 나쁜 길, 나쁜 영향을 제거해 달라고 기도해야 합니다. 하나님의 모사가 되어 끊임없이 말씀을 볼 때 이런 기도를 할 수 있습니다.

지금 여러분도 36절 말씀을 가지고 이렇게 읽어 보십시오.

"이는 만물이 주에게서 나오고 주로 말미암고 주에게로 돌아감이라 그에게 영광이 세세에 있을지어다 아멘!"

여기에 자신의 이름을 넣어서 읽어보십시오.

"김양재가 주에게서 나오고 주로 말미암고 주에게로 돌아감이라 그에게 영광이 세세에 있을지어다 아멘!"

자식, 또는 배우자의 이름을 넣어서 읽어보십시오.

"아무개가 주에게서 나오고 주로 말미암고 주에게로 돌아감이라 그에게 영광이 세세에 있을지어다 아멘!"

그렇습니다. 만물이 주에게서 나와서 주로 말미암아 살다가 주님에게로 돌아가는 것을 알면 영광이 있습니다. 이것을 모르면 전도서 1장의 "헛되고 헛되니 해 아래에서 수고하는 모든 수고가 헛되도다"가 인생의 결론이 됩니다.

"이 신비를 너희가 모르기를 내가 원하지 아니하노니"라고 한 사도 바울처럼 우리도 이 인생의 신비를 알려야 합니다. 하나님은 그 일을 위해 여러분을 모사로 쓰기 원하십니다. 주님의 마음을 가장 잘 아는 주님의 오른팔, 최고의 참모로 우리를 세우기 원하십니다.

———

어떤 고통도, 어떤 즐거움도 주에게서 나오고 주로 말미암고 주에게로 돌아가는 것임을 인정합니까? 나에게 일어나는 모든 사건에서 100% 옳으신 하나님을 인정하는 것이 주의 마음을 알고 주께 영광드리는 것임을 알고 있습니까?

말씀으로 기도하기

아버지 하나님! 로마서 교리 부분의 마지막을 읽으며 주님의 마음을 가지라고 하십니다. 주님의 마음을 갖기 위해서는 하나님의 신비를 알아야 하는데, 이스라엘의 우둔한 것이 '더러는'이라고 하셨습니다.

주님, 내 식구들이 너무 우둔하고 완악합니다. 술에 찌들었습니다. 음란에 찌들었습니다. 빚에 찌들었습니다. 날마다 가출을 합니다. 이렇게 감당할수 없이 우둔해도 주님은 '더러는'이라고 하십니다. 이방인의 수가 충만해지기까지 하나님이 구원의 일을 이루시는 동안 그것을 인정하고 가면 우둔한 내 식구들도 반드시 구원되리라고 약속해 주십니다.

만물이 주에게서 나오고 주로 말미암고 주님에게로 돌아가는 것을 인정하게 하옵소서. 내 자신부터가 주에게서 나오고 주로 말미암고 주에게로 돌아가는 존재임을 인정하며, 욕심과 정욕을 끊고 주님의 마음으로 충만하게 하옵소서. 깊고 깊은 하나님의 지혜와 지식으로 풍성해지게 하옵소서. 그리하여 힘들어하는 가족과 이웃에게 하나님의 구원의 신비를 알리는 주의 모사가 되기를 원합니다.

영광이 오직 주님께 있습니다. 내 삶의 모든 영역에서 주님의 주권을 인정합니다. 주님의 영광을 사모합니다. 이 고백을 받아 주옵소서.

예수님 이름으로 기도하옵나이다. 아멘.

아무리 상처의 골이 깊고, 갈등의 벽이 높아도
그와는 비교할 수 없이 깊고 풍성한
하나님의 지혜와 지식을 신뢰해야 합니다.
내 판단을 버리고 하나님의 지혜에 의지할 때
하나님은 반드시 회복할 길을 열어 주십니다.

공동체 고백

쉿! 비밀이에요

4대째 모태신앙이었던 저는 도무지 하나님의 신비를 알지 못하는 '무늬만 크리스천'이었고, 주중과 주일로 두 얼굴을 가진 아수라 백작처럼 살았습니다(롬 11:25). 겉모습은 크리스천이었지만 내 속의 가치관은 세상과 전혀 구별되지 않은 터라 이생의 자랑, 안목의 정욕, 육신의 정욕을 충분히 채워줄 것 같은 S대 출신의 엘리트 남편과 불신 결혼했습니다. 그러나 계속되는 고시 실패로 내 기대에 부응해 주지 않는 남편을 저주했고, '난 열심히 살았는데 왜 이런 일이 생기느냐?'며 하나님을 원망했습니다. 그러나 나중에 보니, 모든 것이 주에게서 나오고 주로 말미암는 것인데 제가 하나님 뜻과 상관없이 내 뜻대로 열심히 딴 우물만 파고 있었기에 우리 가정을 하나님의 모사로 쓰시기 위하여 남편의 길을 막으셨던 것입니다(롬 11:34~36). 주님의 긍휼하심으로 알지도 깨닫지도 못했던 하나님의 신비를 알게 하시고 우리 가정을 구원하시기 위하여 더러는 우둔한 나를 허락하셨습니다(롬 11:25).

저는 남편 대신 가장의 역할을 한다는 핑계로 사회생활에 빠져 아내로서 남편을 섬기는 것은 안중에도 없었고, 엄마의 자리도 겨우 지키며 워커홀릭(workaholic)이 되어 세상의 돈과 명예로 빠져들고 있었습니다. 그러나 그것으로 채워지지 않는 곤고한 마음을 허락하셔서 말씀을 경청하게 하셨고, 절대로 죄가 없다고 생각하던 나의 육을 치시어 자궁선근증으로 자궁적출 수술을 하는 사건 가운데 내가 죄인임을 깨닫게 하시며 다시금 하나님을 인격적으로 만날 수 있는 은혜를 주셨습니다.

그러나 아직 힘이 다 빠지지 않은 저는, 남편의 더러는 우둔한 그 부분을 내 손으로 고치겠다며 옳고 그름으로 판단하고 정죄하며 상처를 많이 주었습니다. 그러나 조금씩 말씀으로 양육되어가면서 내 스스로는 불순종할 수밖에 없는 100% 죄인임을 다시금 깨닫게 되었을 즈음, 인정받던 회사에서 권고사직을 당함으로 제힘을 빼시고, 남편을 마음속 깊이 긍휼히 여기고 섬길 마음을 주셨습니다(롬 11:31~32).

이렇게 20~30대를 다 허비하고 40대 중반에 접어들었을 즈음 우리 부부에게 남은 것은 빚뿐이었습니다. 하지만 하나님이 모든 일에 옳으심을 인정하고 힘을 뺀 채 가만히 말씀에 반응하고 있던 어느 날, 하나님은 남편에게 기적같이 좋은 직장을 허락해주셨습니다. 게다가 사무실이 교회 정문이 바라다보이는 길 건너임을 확인한 남편은 하나님께서 교회를 절대로 떠나지 말라고 이곳에 직장을 주신 것 같다고 고백하며 직장을 감사함으로 잘 다니고 있습니다. 세상적으로는 된 것이 하나도 없는 헛된 인생 같지만, 주님이 저를 모사로 쓰기 원하신다며 사명을 주시고, 제 입에서 "나는 주에게서 나오고 주로 말미암고 주에게로 돌아감이라 그에게 영광이 세세에 있을지어다 아멘"하고 고백하게 하시니 감사합니다(롬 11:36).

3.
절대 순종의 축복
(12:1~14:12)

내가 소망 중에 그저 즐겁기만 해서 기도에 힘쓸 일 없으면
그 삶에 사탄이 활개치고, 부흥회를 할 수 있습니다.
넘어지기 쉽습니다.
나 혼자 주님 사랑을 듬뿍 받는 것에 평생 목 매달고 있으면
내 형제와 성도들의 영혼 구원에 관심이 없어집니다.
그래서 소망과 환난과 기도는 성도의 필수과목입니다.
그런 훈련을 통해 하나님은 우리의 지경을 넓혀 주십니다.

'그러므로'의 삶을 사는 축복

로마서 12:1~2

하나님 아버지, 믿음으로 구원을 받은 우리가 '그러므로' 어떻게 살아야 할지 말씀해 주옵소서.
예수님 이름으로 기도하옵나이다. 아멘.

아르헨티나의 후안 카를로스 오르티즈 목사님이 예배 시간에 왜 어떤 찬송은 일어나서 부르고, 어떤 찬송은 앉아서 부르는지에 대해 문제를 제기했습니다. 예배에서 가장 중요한 것은 내가 원하는 것이 아니라 하나님이 원하시는 것인데 만일 하나님이 원하시는 것이라면 다리가 아파서 부서지더라도 일어나서 찬송을 해야 한다는 것이 오르티즈 목사님의 의견입니다.

예수님을 열심히 믿는 어떤 청년이 산(山)기도까지 다니면서 결혼을 위해 기도를 드렸습니다. 반드시 하나님이 원하시는 배우자를 만나 결혼을 하겠다, 믿음을 가진 자매라면 무조건 결혼하겠다고 기도를 드렸습니다. 그러다 누군가의 소개로 믿음의 자매를 만났는데 예쁜 외모가 아니었습니다. 그러자 민음의 자매라도 외모가 영 아니어서 결혼을 못 하겠다고 하더랍니다.

우리는 하나님이 기뻐하시는 예배를 드려야 합니다. 하나님이 기뻐하시는 결혼을 해야 하고 그런 삶을 살아야 합니다. 그렇지 않으면 아무리 아름답고 훌륭한 조건을 갖추었다고 해도, 울리는 꽹과리일 뿐입니다.

로마서 1장부터 11장까지 우리가 지겹도록 반복해서 들은 이야기는 '인간은 100% 죄인'이며, 인간의 힘으로는 구원에 이를 수 없다는 것입니다. 이것은 여러분이 인정을 하든 안 하든 진리입니다. 주님밖에는 구원에 이를 길이 없습니다. 천하에 구원 얻을 다른 이름은 없습니다.

이 진리를 붙잡을 때 우리가 진정으로 잘 살 수 있습니다. 복음을 제대로 받아들이지 않으면 도덕과 윤리, 삶의 부분도 제대로 될 수 없습니다. 복음이 왜곡되면 가정생활과 윤리와 도덕에도 문제가 생깁니다. 말씀을 아무리 들어도 제대로 못 사는데 복음을 들도 보도 못한 사람이 어떻게 잘 살겠습니까.

그렇다면 구체적으로 어떻게 사는 것이 잘 사는 것이고, 하나님을 기쁘시게 하는 것일까요? 놀라운 구원을 받은 우리는 '그러므로' 어떻게 살아야 할까요?

사랑으로 권면하라

그러므로 형제들아 내가 하나님의 모든 자비하심으로 너희를 권하노니
_롬 12:1a

예수 그리스도를 믿음으로 의롭다 하심을 얻고 '그리므로' 어떻게 살 것인

지 삶에 도전을 주기 위해서 바울은 우리를 "형제들아" 하고 부릅니다.

복음이 우리의 삶에 적용되기 위해 가장 필요한 것은 형제 의식입니다. 바울의 '그러므로'는 "나 같은 죄인도 구원해 주셨다. 그러므로 형제들아!" 입니다. 나도, 너도 주님이 피로 값 주고 사신 형제니까 나도 너를 위해서 죽을 수 있다는 사랑의 고백이 담긴 것입니다.

우리는 너무나 안 변합니다. 오죽하면 '자비하심으로' 권한다고 하겠습니까? 예수님을 믿고 나서도 끊지 못하는 것이 너무 많고, 마음에는 원이로되 육신이 약하다고 합니다(마 26:41). 하나님을 알고, 깨닫고, 삶에서 적용하는 데에는 저마다 성숙의 단계가 있습니다. 복음의 본질은 누구에게나 확실하고 단호한 것이지만, 삶의 적용은 각자 믿음의 단계에 따라 다른 것입니다. 믿음의 형제에게 삶의 적용을 가르치기 위해서는 '하나님의 모든 자비하심으로' 권면해야 합니다. 자비는 사랑과 인내입니다. 변하지 않는 사랑과 인내로 끊임없이 반복해서 권하는 것입니다.

바울의 권면을 보십시오.

"나는 스데반을 죽인 살인자다. 나 같은 죄인도 예수님을 믿고 의로운 존재가 되었다. 나는 너와 형제니까 그 은혜를 너에게 권하는 것이다."

우리가 누군가의 삶에 도전을 주기 위해서는 바울과 같은 순서가 필요합니다. 내 고백과 형제 의식, 그리고 사랑과 인내가 있어야 삶의 적용을 가르치고 권면하는 자가 될 수 있습니다. '그러므로'의 삶은 이런 자비와 사랑으로 권면하는 삶이고, 그 권면을 잘 받아들이는 삶입니다.

말도 붙이기 싫은데 구원을 위해 "형제들아" 하고 불러야 할 사람이 있습니까? 바람피우지 마라, 가출하지 마라, 수많은 말보다 부드러운 자비와 사랑이 나와 상대방을 변화시킨다는 것을 믿습니까?

몸을 드리라

너희 몸을 하나님이 기뻐하시는 거룩한 산 제물로 드리라 이는 너희가 드릴 영적 예배니라_롬 12:1b

몸은 영이 거할 처소이기 때문에 몸이 없으면 영도 없습니다. 헬라인은 몸을 무덤으로 여기고, 정신을 가두어 놓는 무가치한 것으로 생각했습니다. 몸은 무가치하니까 몸의 욕구를 무시하고 극도로 절제하는 경건주의, 또는 몸을 지키지 않고 마음대로 방치하는 쾌락주의에 빠졌습니다.

내 몸의 주인은 하나님이십니다. 예수 그리스도를 믿어 의롭다 함을 받은 우리의 몸은 하나님의 성전입니다. 그 몸을 하나님께 드리려면 몸을 굴뚝(?)으로 만들거나 술독이 되게 해서는 안 됩니다.

우리 몸이 얼마나 기막힌 원리로 움직이는지 아십니까? 우리가 눈을 한 번 깜빡이는 데는 40분의 1초가 걸린다고 합니다. 콧구멍은 서너 시간마다 활동을 교대하는데, 한쪽은 냄새를 맡고 다른 한쪽은 휴식을 합니다. 성인의 뼈는 206개인데 그중에 절반이 손과 발에 있습니다. 피부는 천연 완전 방수 가죽옷인데 그 허물이 끊임없이 벗겨지면서 한 달에 한 번씩 새 피부가 공급되어 완전히 새것으로 바뀝니다. 우리 몸속에 있는 혈관의 총 길이는 11만 2천 킬로미터라고 합니다. 지구를 두 번 감을 수 있는 길이입니다.

차 한 대를 만드는 데는 1만 3천 개의 부품이 필요하고, 보잉 747기는 300만 개의 부품이 필요하고, 우주왕복선은 500만 개의 부품이 필요한데 사람의 몸에는 10조 개의 세포가 있습니다. 계산할 수도 없는 엄청난 양의 세포가 우리 몸을 이루고 있는 것입니다. 게다가 25조 개의 적혈구가 있고, 250억 개의 백혈구가 있으며 혀에만 9천 개의 미각세포가 존재합니다.

놀랍지 않습니까! 인간이 최고로 정교한 기계를 만든다고 해도 인간을 만든 하나님의 솜씨에는 비길 수가 없습니다. 이것만 봐도 우리 몸의 주인이 하나님이시라는 것을 인정할 수밖에 없습니다. 하나님의 것이기에 우리 몸이야말로 가장 영적인 것입니다.

'영적 예배'를 영어로 하면 'reasonable worship'입니다. reasonable은 '합리적인, 이성적인, 마땅한, 말이 되는, 합당한'으로, worship은 '경배, 섬김'으로 해석할 수 있습니다. '합당한 경배, 마땅한 섬김'이 바로 영적 예배의 뜻입니다. 영적 예배라고 특별히 표현을 했지만, 육적 예배가 따로 있는 것은 아닙니다. 하나님을 경배하고 섬기는 예배 자체가 영적인 것이기 때문입니다.

그런데 예배를 육적으로 드리는 사람도 있습니다. 정해진 시간에 정해진 장소에 정해진 형식으로 참여하는 것이 예배의 전부라고 생각하는 사람입니다. 물론 하나님은 우리의 시간과 봉사를 원하십니다. 하지만 그것만으로는 부족합니다.

예배당을 떠나면서 "주님, 다음 주일에 또 뵙겠습니다. 안녕히 계십시오" 하지는 않으시겠죠? 우리가 드려야 할 예배는 예배당 안에서, 예배 시간에만 드리는 것이 아닙니다. 주님을 예배당에 감금시키면 안 됩니다. 내 가정과 직장과 학교, 그 모든 곳에 주님이 계시게 해야 합니다.

산 제물의 반대가 죽은 제물인데 차이가 무엇일까요? 죽은 제물로도 제사를 드리기는 합니다. 그러나 드리는 자의 삶이 담겨 있지 않은 것이 바로 죽은 제물입니다. 내 자신이 제물로 드려지지 않기 때문에 형식만 있고 내용은 없는 것이 죽은 제사입니다. 죽은 제사에는 하나님이 임재하지 않으십니다. 하나님이 계실 자리가 없기 때문입니다.

돌아가신 부모님, 조상의 제사를 아직 폐하지 못한 분이 있을지도 모르겠습니다. 그것을 효도라고 생각하고 정성으로 드리는데 그것은 죽은 제사입니다. 사람들은 제사를 폐하면 부모도 몰라보는 자식이라고 하는데, 그런 게 아니라 그리스도인은 살아 계신 부모님께 잘하는 산 제사를 드리는 겁니다. 돌아가신 후에는 살아서의 삶을 추억하고 기념하며, 남아 있는 식구들의 구원을 위해 모여서 추도예배를 드리는 것입니다. 그것이 삶으로 섬기고 사랑하는 산 제사입니다.

산 제물로 드린다는 것은 내 자신이 제물이 되는 것입니다. 부모님, 식구들을 섬기는 것은 내가 죽어지지 않으면 할 수 없습니다. 날마다 큐티로 개인예배를 드리고, 공예배에 빠짐없이 참석하는 것도 내가 죽어지지 않으면 하나님 앞에 시간을 드릴 수가 없습니다. 더 자야 하고, 더 일해야 하는데 어떻게 쉽게 드리겠습니까? 큐티를 하는 데도 죽어지는 헌신이 필요합니다.

힘들어도 날마다 시간을 드리고, 내 손발을 드려서 하나님을 만나게 되면 저절로 가족 사랑이 이루어집니다. 하나님과의 만남이 너무 좋으니까 사랑하는 식구들과도 함께하고 싶어지고, 이웃과 동료에게도 알리고 싶어지는 겁니다. 그래서 전도를 하려니까 내가 죽어질 일들이 더 많아집니다. 참을 수 없는 일도 참아야 하고, 귀찮은 일도 앞장서서 처리하고, 가정과 직장에서 더 적극적인 제물이 될 수밖에 없습니다. 그렇게 하다 보면 삶의 모든 영역에서 내가 하나님이 기뻐하시는 산 제물로 드려지게 되는 것입니다.

헌금도 예배입니다. 예배 순서의 일부가 아니라 내 수입 자체를 하나님께 드리는 영적 예배입니다. "제사하는 처음 익은 곡식 가루가 거룩한즉 떡덩이도 그러하고"(롬 11:16)라고 했습니다. 십의 일조가 하나님의 것으로 거룩한 것이라면 나머지 십분의 구도 당연히 거룩한 것입니다.

내가 제물이 되어 쓰임 받은 수고와 땀으로 헌금을 드리듯 예배에 참석하는 것도 내 몸이 가야 합니다. 누가 대신 드려 줄 수도, 돈으로 대신할 수 있는 것도 아닙니다. 내 몸이 가고, 내 몸이 움직이고 땀을 흘려야 믿음의 실체가 나타납니다. 내 삶으로 드리는 예배, 시간과 물질과 생각과 마음과 몸을 드리는 예배, 매일의 생활예배를 잘 드리는 것이 하나님이 기뻐하시는 '그러므로'의 삶입니다.

―

하루 24시간, 나의 감정과 생각과 행동이 모두 하나님께 드리는 예배가 되고 있습니까? 내가 기뻐하는 예배가 아닌 하나님이 기뻐하시는 예배가 되려면 어떤 습관부터 바꿔야 합니까? 하나님께 특별히 드리지 못하는 부분이 어떤 것인지, 왜 드리지 못하는지 묵상해 봅시다.

마음에 변화를 받으라

너희는 이 세대를 본받지 말고 오직 마음을 새롭게 함으로 변화를 받아 하나님의 선하시고 기뻐하시고 온전하신 뜻이 무엇인지 분별하도록 하라_롬 12:2

우리는 말씀을 읽어도 하나님의 선하시고 기뻐하시고 온전하신 뜻이 무엇인지 분별을 잘 못합니다. 말씀을 들어도 이전의 습관을 버리지 못하고, 하나님의 뜻을 가볍게 여깁니다. 사람과의 관계에서도 처음에는 어려워하다가 친해지면 사람인고로 자꾸 가볍게 여기게 되는 것처럼 말입니다. 이 세상에 가장 중요한 것이 질서인데, 내 삶의 질서가 되어야 할 말씀을 은근슬쩍 외면하니 그 삶이 온전할 리 없습니다.

그러므로 우리가 하나님이 기뻐하시는 산 제물이 되기 위해서는 하지 말아야 할 것과 해야 할 것이 있습니다.

먼저 하지 말아야 할 것은 '이 세대를 본받지 말고'입니다. 이 세대의 특징은 '악하고 음란한'(마 12:39) 것입니다. 그럼에도 우리는 이 세대를 너무 본받고 싶습니다. 입시 정보, 재테크, 몸짱 얼짱 만들기 등 본받고 싶은 것들이 너무나 많습니다. 나이 들어서 하나님을 만난 어떤 분은 "젊어서 세상 문화에 젖어 살았기 때문에 지금도 세상이 나를 부른다"고 합니다. 아무리 본받지 않으려고 해도 뒤에서 당기는 것이 있습니다. 술을 끊고, 담배를 끊으려고 해도 알코올과 니코틴에 익숙해진 몸이 자꾸 원하는 겁니다. 속된 말로 몸에서 '땡기는' 걸 막을 힘이 없습니다.

큐티를 하면서 '이것은 끊고, 저것은 본받지 말아야지' 하고 매일 적용해도 아직 세상 속에 살고 있어서 본받지 않기가 참 어렵습니다. 세상에 속해 살면서 세상을 거부하는 것은 사람의 힘으로는 불가능합니다.

내 힘으로는 세상을 거부할 수가 없는 걸 잘 아시고, 하나님은 어쩔 수 없는 겸손한 환경 가운데 우리를 두십니다. 사무엘하 9장에는 사울의 손자, 요나단의 아들인 므비보셋의 이야기가 나옵니다. 다윗 왕국이 세워지면서 사울 가문의 사람들이 다 죽임을 당하는데, 오직 한 사람 므비보셋만이 살아남습니다.

다윗을 만난 므비보셋은 자기 자신을 "죽은 개 같은 나"(삼하 9:8)라고 표현합니다. 자신이 아무것도 할 수 없는 비천한 존재라는 고백에서 출발하는 겸손이 진짜 겸손입니다. 비천함을 경험해 보지 않은 사람은 겸손을 논할 자격이 없습니다. 비천한 환경이야말로 이 세대를 본받지 않도록 하나님이 막아 주신 환경입니다.

이스라엘 백성들은 세계 최고의 문명을 자랑하는 애굽에서 400년 동안 종노릇을 했습니다. 400년을 잡혀 있었습니다. 우리 삶에도 계속 나를 붙잡는 것이 있습니다. 구원을 받았지만 강퍅한 최고 권력자 바로 같은 돈과 명예, 각종 중독들이 나를 사로잡습니다. "나는 이제 다 끊었어. 세상 욕심 다 끊었어" 해도 열 가지 재앙을 거쳐야 겨우 애굽에서 나올 수 있습니다. 하지만 이것으로 끝이 아닙니다.

애굽에서 나왔다고 이스라엘 백성들이 약속의 땅 가나안으로 곧장 들어갔습니까? 그러지 못했습니다. 400년 동안 애굽에서 본받았던 것, 물들었던 것을 털어 내기 위해 40년 광야 생활이 필요했습니다. 본받을 것이 아무것도 없게 하셔서 하나님만 의지하게 하시는 것이 광야 훈련입니다. 하나님이 나에게 광야와 같은 환경을 허락하신 것은 이 세대를 본받지 않도록 막아 주시기 위한 하나님의 배려입니다. 하나님은 나보다 나를 더 잘 아십니다. 애굽 400년 뒤에 광야 40년의 훈련을 거쳤는데 가나안에 들어가서는 또 가나안을 본받고 있으니까 바벨론 포로로 보내셨습니다. 어떻게든 세상을 본받지 말라고 자꾸 없어지게 하시고, 망하게 하십니다. 그것이 이 세대를 본받지 않게 하시는 최고의 방법입니다.

하지 말아야 할 것에 이어서 우리가 적극적으로 해야 할 것은 '하나님의 선하시고 기뻐하시고 온전하신 뜻이 무엇인지 분별'하는 것입니다. 하나님의 선하신 뜻과 선하지 않으신 뜻이 따로 있는 게 아닙니다. 하나님의 뜻은 무조건 선하시고, 기뻐하시고, 온전하십니다. 왜 이런 일이 왔는지 도무지 뜻을 알 수 없는 사건도 무조건 선하시고, 기뻐하시고, 온전하게 하신 사건입니다.

그것을 깨닫기 위해 날마다 마음을 새롭게 하고 하나님의 뜻을 분별하는 것이 큐티, 말씀 묵상입니다. 거울을 안 닦으면 내 모습이 뿌옇게 보이듯 날마다 말씀으로 마음을 닦아야 합니다. 말씀으로 마음을 새롭게 하는 것이 하나님의 선하시고 기뻐하시고 온전하신 뜻을 분별하는 방법입니다.

'마음을 새롭게 함으로 변화를 받아'는 수동태입니다. 내 마음도 내 마음대로 못 합니다. 하나님이 바꿔 주셔야 합니다. 몸에 탈이 나면 의사의 처방을 받듯이 마음에 탈이 나면 하나님의 진단과 처방이 필요합니다. 우리들교회에서는 "말씀으로 처방을 받는다"는 표현을 자주 쓰고 있습니다. 성경으로 내 자신을 진단하고, 하나님의 처방을 받고, 그래서 마음에 변화를 받는 것이 큐티의 능력입니다.

예전에 들은 이야기인데 목사님들이 단체로 이스라엘 성지순례를 가서 아침에 갈릴리 호수에서 예배를 드리고 거기에서 다들 소변을 봤다고 합니다. 또 다 같이 통성기도를 하고는 감람나무 잎을 뜯어 옵니다. 관광객 중에서 한국 목사님들이 제일 많이 뜯어 온다고 합니다. 이스라엘의 다이아몬드 값이 싸다고 밀수로 들여오는 분도 있다고 들었습니다.

해외에서만 그러는 게 아니라 산기도로 유명한 삼각산에서도 세계 선교를 위해 눈물 흘리며 기도하고 나서는 쓰레기 보따리는 다 그냥 놓고 내려온다고 합니다. 건축 허가가 안 나오는 땅을 사 놓고는 교회 건축을 하게 해 달라고 기도하고, 무허가 건물을 지어 놓고 철거를 당하면 금식을 하면서 사탄을 물리쳐 달라고 기도합니다.

왜 그럴까요? 영적 예배가 안 되기 때문입니다. 예배당에 모여서 기도하고 금식한다고 이 세대를 본받지 않는 게 가능합니까? 이 세대를 본받지 않기 위해서는 반드시 치러야 할 대가가 있습니다.

우리들교회 김 집사님은 직장을 구하면서 연봉이고 뭐고 상관없이 수요예배 참석을 위해 근무 시간을 앞당길 수 있는 조건만 걸었다고 합니다. 무조건 일찍 퇴근하겠다는 게 아니라 예배가 있는 날은 남보다 일찍 출근해서 주어진 업무를 다하겠다는 겁니다. 이렇듯 주일예배, 공예배만 예배가 아니라 그 예배를 방해 받지 않도록 일주일을 정직하고 성실하게 사는 것이 진정한 영적 예배입니다.

———

문화와 패션의 유행, 입시 공부의 유행을 좇아 열심히 이 세대를 본받고 있습니까? 남들이 다 하니까 나도 해야 한다고, 배우자 외의 애인 만들기에 동참(?)하고 있지는 않습니까? 이 세대를 본받지 말라고 내게 정신이 번쩍 드는 사건이 찾아왔다는 걸 깨달았습니까? 그렇다면 그 사건에서 분별하고 깨달아야 할 하나님의 뜻은 무엇입니까?

우리 삶의 어디에나 하나님의 뜻이 있습니다. 아파도, 부도가 나도, 배신을 당해 죽게 돼도 거기서 내가 만난 하나님을 전하면 그것이 하나님의 선하시고 기뻐하시고 온전하신 뜻입니다. 그것이 사명입니다.

암에 걸린 사람만이, 부도를 경험한 사람만이 감당할 수 있는 사명이 있습니다. 어떤 경우에도 그 사람만이 감당할 수 있는 사명이 있습니다. 그 자리에서 하나님의 지혜와 지식의 풍성함을 전하라는 것입니다.

내 힘으로는 형제를 사랑할 수 없습니다. 하나님의 뜻을 분별해서 마음에 변화를 받고, 이 세대를 본받지 않는 것도 내 힘으로는 할 수 없습니다. 돈이 없고, 병에 걸려서 본받고 싶어도 본받을 수 없는 환경에 있다면 그것이 은혜입니다. "눈만 뜨면 이 세대를 본받고 있고, 본받고 싶어 하는 나를 웬 은혜로 십자가에 달려 있게 하시는가! '그러므로'의 삶을 살게 하시는가!" 입이 다물어질 수밖에 없는 하나님의 사랑입니다.

말씀으로 기도하기

하나님! 저희가 믿음으로 의롭게 되었습니다. 아무 공로가 없는 나를 주님이 택해 주셨습니다. '그러므로' 이제 나를 위해 죽어 주신 예수님 때문에 나도 형제들을 위해서 죽어져야 하지 않겠습니까? 하나님이 기뻐하시는 거룩한 산 제물로 내 몸을 드려야 하지 않겠습니까? 날마다 죽은 제사를 드리는 우리를 용서하여 주옵소서. 영적 예배를 드리려고 와서도 육적 예배를 드리고 있는 저를 불쌍히 여겨 주옵소서.

목이 곧은 제게 자비하심과 인내하심으로 권하신 주님처럼 사랑과 인내로 권하는 자가 되기 원합니다. 곳곳에서 영적으로 육적으로 죽어 가는 사람들을 어떻게 구원으로 인도할까, 그 일을 내 사명으로 알고 애통함을 갖게 하옵소서. 그들이 살아날 수 있도록 날마다 자비한 삶과 섬김으로 권면하게 하시고, 죽어지는 제물이 되어서 하나님이 기뻐하시는 산 제사를 드릴 수 있도록 축복하여 주옵소서.

하나님의 선하시고 기뻐하시고 온전하신 뜻을 분별하기 위해서 마음으로 변화를 받고 이 세대를 본받지 말라고 하시는데 저는 너무나도 이 세대를 본받고 싶습니다. 눈만 뜨면 본받고 싶어서 갈등할 일들이 있습니다. 이렇게 연약하기 때문에 이 세대를 본받지 않게 하시려고 막아 주신 환경이 있음을 감사합니다. 그 환경 때문에 앉으나 서나 부르짖게 하시니 감사합니다. 웬 은혜로 주님만 부르는 인생이 되었는가, 감사합니다.

예수님 이름으로 기도하옵나이다. 아멘.

우리 삶의 어디에나 하나님의 뜻이 있습니다.
아파도, 부도가 나도, 배신을 당해 죽게 돼도
거기서 내가 만난 하나님을 전하면
그것이 하나님의 선하시고 기뻐하시고 온전하신 뜻입니다.
그것이 사명입니다.

공동체 고백

내 속의 진짜 적

저는 17년째 별거 중입니다. 예수님을 모르는 친정 부모님과 주변 사람들은 별거 17년이라고 하면 "차라리 이혼하는 게 낫지 왜 그러고 사느냐", "한 살이라도 젊을 때 좋은 사람을 만나 새 출발을 하지 그러다 아까운 세월 다 간다"고 말하며 안타까워합니다. 저 또한 '그러므로 형제들아'라고 불러 주며 사랑과 인내로 끊임없이 권면해 주는 공동체가 없었다면, 환경을 바꾸고 사람을 바꾸면서 내 기쁨을 좇아 구원과는 상관없이 허무한 삶을 살았을 것입니다(롬 12:1).

저는 예수님을 모르는 가정에서 태어났습니다. 아버지의 잇따른 사업 실패로 엄마가 생계를 책임지시게 되자 날마다 부모님 사이에 싸움이 그치지 않았습니다. 저는 그 가운데서 눈치를 보며 겉으로는 착한 딸로 자랐습니다. 엄마를 고생시키는 아버지를 속으로 미워하며 다혈질인 아버지가 빨리 죽었으면 좋겠다고도 생각했습니다. 부모님이 경제적 이유로 가장 많이 싸우셨기에, 어린 마음에 돈을 많이 벌어 엄마를 편하게 해 주고 싶다는 생각을 했습니다. 그렇게 저의 키와 생각이 자라는 만큼 물질 우상도 함께 자라났습니다. 오직 예수 그리스도 아는 지식에서 자라가야 하는데(벧후 3:18), 이 세대를 본받으며 예수님을 모르는 부모님의 삶을 저 또한 똑같이 닮아 갔습니다(롬 12:2).

그런데 대학 졸업 후 외국계 회사를 다니며 내 능력으로 '이루었도다'의 삶을 살던 어느 날, 집에 침입한 강도에게 성폭행을 당하는 사건이 일어났습니다. 이 일로 제 마음속에는 강한 피해의식과 세상을 향한 분노가 쌓여 갔습니다. 이 일은 누구에게도 말하지 못할, 무덤까지 가져갈 수치스러운 상처와 비밀이 되어 나날이 우울은 깊어졌습니다. '어떻게 이런 일이 내게 일어날 수 있느냐'고 하나님께 따지고자 찾아간 교회에서 세례까지 받았지만, 말씀으로 삶이 해석되지 않으니 몇 달 후 교회에 발길을 끊게 되었습니다.

그러다 세상 가치관에 젖어 목이 곧아져 버린 저의 실체가 결혼생활을 통해 드러났습니다. 저는 직장을 다니며 돈을 번다는 이유로 내 목소리를 내고 아내 역할을 무기 삼아 남편을 거절했습니다. 내가 손해 보는 것 같은 결혼생활이 억울했고, 교만과 이기심으로 아내, 엄마, 며느리의 제자리를 지키지 못하고 결국 제 욕심으로 별거를 시작했습니다.

그런데 혼자 살면 편해지리라 생각하며 시작한 별거생활은 떨어져 사는 아들이 보고 싶어 마음이 녹는 고통의 시간이었습니다. 그러다 설교 방송을 보고 말씀이 있는 공동체에 등록하게 되었고, 진짜 적은 외부가 아니라 내 속에 있음을 알게 되었습니다. 날마다 말씀 묵상을 통해 질서에 불순종하는 교만, 이기심, 피해의식, 거짓, 탐심을 회개하게 하셨습니다. 남편에게도 무릎 꿇고 사과하고 진심으로 용서를 구하는 편지도 전했습니다.

그러나 남편은 여전히 "7년의 결혼생활이 너무 힘들었기에 재결합하고 싶지 않다"고 합니다. 그럴 때마다 좌절과 거절의 아픔을 겪지만, 내 힘으로 안 되는 일을 통해 저를 깊은 회개로 견인하시고 가족 구원의 지경을 넓혀 가시는 주님의 뜻을 알아가게 하십니다. 내 고난보다 죄가 더 무거운 죄인이지만, 겸손하라고 주신 이 환경에서 주님만 의지하고 부르짖으며 제가 하나님이 기뻐하시는 산 제사로 드려지는 사명을 잘 감당하기를 기도합니다(롬 12:1).

지혜로운 생각 세 가지

로마서 12:3~8

오늘의 사건 속에서 지혜롭게 생각할 수 있도록 저에게 말씀하여 주옵소서.
주님의 말씀만이 모든 문제의 해답인 것을 믿사오니 성령님 함께하여 주옵소서.
예수님 이름으로 기도하옵나이다. 아멘.

미국의 미식축구 선수 O.J. 심슨은 우리나라에도 잘 알려진 스타 선수였습니다. 캘리포니아의 빈민가에서 태어난 그의 소원은 당시 최고의 미식축구 선수였던 짐 브라운처럼 되는 것이었습니다. 그를 찾아가 사인을 받으면서 꼭 그 사람처럼 되겠다고 약속을 했습니다. 하지만 그의 환경은 너무나 열악했습니다. 영양실조로 구루병을 얻어서 활처럼 휘어진 앙상한 다리를 쇠로 만든 부목으로 지탱할 만큼 어렵게 살았습니다. 그런 상황에서도 반드시 미식축구 선수가 되어 짐 브라운이 가진 최고 기록을 갱신하겠다고 마음 먹었고 결국 꿈을 이루었습니다. 최고의 미식축구 선수로, 영화에도 출연하는 국민 스타로 인기와 성공을 누렸습니다.

그러나 1994년, O.J. 심슨의 명성은 하루아침에 무너졌습니다. 백인 아내와 그 정부를 살해한 혐의로 1,500만 달러의 배상금을 물어야 했고 집은 경매로 넘어갔습니다. 수년에 걸친 재판 끝에 무죄 선고를 받았지만 세상은 그를 아내를 죽인 살인자라고 말합니다.

O.J. 심슨은 꿈을 이룬 사람일까요? 어려운 환경 속에서도 꿈을 품고, 그 꿈이 이루어질 날을 생각하며 열심히 살았는데 그는 왜 '살인자'라는 오명을 갖게 되었을까요?

내 주제에 맞는 생각

내게 주신 은혜로 말미암아 너희 각 사람에게 말하노니 마땅히 생각할 그 이상의 생각을 품지 말고_롬 12:3a

마태복음 6장 26절에는 "공중의 새를 보라"고 하시는데, 새를 보면 성경 말씀이 써 있습니까? 그런데 왜 공중의 새를 보라고 하실까요? '보라'는 것은 '생각하라'는 것입니다.

시집살이에 고달픈 새댁이라면 공중의 새를 보면서 '너는 자유로워서 좋겠다' 생각할 것입니다. 믿음이 시원치 않은 남자들은 새를 보면서 '고거 참 오동통하니 안줏감으로는 딱이네' 할 것입니다. 보는 것은 같아도 지금 내 속에 무엇이 채워져 있느냐에 따라서 우리는 각자 생각합니다.

그런데 3절의 원문을 보면 주님은 특히 '자신에 관하여' 마땅히 생각할 그 이상의 생각을 품지 말라고 하십니다. 나에 대한 과대평가도, 열등감으로 인한 과소평가도 품지 말라고 합니다.

몇 년 전 북한을 방문했을 때 우리나라의 국립도서관이라고 할 수 있는 인민대학습당이라는 곳에 갔습니다. 건물 안 곳곳에 다음과 같은 표어가 걸려 있었습니다.

"동무들은 잠을 자도 김정일 동지에 대한 꿈을 꾸어야 하고, 일을 하나 하여도 김정일 동지가 좋아하는 일을 해야 하며, 걸음을 걸어도 김정일 동지가 가리킨 길로만 가야 합니다", "당이 결심하면 우리는 한다", "김일성 원수님만 있다면 두려울 것 없어라", "김일성 동지는 영원히 우리와 함께 계신다", "총폭탄 결사옹위. 자폭정신." 그리고 김일성 주체탑에는 "인간이 모든 것의 주인"이라는 글귀가 적혀 있습니다. 내가 주체가 되어서 마땅히 생각할 그 이상의 생각을 하는 것이 주체사상입니다. 그러나 그것은 월권입니다. 내가 하나님 자리에 앉아 있는 것입니다.

하지만 주체사상을 평생 듣고 보고 배운 북한 사람들은 그것을 잘 모릅니다. 안내를 하던 북한 분이 김일성의 실물을 재현해 놓은 밀랍 인형을 보고는 눈물을 흘렸습니다. 왜 우시느냐고 물었더니 너무 감사해서 눈물을 흘린다고 했습니다.

어떤 상점의 안내원은 마치 우리가 큐티를 하듯이 매일 아침마다 김일성의 교훈을 적고 있었습니다. 시멘트 포대처럼 질도 안 좋은 공책에 깨알같이 적어 놓은 것이 하도 신기해서 돈을 줄 테니 팔라고 해 보았습니다. 그랬더니 우리가 성경책을 귀하게 여기는 것처럼 그 공책은 절대 못 판다고 합니다.

인민대학습당에는 3천만 부의 도서가 있다고 하는데, 거의 대부분이 주체사상 서적이거나 김일성 연구서입니다. 김일성대학의 학생들이 와서 공부를 하고 있기에 무엇을 공부하나 봤더니 김일성 교양학습서를 열심히 공부하고 있었습니다. 경제학 교수님을 한 분 만났는데 질문을 하라고 해서 남측

일행 중에 어떤 분이 "북한에서는 거시 경제와 미시 경제를 어떻게 분석하는가"를 물었습니다. 그랬더니 "우리는 그런 건 모른다"고 합니다.

저같이 살림만 하던 사람도 가는 곳마다 '여기에 라면 공장이라도 세우면 도움이 될 텐데, 여기에 발전소라도 세우지' 이런 생각이 들었는데 아무도 그런 생각을 못 하는가 봅니다. 오직 수령님과 지도자 동지 생각, 그들이 세워 놓은 우상의 생각을 하느라고 마땅히 해야 할 생각을 못 하고 있었습니다. 신문을 봐도 날마다 김일성 원수님, 텔레비전을 봐도 김일성 원수님, 오직 김일성을 숭배하고 묵상하는 그들을 보면서 안타까운 마음으로 돌아왔습니다.

우리가 의도하든, 의도하지 않든 우리는 우리가 듣고 보는 것의 영향을 받습니다. 그러한 모든 것에서 우리의 생각을 온전히 바꾸실 수 있는 분은 오직 하나님밖에 없습니다.

주식으로 대박 낼 생각, 동료를 밀어내고 승진할 생각, 일상을 벗어나 쾌락을 즐길 생각, 현실과 상관없는 그 이상의 생각을 하고 있습니까? 내가 지금 처한 상황에서 마땅히 해야 할 생각은 무엇입니까? 하나님의 말씀을 읽고 듣고 묵상하며 구원 받은 자로서 마땅히 해야 할 생각들을 채우고 있습니까?

냉정하게 생각하라

오직 하나님께서 각 사람에게 나누어 주신 믿음의 분량대로 지혜롭게 생각하라_롬 12:3b

'믿음의 분량'은 내가 조절할 수 없습니다. 철저히 하나님의 판단에 의한 것입니다. '믿음의 분량대로'를 원문대로 번역하면 '똑똑한 정신을 가지고 냉정하게' 생각하라는 뜻입니다. 여기서의 믿음은 구원과 관련된 믿음이라기보다는 하나님을 위해서 일하는 믿음을 말합니다. 은사로서의 직분과 연결되는 개념입니다. 하나님을 위해 은사대로 일하기 위해서는 먼저 자신을 냉정하게 생각해 볼 필요가 있습니다.

북한에 방문했을 때 여자 목사로서는 첫 방문이라고 제가 주목을 받게 됐습니다. 가는 곳마다 많은 사람들과 인사를 하게 되었는데 다들 저를 나이보다 젊게 봤습니다. 그만큼 남쪽에서 호강하고 산 덕분이겠죠. 그런 말을 들으니 괜히 미안하고 마음이 아팠습니다.

아무튼 사람들이 젊게 본다고 제가 진짜 나이를 무시하려고 한다면 얼마나 불행하겠습니까? 80세가 넘은 명사의 부인이 신문 인터뷰를 하는데 사진을 찍자고 했더니 거절하면서 20대 시절 사진을 실어 달라고 했답니다. 유명한 배우 그레타 가르보도 늙는 모습을 보이지 않으려고 나이가 든 뒤에는 은둔 생활을 했습니다. 외모로 인정을 받던 사람일수록 늙어 가는 것을 인정하기가 더 어려울 수 있습니다.

하지만 과거의 영광에 연연하지 말고 지금의 나를 인정해야 합니다. 아픈 것도 인정하고 늙은 것도 인정하십시오. 푸르던 나뭇잎도 늙으면 떨어져야 합니다. 낙엽이 안 떨어지고 계속 붙어 있으면 나무의 생명에 해가 됩니다. 힘들어도 자신이 처한 상황과 스스로에 대해서 냉정하게 바라보는 것이 필요합니다. 망한 것도 인정하십시오. 죄를 지은 것도 인정하십시오. 그것이 믿음의 분량대로 생각하는 것입니다.

몇 해 전 이화여대 입학생인 최빛나 양의 기사가 신문에 실렸습니다. 빛나 양은 하루에도 몇 차례씩 정신을 잃는 뇌 질환을 앓고 있었습니다. 초등학교 5학년 때 5톤 화물차에 치어 뇌 속의 해마가 손상이 됐는데, 그때는 증상이 나타나지 않다가 어느 날 발작을 하기 시작했고, 고등학교 3학년이 되면서부터는 하루 열 차례씩 발작을 하고 병원에서 간질 판정을 받았습니다.

그런 빛나 양에게 고3 시절 하루 4시간만 자고 공부를 한다는 것은 사치스러운 일이었습니다. 그치지 않는 발작 증세 때문에 늘 긴장해야 했고, 그 대신 쉬거나 이동하는 시간에 열심히 공부에 집중했습니다. 그 결과 미국의 시카고 대학, 에모리 대학, 밴더빌 대학 등 여섯 개 대학의 합격증을 받았지만 빛나 양은 한국의 이화여대를 택했습니다. 그리고 이렇게 말했습니다.

"사람들은 고난이 닥쳐올까 두려워서 점(占)을 보지요. 저는 고난이 이미 다가와서 마음이 편합니다. 그로 인해 제 삶이 더 소중해졌고 장애인이나 사회 소수자들의 고난도 볼 수 있게 되었습니다."

사고로 간질이 와도, 힘든 입시에서 남보다 불리한 상황에 있어도 있는 그대로의 상황과 자기 자신을 인정할 때 평안과 능력이 있습니다. 밤낮 '나는 이러고 있을 사람이 아니야. 내가 왜 이렇게 살아야 해?' 이런 생각만 하고 있다면 어떤 응답도 얻을 수 없습니다. 자신을 인정하지 않고 드리는 기도와 간구는 하나님이 기뻐하시지 않습니다. 자기 주제를 인정하지 않는 노력은 아무리 애써도 허공을 치는 것입니다.

―

인정하기 싫은 내 신분, 직업, 학벌이 있습니까? 인정할 수 없는 나의 장애, 자식의 장애가 있습니까? 조금 모자란 듯해도 내 분량대로 사는 것이 최고의 지혜임을 믿습니까?

은사에 대한 바른 생각

우리가 한 몸에 많은 지체를 가졌으나 모든 지체가 같은 기능을 가진 것이 아니니 이와 같이 우리 많은 사람이 그리스도 안에서 한 몸이 되어 서로 지체가 되었느니라_롬 12:4~5

교회는 그리스도의 몸입니다(엡 1:23). "이웃을 내 몸같이 사랑하라"고 하셨는데, 교회는 '내 몸같이'가 아니라 '내 몸 자체'라고 하십니다. 이웃보다 먼저 섬겨야 할 곳이 교회입니다. 가족 사랑, 이웃 사랑도 교회에서 시작됩니다. 교회 안에서 사랑을 실천하지 못한다면 어디에서도 사랑을 실천할 수 없습니다. 선교를 해도 교회에서부터 시작해야 합니다. 그 어느 곳보다 다양한 사람들이 모인 곳이 교회이기 때문입니다. 출신 지역이 다르고, 경제적 수준이 다르고, 학력이 다른 사람들이 모인 곳이 교회입니다. 또한 헌신적인 사람, 비판적인 사람, 믿음이 성숙한 사람, 설교 때마다 조는 사람, 온갖 사람이 다 모인 곳이 교회입니다.

혹시 비슷한 사람끼리만 모인 교회가 있다면 문제가 심각한 겁니다. 북한에 가 보니 모든 것이 획일화되어 있었습니다. 그림도, 음악도 주제가 모두 '위대한 수령님' 한 가지입니다.

교회가 위대한 이유는 그리스도 안에서 다양한 사람들이 모여서 다양한 역할을 하고 있기 때문입니다. 어울릴 수 없을 것 같은 사람들, 사랑할 수 없을 것 같은 사람들이 한 몸이 되어 같이 아파하고 같이 기뻐하는 것이 교회의 능력입니다.

각각의 은사를 받은 사람들이 모여서 한 몸이 되었는데, 하나님은 각자에게 가장 적합한 역할을 주십니다.

우리 몸을 생각해 보십시오. 지체 중에서 발은 늘 감추어져 있습니다. 가장 낮은 곳에서 다른 지체들을 지탱해 주고, 옮겨 주고, 험한 일은 다 하면서 드러나지 않습니다. 또한 뇌, 심장, 위장, 간 등 우리 생명과 직결된 장기들도 모두 감추어져 있습니다.

밖으로 드러나는 지체는 얼굴과 손 정도입니다. 온몸의 지체들이 각각 수고를 해도 영광은 얼굴이 다 받습니다. 성대와 입을 이용해 노래를 불러도 신문에는 얼굴이 납니다. 입만 찍혀서 나오는 법은 없습니다. 축구선수가 발로 뛰어다니며 축구를 해도 신문에 축구선수의 발만 나오는 법은 없습니다.

그렇다고 발이 할 일을 안 하고 파업을 합니까? 얼굴만큼 인정을 못 받는다고 장기들이 파업을 합니까? 얼굴이 드러나서 모든 영광을 혼자 다 받는다고 해도 사실 얼굴만큼 노출의 위험이 큰 것도 없습니다. 어느 공동체에서든 높은 자리에 있는 사람이 영광도 많이 받겠지만 그만큼 책임 부담이 큰 것과 마찬가지입니다.

얼굴의 역할을 하든지 발의 역할을 하든지 한 몸이 된 지체는 모든 것을 함께합니다. 눈이 아름다운 것을 보면 온몸이 함께 즐겁습니다. 다른 몸을 가진 사람은 뼈가 부러져도 느끼지 못하는 아픔을, 한 몸에 있기 때문에 가시 하나가 박혀도 함께 느끼고 함께 아파합니다.

서로 기뻐하고, 서로 즐거워하고, 서로 슬퍼하는 것이 지체인데 얼굴이 영광 받는다고 혼자 커 버리고, 엄지손가락이 중요하다고 혼자 있는 대로 자라 버리면 기형이 됩니다. 세포 중에서도 다른 세포와 관계없이 제멋대로 크는 것이 암세포입니다. 혼자 잘난 척을 하면 자신도 죽고, 몸을 죽이고, 집안을 죽이고, 교회를 죽입니다.

이 땅에서 잠시 어떤 은사를 가지고 어떤 역할을 하든지 그것은 하나님이 주신 성직(聖職)입니다. 드러나서 영광을 받는 얼굴의 역할도 성직이고, 평생 드러나지 않는 맹장도 성직입니다. 신체의 각 기관이 건강할 때 온몸이 건강하고 가정이 건강해지는 것처럼, 각자 은사대로 맡겨진 역할에 최선을 다할 때 교회가 건강해지고, 사회와 나라가 건강해집니다. 이것이 은사에 대한 바른 생각입니다.

혹 예언이면 믿음의 분수대로, 혹 섬기는 일이면 섬기는 일로, 혹 가르치는 자면 가르치는 일로, 혹 위로하는 자면 위로하는 일로, 구제하는 자는 성실함으로, 다스리는 자는 부지런함으로, 긍휼을 베푸는 자는 즐거움으로 할 것이니라_롬 12:6b~8

예언에는 초자연적인 예언도 있지만 여기서 예언은 하나님의 말씀을 깊이 깨닫고, 그 말씀을 많은 사람에게 가르치며 전파하는 것을 말합니다. 복음을 전하는 전도도 예언이고 설교도 예언이라고 할 수 있습니다.

그런데 믿음의 분수를 넘어서 예언의 은사를 받았다는 사람이 문제를 일으킵니다. "깊은 산속에서 기도 생활을 한 사람이 있는데 그 사람에게 기도를 받고 아파트를 샀더니 집값이 올랐다", "기도를 받고 어느 학교에 원서를 냈더니 합격을 했다" 이런 이야기를 하는 사람이 있습니다. 실제로 그 사람에게 기도를 받고 주식을 샀다가 쫄딱 망한 사람도 있는데 그래도 여전히 기도를 받으러 다닙니다.

그런 예언은 무당을 찾아다니는 것과 다를 게 없습니다. 성령님의 은사를 받은 우리는 모두 예언자라고 할 수 있습니다. 목사로서 강단에 올라 말씀을 선포하는 것도 특별한 은사지만, 각자 말씀을 묵상하고 그 말씀을 실천하고 전하는 것도 예언의 은사입니다.

가장 확실한 예언은 성경 말씀대로 겸손하게 하나님의 뜻을 구하는 것입니다. "믿음의 분량대로 하라"고 하신 것처럼 자기 분수를 모르는 사람은 절대로 장래 일을 알 수 없습니다. 하나님을 넘어서서 자기 뜻대로 사는 사람이 어떻게 하나님의 뜻을 알 수 있겠습니까? 하나님은 겸손한 자에게 무엇이든 알려 주시고 깨닫게 하십니다.

섬기는 일은 자신에게 책임이 없어도 보살피고 도와주는 것입니다. 원어로 보면 '디아코노스'라고 종의 입장, 어머니의 입장에서 주는 섬김입니다. 종이나 어머니는 자기 입맛을 따지지 않습니다. 항상 상대방의 입장에서 생각하는 것이 섬김입니다.

저는 교회 다니면서 제일 불쌍한 사람이 와서 예배만 드리고 그냥 가는 사람이라고 생각합니다. 도움을 받는 사람이 불쌍한 게 아니라 남에게 도움을 줄 줄 모르는 사람이 진짜 불쌍한 사람입니다. 안내, 주차, 청소, 쓰레기 분리수거, 식당 봉사 등등 교회마다 섬기고 도울 일이 얼마나 많은지 모릅니다.

요즘처럼 주차난이 심각한 때는 주차 봉사도 무척 힘든 일입니다. 새 신자나 장애인들을 위해 출입이 편한 자리를 마련해 놓으면 얼른 그 자리에 차를 대는 사람도 있다고 합니다. 수차례 부탁하고 이야기를 해도 예배 끝나자마자 일등으로 나가려고 꼭 그 자리에 댄다는 겁니다. 똑같은 이야기를 수없이 하려니 주차위원도 보통 어려운 일이 아닙니다. 그래서 어떤 교회에서는 임직자를 뽑을 때 주차 봉사 경력이 몇 년인지를 먼저 묻는다고도 합니다.

가르치는 일은 지식의 전달이 아니라 삶의 본을 보이며 도전을 주는 것입니다. '위로한다'는 것은 영어 성경을 보면 'encourage' 누군가를 격려하고 북돋아 주는 일입니다. 내가 하나님의 위로를 경험한 만큼 다른 사람을 세워 주는 귀한 일입니다.

구제하는 일은 특히 성실함으로 하라고 하십니다. 북한에 가서 느낀 것 중에 하나가 그들을 성실하게 구제하기가 어렵다는 것입니다. 대가를 바라지 않고 끊임없이 퍼 주어야 하고, 그러다 무슨 일 하나라도 걸리면 문을 닫아 버리기 때문에 구제를 하면서 지치기가 쉽습니다.

많은 기독교 단체들이 오랫동안 북한을 돕고 있는데 아무 계산 없이 순수한 마음으로 해도 툭하면 들어온다, 못 들어온다 애를 태웁니다. 농가에 비닐하우스를 지어 주고, 국수공장, 빵공장, 김치공장, 탁아소를 지어 주는데 그것도 우리가 사정을 해서 지어 줍니다. 우리가 지어 줬다고 이름을 걸 수도 없습니다. 생색도 낼 수 없는 그 일을 하나님의 은혜가 아니면 어떻게 성실하게 할 수 있겠습니까?

내가 도울 이유가 없는 대상인데도 반복해서 퍼 주고, 또 퍼 주는 것이 성실하게 구제하는 것입니다. 고마운 것도 모르고, 도리어 사정을 해서 구제를 하더라도 언젠가는 그 성실함을 보고 돌이킬 것입니다. 우리가 북한을 위해 하는 일이 너무나 미약하지만 그래도 성실하게 구제해야 합니다.

어느새 북한도 많이 달라졌습니다. 몇 년 전 분유를 보내면서 '한국기독교'라는 표지를 붙여서 보냈는데 방문해서 보니까 분유통에 '한국기독교'가 그대로 붙어 있었습니다. 그 분유를 먹고 자란 아이들이 '한국기독교'를 기억하고 교회에 찾아올 날을 기대합니다. 그 소망을 가지고 통일이 되는 그날까지 우리는 간, 쓸개 다 내놓고 구제를 해야 합니다.

또한 다스리는 자는 부지런함으로 하라고 하십니다. 자신을 잘 다스려서 부지런하게 사는 사람은 저절로 남을 다스리게 됩니다.

긍휼은 창자가 끊어질듯이 아파하면서 불쌍히 여기는 것인데 이것을 즐거움으로 하라고 하십니다. 남을 위해 아파하되 그것을 즐겁게 하라는 것은 역설적인 표현 아닙니까? 내 욕심 때문이 아니라 남을 위해 흘리는 눈물에는 반드시 기쁨이 있습니다. 물질의 구제도 즐거운 일이지만 낙심하고 지친 자를 돕는 것은 비교할 수 없는 즐거움입니다.

이렇게 각자 은사대로 쓰임을 받는데, 그렇다면 내 은사는 어떻게 발견할 수 있을까요?

첫 번째는 남보다 잘할 수 있는 것을 찾아내십시오. 성격이 급한 사람은 급한 사람대로 열심히 뛰어다니십시오. 얌전한 사람은 얌전한 대로 묵묵히 중보기도를 하십시오. 남의 은사에 대해 부러워할 필요도, 무시할 필요도 없습니다. 내가 잘하는 것을 하면 됩니다.

두 번째는 그 일을 기쁨으로 할 수 있어야 합니다. 기쁨이 없으면 열정이 없기 때문에 오래 못 합니다. 열정이 없으면 지속적으로 하기도 어렵고, 일을 개발하거나 발전시키기도 어렵습니다.

세 번째는 열매가 있어야 합니다. 내 만족이 아니라 복음과 교회와 하나님 나라를 위한 열매가 없다면 그것은 은사라고 할 수 없습니다. 아무리 내게 기쁨이 되고 잘할 수 있는 일이어도 열매가 없다면 그 일은 해서는 안 되는 일입니다. 나무가 열매를 맺어도 그 열매는 나무가 먹는 게 아닙니다. 다른 사람들이 먹는 것입니다. 그래도 기쁜 것이 은사입니다.

그래서 이 은사는 고난을 통과해야 발견됩니다. 밀알이 되어 죽어지고 썩어져서 열매가 맺힐 때까지, 그만큼의 시간과 훈련이 있어야 은사를 알 수 있습니다.

저는 평생 피아노를 공부하고 가르쳤습니다. 피아노를 위해 모든 생활을 절제하고, 하루도 빠뜨리지 않고 열심히 연습하고 가르쳤습니다. 그것이 저에게 은사인 줄 알았습니다. 그러나 그것은 재주일 뿐 은사는 아니었습니다. 학생들을 가르치면서는 돈과 연관이 되니까 기쁨이 없었죠. 학생들이 좋은 성적을 내고, 원하는 대학에 들어가도 제게는 큰 기쁨은 아니었습니다.

그런데 복음을 전하고 성경을 가르치는 것은 종일 해도 지치지 않습니다. 예배와 나눔 시간을 생각하면 열정이 생기고 밥을 안 먹어도 힘이 납니다. 누구도 말릴 수 없는 즐거움이 있습니다.

돈과 상관없이 기쁜 일을 찾으려면 하나님의 은혜가 필요합니다. 내게 주신 은사가 얼굴의 역할이든지 발의 역할이든지 하나님을 기쁘시게 하고, 남을 기쁘게 하고, 나도 기쁠 수 있는 일이 최고의 은사입니다.

———

내가 받은 은사는 무엇입니까? 대단하게 튀는 능력이 아니라도 내가 할 줄 아는 기술과 지식, 솜씨들이 하나님이 내게 특별히 주신 진정한 은사임을 알고 있습니까? 내 은사가 하나님을 위해, 다른 사람들을 위해 쓰이고 있습니까?

말씀으로 기도하기

아버지 하나님! 믿음으로 의롭게 되었다면 마땅히 생각할 그 이상의 생각을 하지 말라고 하십니다. 내가 죄인이며, 내 힘으로는 아무것도 할 수 없음을 인정하라고 하십니다. 그것이 믿음의 분량대로 하는 생각임을 알았습니다.

하나님에 대해 월권을 하는 교만함을 버리고 마땅히 해야 할 생각을 하기 원합니다. 내 힘으로 무언가를 할 수 있다는, 이렇게 살아서는 안 된다는 어리석은 생각을 버리고 내 자신을 냉정하게 바라보며 지혜로운 생각을 하게 하옵소서.

나의 부족함으로 인해 하나님이 한 몸이 되게 하시고 서로를 채우게 하신 지체들이 있습니다. 얼굴 역할이든지, 맹장 역할이든지, 한 몸이 되어 함께 아파하고 함께 기뻐하는 지체들이 있음을 감사합니다. 주님께서 주신 은사는 모두 주님을 위해 쓰라고 주신 것입니다. 그러므로 어떤 은사와 역할에도 감사하며 즐거운 마음으로 헌신하기 원합니다.

믿음의 분수를 넘어 예언하지 않게 하시고 겸손하게 말씀으로 주의 뜻을 구하게 하옵소서. 아무 대가가 없고 생색을 낼 수 없어도 성실하게 구제해야 할 식구들이 있습니다. 이웃과 동료와 같은 민족인 북한이 있습니다. 섬겨야 할 책임을 따지지 말고 끊임없이 도우며, 그들의 구원을 위해 긍휼히 여기는 것이 저의 즐거움이 되기를 원합니다. 그것이 가장 지혜로운 생각임을 믿사오니 지금의 환경에서 썩어지는 밀알이 되어 하나님의 열매를 맺게 하옵소서. 예수님 이름으로 기도하옵나이다. 아멘.

공동체 고백

마땅히 해야 할 생각

하나님의 뜻으로 이 땅에 온 우리의 인생 목적이 구원과 거룩임을 몰랐기에 저는 최고가 아니라면 쓸모없는 존재라고만 생각했습니다. 그런 가치관을 따라 예술학교를 들어가고 피아노를 전공하며 대학원까지 나왔는데도 항상 높은 기준을 따라가지 못한다는 열등감 때문에 죽고 싶었습니다. 소위 '사'자 직업을 가진 신랑감들과 선을 보며 나를 높여 줄 것 같은 남편을 선택했지만, 결혼 후 완벽한 남편과는 어울리지 않는 제 모습에 자학하며 거식증에 알코올중독까지 얻었습니다. 그렇게 친정에서도, 시댁에서도 감추고 싶은 혹이 되었다는 수치심과 열등감으로 식구들의 말 한마디에도 상처 받곤 했는데 사실 그 뒤에는 '나는 이렇게 살 사람이 아니라'라는 교만이 있었습니다. 그러나 당시엔 이것을 몰라 그저 인정받지 못하여 자존감이 낮다고만 생각했습니다.

저는 자신을 빛내 줄 것 같은 자격증도 따 보고, 남편과 달리 저를 귀하게 여겨 줄 남자를 찾으며 마땅히 생각해서는 안 될 외도까지 저질렀습니다. 그러다 모든 일이 드러나 이혼하겠다고 하는 남편을 붙잡고자 교회에 오게 되었습니다. 교회 공동체에서 말씀을 듣고 양육을 받으며 하나님이 제게 나누어주신 분량을 인정하지 못하는 불순종과 탐심, 어리석은 생각을 회개하고, 태어나서 처음으로 있는 그대로의 제 모습을 인정할 수 있었습니다(롬 12:3).

또 공동체 안에서 다양한 모양으로 쓰임 받는 성도들을 보며, 한 몸에 있는 지체가 각기 다른 기능을 가진 것처럼 각자가 필요한 역할이며, 다른 사람과는 비교할 수 없는 소중한 존재인데 제가 날마다 모든 사람을 점수 매기고 있었다는 것도 깨닫게 되었습니다(롬 12:4). 저와는 너무 달라 때로는 피하고 싶었던 지체들과 소그룹으로 묶여 함께 말씀을 나누면서 그들의 아픔과 상처를 보게 되었고, 각자 죄를 회개하며 공동체가 하나 되는 것을 경험했습니다. 그 결과 가족들도 서로의 역할과 입장을 존중함으로 가정의 질서를 되찾게 되었습니다(롬 12:5).

또 작은 말 하나도 곱씹으며 나도 남도 죽이던, 쓸모없이 비상하던 저의 기억력이 수많은 사람의 나눔을 기억하고 살펴 그 마음을 위로하고 돕는 은사가 되었습니다. 저의 수많은 정신병원 입원 경력과 상담 치료의 과정들도 중독으로 힘들어하는 지체들에게 나누어 줄 풍성한 약재료가 되었습니다(롬 12:8). 죽도록 연습하여 피아노 건반을 두드리던 실력으로 키보드 자판을 빠르고 성실하게 두드리며 문서 사역을 돕게 되었고, 사람에게 인정받기 위해 취득한 간호조무사 자격증으로 아픈 지체를 도울 수 있었습니다. 사람의 마음을 훔치기 위해 끝까지 포기하지 않고 매달리던 저의 집착까지 하나님께서 전도와 구원의 도구로 사용하셔서 저에게 특별한 은혜를 세어 보게 하셨습니다.

더 잘해야 한다는 나의 기준으로 믿음의 분량을 넘어 교만과 정죄의 죄에 빠졌던 저를 살려 주신 하나님, 감사합니다(롬 12:3). 이제는 나의 만족을 위해 섬기지 않겠습니다. 한 영혼의 구원을 위해 쓰임 받는 감사와 즐거움이 제 삶에 넘치기를 소원합니다. 그러기 위해 하나님의 사랑과 긍휼을 날마다 배우고 닮아 가기를 기도합니다(롬 12:8).

하나님께 몸을 드리는 다섯 가지 방법

로마서 12:9~21

하나님 아버지, 하나님을 사랑합니다. 나의 삶을, 나의 몸을 하나님께 드리기 원합니다.
예수님 이름으로 기도하옵나이다. 아멘.

어떤 고등학생이 시험을 앞두고 전교 10등 안에 들겠다고 목표를 정했습니다. '전교 10등!'이라는 글귀를 책상 앞에 크게 써 붙이고 머리에 띠도딱 둘렀습니다. 그리고 기도를 드립니다. "하나님, 이번 시험에서 전교 10등안에 들게 해 주시옵소서! 그래서 하나님께 영광을 돌리게 하옵소서!!"

전교 10등 안에 드는 것이 하나님께 영광이 될지 어떨지 모르지만, 어머니가 보기에 너무 기특해서 새벽에 차와 과일을 준비해 가지고 방에 들어갔습니다. 공부를 하다 지쳤는지 아이는 책상에 엎드려 잠이 들어 있었습니다. 침대에 눕혀 주고 책상 위를 보니 연습장 가득 빽빽하게 공부한 흔적이 보였습니다. 수학 문제라도 풀어 놓았나 하고 흐뭇해서 들여다봤는데 연습장에는 뜻밖의 내용이 적혀 있었습니다. 한 장도 아닌 수십 장에 '전교 10등'이라는 글씨를 빼곡하게 적어 놓은 것입니다.

이 아이가 우습습니까? 하지만 신앙생활도 이렇게 하는 사람이 많습니다. 전교 10등을 해서 하나님께 영광을 돌리겠다고 했으면 내가 해야 할 일은 공부를 열심히 하는 겁니다. 하나님은 하나님께 영광을 돌리는 구체적인 방법을 우리에게 가르쳐 주십니다. 구체적인 행함으로 내 몸을 드리는 것이 무엇인지 가르쳐 주십니다.

솔직한 사랑

사랑에는 거짓이 없나니_롬 12:9a

거짓은 가식(假飾)과 외식(外飾)이라는 뜻입니다. 배우가 아무리 실감 나게 사랑 연기를 해도 그것은 연기일 뿐입니다. 연기로 누군가를 사랑할 수는 없습니다. 겉으로 완벽하게 표현을 하고, 날마다 사랑한다는 말을 해도 거짓으로 하는 것은 사랑이 아닙니다.

우리는 하나님을 완전하게 사랑할 수 없습니다. 그러나 솔직하게 사랑할 수는 있습니다. 내 모습 이대로 사랑할 수 있습니다.

하나님에 대한 사랑 없이 찬양하고, 말씀 보고, 기도를 한다면 그것은 거짓이고 외식입니다. 한 가족으로 만났어도 이해타산이 개입된 정욕의 사랑을 하면 거짓이 왕 노릇 합니다. 서로를 속이고 거짓말을 하면서 어떻게 사랑한다고 할 수 있겠습니까? 서로를 속이는 사랑은 상처 난 사랑, 병든 사랑, 곪은 사랑입니다.

거짓된 사랑을 어떻게 구별할까요? 리처드 포스터는 거짓된 사랑을 "변 덕스러운 방법으로 섬기는 것"이라고 말합니다. 섬기고 싶은 기분이 들 때만 섬기는 것, 상대의 필요에 상관없이 내 기분에 따르는 것이 거짓된 사랑이라 는 것입니다.

예배를 위해서 싫어도 해야 할 일이 있습니다. 우리들교회의 휘문 성전은 학교 체육관에서 예배를 드리니까 매주 카펫을 깔고 치우고, 수백 개의 의자 를 세팅하고 치우고, 모세 시대의 성막처럼 예배 집기를 세웠다 헐었다 합니 다. 건물이 있는 교회에서도 주차를 담당하고, 화장실 청소를 하고, 설비를 맡아서 할 사람들이 필요합니다. 그런데 그 일을 내가 하고 싶을 때는 하고, 하기 싫을 때는 안 한다고 생각을 해 보십시오. 예배를 제대로 드릴 수 있겠 습니까?

사랑도 마찬가지입니다. 내 기분이 좋을 때만 표현하고 내 마음이 가는 대로 행동하는 것은 사랑이 아닙니다. 살다가 싫증이 났다고 새로운 사람을 찾아다니는 것은 사랑이 아닙니다. 그것은 변덕스러운 섬김이고, 거짓된 사 랑입니다.

본 회퍼는 이렇게 말합니다.

"위선적인 사랑은 자기 자신만이 궁극적인 목표이다. 자신을 위해 목표를 설정하고 자신이 숭배하는 우상을 만들고, 그것에 누구든지 복종을 해야 한 다고 생각한다. 그래서 자신 외에는 아무도 사랑하지 않는다."

위선적인 사랑은 사람의 관심을 끌려고 노력합니다. 그래서 위선적인 사 랑은 사랑하기 쉬운 상대만 선택합니다. 그리고 자기 자신에게 깊이 빠져 있 습니다. 아무리 좋은 것을 준다 해도 내 자신의 만족이 목적이기 때문에 상대를 기쁘게 할 수 없습니다. 헌금을 하고, 금식을 하고 열심히 하나님께 드려도 하나님이 원하시는 것이 아니라 내가 원하는 것에만 초점을 맞추는 것이 위선적인 사랑입니다.

본 회퍼는 또 이렇게 말합니다.

"그러나 영적인 사랑은 예수 그리스도로부터 오는 것이고 그분만을 섬기는 것이다. 그래서 영적인 사랑은 우리가 다른 사람에 대해 직접적으로 접근할 수 없다는 것을 안다."

예수 그리스도만을 섬기는 영적인 사랑은 나의 한계를 아는 것에서 출발합니다. 다른 사람에 대해 직접적으로 접근할 수 없다는 것, 내 자신의 어떤 것으로는 아무도 사랑할 수 없음을 아는 것이 영적인 사랑입니다. 결국 내 자신의 솔직한 모습을 인정할 때 진정한 사랑을 할 수 있습니다. 그것이 거짓이 없는 사랑입니다.

—

하나님과 타인에 대한 사랑, 또 내 자신에 대한 사랑에 혹시 거짓은 없습니까? 부부간에도 헛된 약속과 이해타산적인 거짓말로 가득하지는 않습니까? 육적인 사랑은 완전할 수 없음을 인정하는 것이 진실한 사랑의 태도임을 알고 있습니까?

미워해야 할 것과 친하게 지내야 할 것

악을 미워하고 선에 속하라_롬 12:9b

성도는 거룩하게 구별된 자이기에 악을 미워해야 합니다. 그런데 어떤 이들은 오히려 악과 친해지려고 합니다. 악인 줄 뻔히 알면서도 유혹당하기를 은근히 원합니다. 유혹을 받을 때 제일 쉬운 방법이 무엇입니까? 그냥 미친 척하고 유혹에 넘어가는 겁니다. 넘어가는 것은 너무 쉬운데 악을 미워하고 싸우기는 쉽지가 않습니다.

그러면 악과의 어려운 싸움을 어떻게 싸워야 할까요? 악을 미워하기 위해서는 "선에 속하라"고 하십니다. 육신의 배고픔에서 벗어나기 위해 위(胃)를 채워야 하는 것처럼, 악에서 벗어나기 위해서는 선으로 우리 자신을 채워야 합니다. 기도로, 말씀으로, 찬양으로 채워야 합니다.

매주 수요예배 때마다 맨 앞줄에 앉아 예배를 드리는 고등부의 두 친구가 있습니다. 얼마 전 학교에서 수학여행을 다녀왔는데 거절을 하다가 못 이겨서 친구들이 술 한 잔 따라 주는 걸 마셨다고 합니다. 술 마시고는 주먹질도 했다고 합니다. 잘생긴 얼굴이 얻어터져서 잔뜩 부었는데, 그 얼굴을 하고도 수요예배를 드리러 왔습니다.

그 두 친구가 특별히 공부를 잘하는 모범생들은 아닙니다. 둘 다 이런저런 말썽도 많이 피웁니다. 그러면서도 왜 그렇게 열심히 예배에 오는지 제가 한번 물어봤습니다. 두 친구가 하는 대답이 "그래도 수요일, 주일에 예배를 드리고 나면 조금은 더 착하게 산다"고 합니다. 일주일 동안 기분이 좋다고 합니다.

우리들교회 수요예배는 기본이 세 시간인데 이 친구들은 말씀이 좋고 예배가 좋아서 왕복 두 시간, 예배 세 시간, 이렇게 다섯 시간 이상을 교회에 투자하고 있습니다. 주일에도 예배드리고, 목장 모임하고, 찬양팀, 영상팀에서 열심히 봉사합니다. 학원이다 뭐다 해서 그러기가 쉽지 않은데 교회 오는 것이 기뻐서 누가 떠밀지 않아도 오고 있습니다.

교회에 와서 예배를 드리고 찬양을 하면서 아름다운 언어로 자신을 채우고 있습니까? 눈물로 기도를 드리면서 귀한 회개의 언어로 자신을 채우고 있습니까? 아직 완전히 선에 속하지는 못했다고 해도, 우리의 삶을 큐티와 예배와 기도로 채울 때 날마다 선에 속하는 연습이 될 것입니다.

가족이 함께 여행을 다니고 매주 외식을 하는 것이 아이들에게 남는 게 아닙니다. 부모님을 생각할 때 늘 예배드리고, 서로를 위해 기도했던 기억이 남는다면 어디 가서 악한 일을 저지를 수가 없습니다. 악을 사랑하고 선을 미워하라고 가르치는 세상 풍토 속에서 말씀과 기도로 우리 아이들을 채워주는 것이 선에 속하게 하는 길입니다.

아이들이 다 앞에 말한 두 친구 같으면 얼마나 좋겠습니까? 하지만 아무리 채워 주려고 해도 잘 안 되는 아이도 있습니다.

우리들교회 문 집사님이 큰마음 먹고 아들에게 편지를 썼습니다. 그날 큐티한 본문 말씀을 적고 "엄마는 너를 정말 사랑한다. 그래서 네가 하나님의 말씀을 듣기 원한다"고 절절한 마음으로 쓴 편지를 저녁 식사 때 아들에게 건넸습니다.

편지를 받아 든 아들은 봉투를 열어 보더니 대뜸 "뭐야, 돈인 줄 알았네. 돈이나 주지 편지는 왜?" 하고는 퉁명스럽게 말했습니다. 펼쳐서 읽어 보더니 "뭐야, 성경을 써 놨네" 하고는 골치 아프다는 표정을 합니다. 집사님이 조심스럽게 "엄마한테 편지 받으니까 기분이 어때?" 하고 물었더니 아들은 화를 내며 말했습니다.

"엄마, 어색하게 왜 그래? 내가 쓰라고 하기 전에는 다시는 나한테 편지 쓰지 마. 왜 엄마 감정을 나한테 요구해. 별스럽지도 않은 일을 왜 엄마 혼자 이상하게 느끼고 그래."

아들과의 관계가 회복되길 바라며 큰마음 먹고 편지를 썼는데 그런 반응을 보니 화가 나기도 했습니다. 하지만 엄마의 사랑이 아들에게는 부담스러운 요구로 느껴질 수도 있다는 생각이 들었습니다. '밖에서 기분 나쁜 일이 있었겠지. 예민한 나이라서 그렇겠지' 하고는 마음을 다독였습니다.

그래도 엄마의 편지를 돈과 비교한 것을 생각하니 기분이 나빠서 "너는 어떻게 돈하고 엄마 편지를 비교할 수 있니?" 하고 한마디 쏘아 주었습니다. 모처럼 아들과 마주 앉은 식탁 분위기는 엉망이 됐습니다.

사실 집사님의 아들은 그 전날부터 큐티를 하기로 엄마와 약속을 한 상태였습니다. 그냥 한다고 했겠습니까? 큐티를 하면 얼마의 용돈을 주기로 하고, 아들이 선금(?)을 요구하기에 확인서까지 썼습니다. 게다가 하루라도 큐티를 안 하면 그 돈을 다시 내놓기로 철석같이 약속을 하고는 엄마의 편지에 그런 태도를 보인 것입니다.

시큰둥하게 저녁을 먹고 그래도 엄마랑 큐티를 하자고 했더니, 아들은 축구를 해서 다리가 아프다며 하루만 봐 달라고 하면서 방으로 들어가 버렸습니다. 집사님이 따라 들어갔더니 아예 방문을 잠갔습니다. 문을 열라고 했더니 열긴 했는데, 침대에 누워서는 "정 큐티를 해야겠으면 나는 누워서 듣기만 할 테니까 엄마가 읽든지 말든지 알아서 해" 이럽니다.

"그래, 제발 듣기만이라도 해라" 하고 그날 본문을 읽으려는데 갑자기 벌떡 일어나더니 나가 버렸습니다. 꾹 참고 앉아서 기다렸더니 다시 들어와서 드러누웠습니다. 집사님이 아랑곳없이 본문을 읽어 내려 가니까 이불을 뒤집어썼습니다. 참다못한 집사님이 "그렇게 하기 싫으면 어제 받은 용돈을 내놓으라"고 했더니 "다음 달 용돈에서 제하라"고 배짱을 부렸습니다.

문 집사님은 꿋꿋하게 그날 본문 말씀을 다 읽어 주었습니다. 하나님이 좋아서가 아니라 돈이 좋아서 큐티하겠다고 한 것이 우상을 섬기는 것이라고, 말씀을 기뻐하지 않고 큐티를 하지 않으면 아무리 교회에 열심히 다녀도 죄를 깨달을 수 없다고 열심히 설명을 해 주었습니다.

평소 대화라고는 없으면서 어쩌다 입을 열면 용돈 타령만 하는 아들이 미웠는데, 집사님은 엄마인 자신부터 돈이 우상이었다는 것을 인정하지 않을 수 없었습니다. 아들이 좀 더 어릴 때, 엄마에게 조금이라도 순종적일 때 성경 말씀으로 채워 주지 못하고 공부나 돈 이야기만 했던 것을 생각했습니다. 영적으로 마른 뼈가 된 아들의 모습이 자신의 결론임을 알았기에 이불을 덮어쓰고 있는 아들에게 끝까지 말씀을 읽어 줄 수 있었습니다. 이왕 약속을 한 김에 어떻게든 큐티에 집중하도록 아들의 기분을 살폈어야 했는데 괜한 편지로 부담을 주고 분위기를 망친 것이 하나님 앞에 죄송했다고 합니다.

이 집사님처럼 우리는 자녀를 말씀으로 채워 가야 합니다. 아직은 받을 그릇이 안 돼 있을 수도 있습니다. 악이 무엇이고, 선이 무엇인지 분별을 못해서 무조건 거부할 수도 있습니다.

그래도 무조건 기다리고 반겨 주십시오. 돈이나 달라고 까칠하게 굴어도 사랑한다고 말해 주고, 이불을 뒤집어쓰고 누워 있어도 말씀을 읽어 주고 기도해 주는 것이 악을 물리치는 사랑입니다. 날마다 속이고, 소리 지르며 짜증내고, 눈만 뜨면 가출을 하는 자식이라도 "어떤 일이 있어도 엄마는 너를 사랑한다. 그리고 엄마와는 비교도 안 되는 사랑으로 하나님이 너를 사랑하신단다. 엄마가 부끄럽구나. 이렇게 훌륭하고 귀한 자식을 하나님이 주셨는데 엄마가 부족했구나" 하고 고백해야 합니다.

그런 사랑의 언어를 자녀에게 채워 줄 때 악을 이기고 선에 속하는 우리의 가정과 교회가 될 것입니다.

구체적으로 내가 미워해야 할 악은 무엇이고, 속해야 할 선은 무엇일까요? 예수님을 모르기에 날마다 악에 속하는 배우자, 자녀가 있습니까? 그들을 미워하고 판단하면서 똑같은 악에 속하고 있습니까?

서로 대접하기

형제를 사랑하여 서로 우애하고 존경하기를 서로 먼저 하며_롬 12:10

사도 바울은 우리가 사랑해야 할 대상으로 가장 먼저 형제 사랑을 권합니다. 핏줄을 나눈 형제는 사랑할 수 있을 것 같지만 형제를 사랑하지 못하는 집이 참 많습니다. 그래서 제일 먼저 형제 사랑을 꼽았는지도 모르겠습니다.

주님은 "너희 믿음에 덕을, 덕에 지식을, 지식에 절제를, 절제에 인내를, 인내에 경건을, 경건에 형제 우애를, 형제 우애에 사랑을 더하라"(벧후 1:5~7)고 하십니다. 은사를 언급하고 이어서 사랑 이야기가 나오는 것은 아무리 은사가 각각이라도 서로 우애하기가 너무나 어렵기 때문입니다. 믿음에서 시작하여 형제 우애와 사랑을 더할 때까지 쉽지 않은 많은 단계가 있습니다. 형제를 사랑하게 되기까지 덕과 지식과 절제와 인내와 경건의 훈련을 거쳐야 합니다.

사랑과 수고, 인내로 진리를 수호하는 데 앞장섰던 에베소교회도 "첫사랑을 버렸다"고 야단을 맞았습니다. 그리고 하나님이 "회개하지 아니하면 내가 네게 가서 네 촛대를 그 자리에서 옮기리라"고 말씀하신 것을 기억하십시오(계 2:4~5). 역설적이게도 너무나 경건한 사람들이 사랑을 잃어버리기가 쉽습니다. 바르게 살고 있다, 내가 옳다고 생각하면서 남을 인정하기가 어렵기 때문입니다. 오히려 연약하고 부족한 사람일수록 남을 사랑하고 존경하기가 쉽습니다.

> 부지런하여 게으르지 말고 열심을 품고 주를 섬기라 소망 중에 즐거워하며 환난 중에 참으며 기도에 항상 힘쓰며_롬 12:11~12

부지런함으로 섬기되 상처 난 열심, 병든 열심으로 섬겨서는 안 됩니다. 은사를 자꾸 비교하면 교만해지거나 낙심함으로 병들게 됩니다. 자포자기함으로 게으르게 됩니다. 한결같은 열심은 내 힘으로 되는 것이 아니기 때문에 하나님과의 관계를 늘 살펴야 하고, 구원으로 이끄는 열심이 되어야 합니다. 어떤 은사로 어떤 역할을 감당하든, 그리스도 안에서의 존재는 그 어떤 영광과도 비교할 수 없습니다. 성도의 진정한 자리는 이 땅에서의 높고 낮은 자리가 아닙니다. 장차 임하게 될 천국이기에 소망을 붙잡고 즐거워해야 합니다.

그럼에도 우리에게는 왜 환난이 끊이지 않을까요? 그 환난 때문에 기도에 매달리라는 것입니다. "환난 중에 참으며 기도에 항상 힘쓰라"고 하십니다. 내가 소망 중에 그저 즐겁기만 해서 기도에 힘쓸 일 없으면 그 삶에 사탄이 활개치고, 부흥회를 할 수 있습니다. 넘어지기 쉽습니다. 나 혼자 주님 사랑을 듬뿍 받는 것에 평생 목 매달고 있으면 내 형제와 성도들의 영혼 구원에 관심이 없어집니다. 그래서 소망과 환난과 기도는 성도의 필수과목입니다. 그런 훈련을 통해 하나님은 우리의 지경을 넓혀 주십니다. 내 지경이 넓어지면 나만 보이는 것이 아니고, 내 곁의 형제만 보이는 것이 아니고 모든 성도들이 내 눈에 보이게 됩니다. 내가 사랑해야 할 대상의 범위가, 그 지경이 점점 넓어지는 것입니다.

성도들의 쓸 것을 공급하며 손 대접하기를 힘쓰라_롬 12:13

믿음의 공동체에 속해 있으면 손 대접할 일이 많아집니다. 당시 로마는 세계 최고의 부자 나라였는데 거기에 교회가 세워졌으니 아마 사흘이 멀다 하고 손님을 맞지 않았을까 싶습니다. 그러다 보니 그들을 섬기느라 힘이 들었을 것입니다. "괜히 예수님을 믿어서 집을 다 내놓게 생겼네!" 이럴 수 있습니다. 그러나 그런 마음 때문에 대접을 안 한다면 평생 내 식구 구원, 내 식구 존경하는 것만 하고 끝날 수밖에 없습니다.

제 남편은 제게 나름대로 넓은 평수의 집을 남겨 주었습니다. 남편의 구원을 위해 기도하다가 남편이 구원을 받고 떠났으니 그 넓은 집에서 편하게 살 수도 있겠지만 그렇게 살라고 하나님이 구원을 이루셨겠습니까? 우리 집을 교회 교육관으로 생각하고 집에서 열 개가 넘는 큐티 모임을 인도했습니다.

나에게 집을 주시고 장막을 주신 것은 다른 사람들의 쓸 것을 공급하고 손을 대접하기 위해서입니다. 그렇게 살라고 넓은 집을 주셨는데 사람들은 좁은 집에 살다가 넓은 집을 주시면 손 대접에 힘쓰기는커녕 도리어 출입을 막아 버립니다.

저는 경제적으로도 전혀 자유가 없었습니다. 그런데 불행인지 다행인지 학교에서 학생을 가르치면서 강사료를 좀 받았습니다. 남편이 얼마나 받느냐고 물어도 "조금"이라고 했습니다. 남편에게 들키지 않으려고 월급을 봉투째로 헌금한 일도 있었습니다. 그래서 남편의 돈이 아니어도 제가 버는 돈으로 얼마든지 지체들을 대접할 수 있었습니다.

형제 사랑과 성도를 섬기는 것에 어떤 순서가 있는 것은 아닙니다. 다만 본문의 순서에서 생각해야 할 것은 '내 가족의 쓸 것만 안타까워하고 지체의 쓸 것에 대해서 무관심하지는 않았는가', '내 것은 쌓아 놓고 없는 사람의 사정을 외면하지는 않았는가' 하는 것입니다. 그리하면 형제 사랑이 구원으로 이어질 수 없습니다. 육적인 가족 사랑, 형제 사랑에 머물러 있는 사람은 지경이 넓어질 수 없습니다.

그러나 식구들 쓰는 것은 벌벌 떨면서 남에게는 열심히 공급하는 사람, 카드빚까지 지면서 손 대접하기를 힘쓰는 사람도 하나님이 기뻐하지 않으십니다. 하나님은 속지 않으십니다. 형편이 안 돼서 대접을 못 하는지 돈이 아까워서 못 하는지 주님은 아십니다. 돈이 있어도 남편, 부모에게 경제권이 있어서 내 마음대로 섬기지 못할 수도 있습니다. 그래도 정말 할 수 없어서 못하는지, 남편이나 부모님 핑계를 대고 안 하는지를 주님은 아십니다.

환난 중에 있는 형제와 지체를 위해 공급하고 대접해야 할 것은 무엇입니까? 돈으로 못 하더라도 음식과 입을 것, 기도와 위로를 공급하고 있습니까? 집과 가구, 자동차를 섬기고 대접하느라 사람을 외면하고 있지는 않습니까?

같이 울고 웃기

너희를 박해하는 자를 축복하라 축복하고 저주하지 말라_롬 12:14

건강한 열심으로 형제를 사랑하고 성도를 대접할 때 하나님이 사랑의 지경을 넓히십니다. 어디까지입니까? 나를 박해하는 자까지도 사랑하라고 하십니다. 운전을 할 때 우리는 수시로 브레이크를 밟아서 속도를 조절하고 신호에 따라 멈춥니다. 그래야 목적지까지 안전하게 갈 수 있습니다. 결혼생활, 직장생활, 공부, 인생의 목적지를 향해 열심히 갈 때도 수시로 브레이크가 걸립니다.

갈 길을 못 가고 있는 것 같아도 브레이크를 밟아 줘서 내가 안전하게 갈 수 있습니다. 브레이크가 없으면 자동차는 순식간에 흉기로 변합니다. 사람을 죽이고 건물을 파손합니다. 마찬가지로 오늘도 나를 밟아 주는 사람, 핍박하는 자가 있어서 내가 흉기가 안 되는 겁니다. 적당하게 나를 밟아 주고 막아 줬기 때문에 나도 남도 다치지 않고 잘 가고 있는 겁니다.

어떤 한 사람이 형제이자 성도이면서 박해하는 자일 수 있습니다. 또 여러 사람이 각각의 모습으로 존재할 수도 있습니다. 어떤 경우든 형제를 사랑하고 성도를 대접하기에 힘쓸 때 어쩔 수 없이 박해하는 자가 나타납니다. "네가 얼마나 사랑하고 대접을 잘 하는지 보자" 하면서 시험하는 일들이 생깁니다.

아직 나를 박해하는 자가 없다면 내 믿음과 사랑의 수준이 낮아서라는 걸 알아야 합니다. 아직 지경이 넓어지지 못한 것입니다. 신앙생활을 하면서 핍박을 한 번도 안 받아 봤다면 이는 부끄러워할 일입니다.

그러니 박해하는 자를 축복해야겠습니까? 안 해야겠습니까? 당연히 축복해야죠. 나를 박해하는 자가 있는 것은 그만큼 내 믿음의 수준이 높아졌다는 것 아닙니까? 다들 한번 외쳐 보십시오.

"박해는 엄청난 축복이구나!"

내가 사랑하고 대접할수록 나를 박해하는 것이, 애매한 고난이 아니라 당연한 축복임을 아시기 바랍니다. 나를 박해하는 자를 축복할 때 그 축복은 나를 위한 것입니다. 반대로 그들을 저주한다면 그 저주가 나에게로 돌아옵니다. "나는 너를 사랑했는데 왜 나를 박해하는 거야!" 하면서 원망하고 미워한다면 나는 저주 아래 있게 됩니다.

> 즐거워하는 자들과 함께 즐거워하고 우는 자들과 함께 울라 서로 마음을 같이하며 높은 데 마음을 두지 말고 도리어 낮은 데 처하며 스스로 지혜 있는 체하지 말라_롬 12:15~16

장난감 총을 가지고 놀던 아이가 나를 향해 총을 쏜다면 어떻게 하시겠습니까?

"애야, 그건 장난감 총이란다. 네가 아무리 쏴도 난 안 죽어. 장난감이긴 해도 참 멋진 총을 가졌구나" 하고는 머리를 쓰다듬어 주면 아이가 좋아할까요? 아이들이 좋아하는 사람은 "으악~!!" 하고 죽는 시늉을 해 주는 사람입니다. 이것이 진정한 커뮤니케이션입니다. 상대가 진정으로 원하는 것은 칭찬이 아니라 공감입니다. 자신과 하나가 되어 주는 것입니다.

대화를 할 때 무조건 "그래, 그래. 네가 다 맞아" 하거나 무조건 "그러니까 순종하세요. 큐티하세요"라고 원리만 말하는 사람은 제대로 된 대화를 할 수 없습니다. 먼저 그 사람의 마음을 공감해야 합니다. 울 때 같이 울어 주고, 웃을 때 같이 웃어 주는 것이 진정한 사랑입니다.

이기적인 우리가 어떻게 함께 울고 웃을 수 있습니까? 또래 아이를 가진 교회 지체들 간에도 김 집사 아들이 일등을 했다고 하면 함께 즐거워하기가 어렵습니다.

"하나님, 저도 큐티하고 기도하는데 왜 우리 아들은 밤낮 집을 나가고, 저집 아들은 일등을 하는 겁니까? 왜! 왜! 왜!"

배가 아파서 몸부림칩니다. 일등만 하던 김 집사 아들이 사고를 쳤다고 하면 "어머, 어쩌다 그랬을까. 나도 기도할게" 하면서 마음이 아프기도 하지만, 속으로는 묘한 안심(?)이 되는 것도 사실입니다. 같이 슬퍼하기는 세 배가 어렵고, 같이 기뻐하기는 일곱 배가 어려운 것이 인생이라고 했습니다. 특히 나를 핍박하는 사람에게 즐거운 일이 생겼을 때 같이 즐거워할 수 있겠습니까? 슬퍼할 때 슬퍼할 수 있겠습니까? 모든 것을 뛰어넘어서 함께 울고 웃을 수 있다면 그것이 최고의 사랑입니다.

———

'저 사람은 왜 죽지도 않나' 하면서 마음으로 저주하는 사람이 있습니까? 축복은커녕 쳐다보기도 싫은 사람이 있습니까? 시기심 때문에 같이 즐거워할 수도, 슬퍼할 수도 없는 사람이 있습니까? 그런 사람이 있어서 높은 데 처했던 나의 교만이 무너지는 것에 감사합니까?

사랑할 수 없는 사람 사랑하기

아무에게도 악을 악으로 갚지 말고 모든 사람 앞에서 선한 일을 도모하라 _ 롬 12:17

나를 박해한 자까지도 축복할 수 있게 되면 자신이 생깁니다. 모든 사람으로 더불어 화목이 가능해집니다. 이렇게 되기까지 최초의 한 사람이 중요합니다. 형제, 성도, 남편, 배우자의 관계에서 한 사람을 사랑하는 것이 가장 지름길입니다. 한 형제를 품을 수 있게 되면 자꾸 지경이 넓어집니다.

어떤 책에서 읽은 내용입니다. 두 남자가 바람을 피웠습니다. 짐은 동부에 살고 칼은 서부에 사는 사람입니다. 두 사람 모두 아내에게 부정을 고백하고 용서를 받았습니다. 그런데 결론은 달랐습니다. 짐의 아내는 즉시 그를 용서했노라고 말했습니다. 그러나 서로 의견이 엇갈리고 언쟁을 벌일 때면, 그녀는 남편의 과거를 상기시키며 자신이 우월한 위치를 차지하는 수단으로 남편의 잘못을 사용했습니다.

칼의 아내는 남편에게 용서했다고 말하기까지 어느 정도의 시간이 걸렸습니다. 쉽게 용서가 안 된다고 기도하며 서로 수많은 대화를 나눴습니다. 그러나 하나님의 은혜로 한 번 용서한 후에는 다시는 그것을 들추어내지 않았습니다. 그들은 전보다 더 견고한 부부 관계를 이루게 됐습니다.

부부가 서로를 사랑한다고 해도 그 속에 악한 일들이 일어납니다. 그것을 악으로 갚지 않고 선을 도모하기 위해서 아픔이 있고, 기도와 노력이 필요합니다. 날마다 쳐다보면서 "사랑해"를 외친다고 사랑이 지켜지는 게 아닙니다.

할 수 있거든 너희로서는 모든 사람과 더불어 화목하라 내 사랑하는 자들아 너희가 친히 원수를 갚지 말고 하나님의 진노하심에 맡기라 기록되었으되 원수 갚는 것이 내게 있으니 내가 갚으리라고 주께서 말씀하시니라 네 원수가 주리거든 먹이고 목마르거든 마시게 하라 그리함으로 네가 숯불을 그 머리에 쌓아 놓으리라 악에게 지지 말고 선으로 악을 이기라
_롬 12:18~21

"할 수 있거든 모든 사람과 화목하라"고 하시지만 화목하지 못할 사람이 너무나 많습니다. 악을 악으로 갚지 않는 것도 힘들고, 선한 일을 도모하기도 힘들고, 화목하기도 어렵고, 사랑하기는 더더욱 어렵습니다. 주님이 다시 오실 때까지 이 땅에서는 완전한 평화를 이룰 수 없습니다. 그런데 하나님은 원수까지도 사랑하라고 하십니다. 모든 사람과 화목을 이루기 위해 "원수를 갚지 말라"고 하십니다. 원수를 용서하기까지도 죽을 것 같은 순종인데, "원수가 주리거든 먹이고 목마르거든 마시게 하라"고 하십니다.

내 힘으로는 못 합니다. 하지만 내가 100% 죄인임을 생각할 때 어떤 원수도 보복의 대상이 아니라는 걸 알 수 있습니다. 하나님을 믿는 사람, 하나님의 사랑을 경험한 사람에게는 원수가 있을 수 없습니다. 하나님과 원수 되었던 내가 용서 받는데 누구를 원수라고 할 수 있겠습니까? 하나님이 원수를 갚아 주신다는 말씀도 황송할 수밖에 없습니다.

우리들교회에서 이제 막 신앙생활을 시작한 남자 성도의 나눔입니다.

예전에 저는 아내가 교회 가는 것이 너무나 싫었습니다. 가뜩이나 내 손에 안 들어오던 사람이 나 외에 다른 것을 아는 것도, 의지하는 것도, 나 외의 것에서 위로 받는 것도 정말 끔찍하게 싫었습니다. "교회만 안 간다면 무엇을 해도 사랑하고 당신을 위해서 못 할 일이 없다"고 설득도 해 보고 협박도 하고, 술 먹고 온 집 안을 난장판을 만들기도 해 보고, 이 모든 것이 교회 때문인 것 같아 죽도록 원망도 했지만 웬일인지 아내는 꿈쩍도 안 했습니다.

그런데 도무지 말이 없던 아내가 2년 전쯤 말을 하기 시작했습니다. 그것도 아주 많이 합니다. 하루의 일과, 한 번도 들어 보지 못했던 자신의 슬픈 과거, 기뻤던 추억을 저에게 이야기합니다. 그리고 굉장히 기뻐 보입니다.

얼마 전에는 제가 술을 마시고 아내가 차려 준 생일상을 엎으며 친구들 앞에서 화를 낸 일이 있었습니다. 아내는 "당신이 잘못한 것 없다. 다 내 잘못이다. 그런 나 때문에 당신이 참 많이 수고한다. 앞으로는 더 잘하겠다" 하며 울었습니다. 그리고 아내는 "다시는 우리 집에 이런 일이 없을 것"이라며 예언을 했고 그 예언은 오늘까지도 유효합니다.

저는 그날 밤, 참 많은 생각을 했습니다. 그 후 제 손에는 큐티 책자가 들려 있었고, 몇 주 전 쉬운 결정은 아니었지만 우리들교회에 나오게 되었습니다. "오늘만 가는 거야!" 하며 불평하며 왔는데 이상하게 또 오고, 또 옵니다. 그러다 지난 주일 새 신자 교육 마지막 날이 되었습니다. 마음이 너무나 행복합니다.

'이 귀한 분들이 왜 나 같은 사람을 이렇게 사랑하는가!' 입술을 열어 시인합니다. 나는 죄인입니다. 주일을 지키겠습니다. 말씀의 원 가지에 잘 붙어 있겠습니다. 예수님이 나의 구원자이십니다. 그리고 오늘 큐티 말씀을 영적 생일 선물로 받습니다. "사랑은 오래 참고 온유하고 성내지 않고 참고 믿고 바라고 견디느니라"(고전 13:4~7).

주님을 몰라서 사랑할 수 없는 식구들이 있습니다. 주님을 몰라서 미움과 원망의 감정에 인생을 낭비하는 사람들이 있습니다. 그들을 어떻게 구원으로 인도할 수 있겠습니까?

주님은 상상할 수 없는 사랑과 친절로 악과 원수를 갚으라고 하십니다. 원수를 사랑하라 명령하신 주님은 그들을 먹이고 마시게 하라고 사랑의 구체적인 방법을 가르쳐 주십니다. 사랑은 감정이 아닌 행함입니다. 사랑에서 감정을 뺄 수는 없지만 하나님은 우리의 사랑이 더 자라기를 원하십니다. 사랑의 감정이 생기기까지 기다리라고 하지 않으셨습니다. 분노의 마음이 없어질 때까지 가만히 있으라고 하지 않으셨습니다. 감정적인 사랑이 생기거든 먹이고 마시게 하라고 하지 않으셨습니다. 그저 주리거든 먹이고, 목마르거든 마시게 하라고 하십니다.

사랑은 행함입니다. 필요를 채워 주는 것입니다. 먼저 전화하고, 찾아가고 그것만 해도 사랑이 시작됩니다. 잘못을 저지른 상대에게 "미안해요. 용서해 주세요" 이 한마디만 해도 사랑의 감정이 살아납니다. 원수 같은 배우자, 자녀라도 따뜻한 밥 한 끼 챙겨 주면서 "맛있게 먹어" 이 한마디만 해도 사랑이 살아납니다. 그래서 사랑은 행동입니다. 의지입니다. 사랑이 생기면 돕겠다고 하지 마십시오. 미움이 없어지면 용서하겠다고 하지 마십시오. 그저 빨리 먹이고 마시게 하면 우리의 인생이 편해집니다. 빨리 실천해 보시기 바랍니다. 그것이 원수를 부끄럽게 하는 길입니다. 선으로 악을 이기는 방법, 내 몸을 하나님께 드리는 방법입니다. 거룩한 산 제물로 드리는 것입니다.

———

부모, 배우자의 악한 행동 때문에 상처를 받았습니까? 가출과 이혼으로 내가 당한 악을 악으로 갚아 주고 싶습니까? 내 힘으로는 용서도 사랑도 할 수 없는 사람 때문에 날마다 괴로워하며 지옥을 경험하지는 않습니까? 예수님 때문에 세상은 상상할 수도 없는 사랑의 본을 보이고 있습니까? 오늘은 '원수 같은' 누군가를 초대해서 식사를 대접하는 건 어떨까요?

말씀으로 기도하기

아버지 하나님! 사랑에는 거짓이 없다고 했는데 내게 거짓이 있는지 없는 지를 주께서 아십니다. 주님 앞에 정직하기를 원합니다. 주님을 완전히 사랑 하지는 못해도 솔직하게 사랑하기를 원합니다. 있는 모습 그대로 저 자신을 주님께 내어놓습니다.

주님, 저는 부지런할 수 없습니다. 무엇이 선하고 악한 일인지 분별할 수 도 없습니다. 형제 사랑도 안 되고, 성도를 돕는 것도 어렵고, 핍박하는 자를 축복하고, 원수를 먹이고 마시게 하는 것은 더더욱 할 수 없습니다. 병든 열 심, 상처 난 열심으로 거짓된 사랑을 했기 때문에 힘든 사건에서 넘어질 수 밖에 없습니다. 나도 밉고, 상대방도 미워서 견딜 수가 없습니다.

이런 저를 불쌍히 여겨 주시고 주님의 사랑으로 채워 주옵소서. 사랑은 감정이 아니고 행함이라고 하셨사오니 내 감정에 매여 인생을 낭비하지 말 고 당장 대화로, 물질로, 사랑의 실천을 하게 하옵소서. 내가 가장 사랑해야 할 가족이 핍박하는 자로, 원수로 자리 잡고 있다면 왜 미운가, 왜 사랑해야 하는가 따지지 말고 먹이고 마시게 하는 것부터 하기 원합니다. 내가 받은 주님의 사랑 때문에 사랑의 언어로 "고맙다, 사랑한다, 미안하다, 그동안 너 무 수고했다" 말하기 원합니다.

그럴 때 사랑의 감정도 생기게 될 것을 믿습니다. 모든 사람과 더불어 화 목하며 진정한 사랑의 공동체로 회복되어 온전히 하나님께 드려지는 한 몸 이 될 것을 믿습니다.

예수님 이름으로 기도하옵나이다. 아멘.

공동체 고백

진정한 사랑으로

저는 결혼한 지 3년 만에 이혼한 후 재혼하여 다시 가정을 꾸린 지 올해로 10년이 되었습니다. 친엄마와 사는 큰아들이 얼마 전 대입 수능시험을 보았습니다. 그런데 그 무렵 전처에게서 한 통의 문자 메시지가 왔습니다. "경제적으로 어려워져서 더는 학업을 지원하기가 어려우니 이제 아들을 데리고 가서 살았으면 좋겠다"는 내용이었습니다. 큰아들이 중학생이 되었을 무렵에도 아이의 거취를 놓고 비슷한 이야기를 했는데 그냥 없던 일이 되었습니다. 이번에도 전처, 아들, 아내, 저를 포함한 이해 당사자들의 입장이 복잡하게 얽혀 있다 보니 저는 어떻게 해야 할지 몰라 허둥대기만 했습니다.

더 큰 문제는 이런 일이 생길 때마다 심하게 부부 싸움을 한다는 것입니다. 어떤 결정도 내리지 못하는 저를 보며 아내는 화를 냈고, 저는 그런 아내도 급할 때만 연락해 통보하듯이 메시지를 남기는 전처도 미웠습니다. 아들에 대한 마음도 반반입니다. 지금껏 떨어져 지낸 데 대한 미안함과 연민으로 같이 살고 싶기도 하지만, 다 큰 아들과 새엄마가 다툼 없이 잘 살 수 있을까 하는 염려와 두려움도 앞섭니다.

본문에 나오는 말씀처럼 저는 화목을 좋아합니다(롬 12:18). 누구와 싸우고 언쟁하는 것을 천성적으로 싫어하는 평화주의자라고 스스로 여겨 왔습니다. 그래서 부부 싸움을 할 때면 다툼의 본질을 보기보다 '이혼과 재혼이라는 환경이 나를 가만히 두지 않는구나' 하며 주위 사람들을 원망하기 바빴습니다.

정작 이혼은 내가 했으면서 이런 환경을 만든 저 자신이 너무 싫어서 '내일 아침 눈을 뜨면 이 땅이 아니라 하늘나라였으면 좋겠다'는 생각을 문득문득 합니다. 그냥 회피해 버리고 싶은 것입니다.

그런데 본문 말씀을 묵상하면서 이혼의 죄를 회개하기는커녕 육체적·정신적으로 편하게만 살고 싶어 하는 저의 이기심이 깨달아졌습니다(롬 12:12~13). 또 큰아들을 귀히 생각한다고 밥 먹듯이 이야기하지만, 실상 그것이 구원과 생명의 사랑이 아닌 아들을 내 소유 삼고자 하는 거짓된 사랑이었다는 것에 눈물의 회개가 터져 나왔습니다(롬 12:9).

정든 집과 친엄마, 외조부모를 떠나야 하는 큰아들의 얼굴에는 어색하고 두려워하는 기색이 역력합니다. 모두가 이전에 지나 보지 못한 길을 가야 하지만 오직 말씀과 회개로부터 오는 진정한 사랑으로 장차 있을 환난을 잘 당하도록 하겠습니다(수 3:4). 이 모든 과정이 주님과 더욱 깊이 교제하고, 주님과 가족을 더욱 사랑하는 계기가 되기를 소망합니다. 말씀으로 깨어 있지 않으면 매사에 분별하고 결정하는 것이 늘 어렵습니다. 좋은 것만 취하고자 하는 마음, 무엇보다 가족의 구원에 무관심한 저의 마음이 제하여지기를 진심으로 기도합니다.

절대 순종의 축복을 누리자

로마서 13:1~7

하나님 아버지, 하나님이 주신 권세에 복종하는 것이 참으로 어렵습니다.
어떻게 하는 것이 하나님이 원하시는 순종인지 말씀을 깨닫고 적용하도록 역사하여 주옵소서.
예수님 이름으로 기도하옵나이다. 아멘.

고(故) 박정희 대통령이 유신헌법을 관철하려고 했을 때 당시 총리였던 김종필 씨가 "각 사람은 위에 있는 권세들에게 복종하라 권세는 하나님으로부터 나지 않음이 없나니 모든 권세는 다 하나님께서 정하신 바라 그러므로 권세를 거스르는 자는 하나님의 명을 거스름이니 거스르는 자들은 심판을 자취하리라"(롬 13:1~2)는 성경 본문을 언급하면서 성명을 발표했습니다. 국가 권력은 하나님이 세우신 것이기 때문에 협조해야 한다는 내용이었습니다. 당시 제가 대학에 다니던 때였는데 성경을 내세운 그의 발언이 국민들에겐 뭔가 협박처럼 들렸던 기억이 납니다.

11장에서 우리는 아무 공로 없이 믿음으로 의롭게 되었다고 했습니다. 그리고 12장에서는 삶으로 복음을 살아내기 위해 "사랑하라"고 했습니다. 남을 사랑하고, 성도를 사랑하고, 박해자를 사랑하고, 모든 사람을 사랑하고, 심지어 원수에 이르기까지 사랑하라고 했습니다. 그래서 "선으로 악을 이기면서 원수까지 먹이고 마시게 하라"고 했습니다. 그런데 독재를 일삼고 법을 지키지 않는 세상 지도자를 보면 멸시가 되지 않습니까? 그들을 품고 사랑하기가 쉽지 않습니다. 복종이 안 됩니다. 그러나 13장에 오니 이제는 "위에 있는 권세들에게 복종하라"고 합니다.

김일성도 하나님이 세우셨다(?)

각 사람은 위에 있는 권세들에게 복종하라 권세는 하나님으로부터 나지 않음이 없나니 모든 권세는 다 하나님께서 정하신 바라_롬 13:1

예수 그리스도의 십자가 복음을 전하려니 바울은 본의 아니게 가는 곳마다 평지풍파를 일으켰습니다. '천하를 어지럽게 하는 사람들'이란 별명이 붙을 정도였습니다(행 17:6~7). 바울이 전도를 위해 어느 도시에 들어가면 그 도시의 평화가 깨진다고 생각했던 것입니다.

우리 중에도 복음을 전하면 집안의 평화가 깨어질 수 있습니다. "괜히 집안 시끄럽게 만들지 말고 너나 잘 믿어라" 하는 소리를 들을 수 있습니다. 선교를 위해 중동으로, 무슬림 지역으로 가면 그 지역의 평화를 깨뜨릴 수 있습니다. 그럴 때 어떤 태도를 취하는 것이 복음을 위한 것일까요?

바울은 높은 차원에서 이 문제를 다룹니다. 성도가 무정부주의자가 되어서는 안 된다는 것입니다. 어떻게든 복음을 전해야 하지만 하나님이 만드신 질서를 무시해서는 안 된다는 것입니다.

복종할 권세와 질서가 옳지 않아 보여도, 복종하는 것이 비겁한 타협 같아도 하나님이 세우신 사람은 하나님이 책임을 지십니다. 내가 할 일은 다만 복종하라고 하신 명령과 질서에 순종하는 것입니다.

100% 죄인인 인간을 깨어지게 하려고 '위에 있는 권세'로 우리를 훈련시키는 것이 하나님의 방법입니다. 그러니 가장 불쌍한 사람은 누군가 훈련시켜 줄 사람이 없는, 가장 위에 있는 권세자입니다.

바벨론 포로 시절 느부갓네살 왕이 이스라엘을 사로잡고 있었지만, 성경은 "지극히 높으신 이가 사람의 나라를 다스리시며"(단 4:17)라고 기록하고 있습니다. 지극히 높으신 하나님이 느부갓네살을 사용해서 이스라엘을 다스리신 것입니다. 이후에 바사 왕인 고레스가 나타나 70년 동안의 포로 생활에서 이스라엘을 풀어 주었습니다. 느부갓네살이나 고레스나 하나님을 안 믿는 이방의 왕인데 누구는 잡아가고 누구는 풀어 줍니다. 예수님을 안 믿는 내 윗사람 중에도 어떤 사람은 나를 핍박하고 어떤 사람은 나를 호강시켜 줄 수 있습니다. 어느 쪽이든 모두 하나님이 허락하신 권세입니다.

그렇다고 하나님이 느부갓네살, 히틀러, 김일성의 권력을 보장하신다는 뜻은 아닙니다. 그들의 권세까지도 사용하셔서 하나님의 자녀들을 인도하시고 돌아오게 하시는 것입니다.

'각 사람'은 복종하라고 하십니다. 헬라어로 '사람'이라는 단어를 쓸 때는 주로 '안드로포스'라는 단어를 씁니다. 그런데 여기서는 마음과 영혼을 나타내는 '프쉬케'라는 단어로 사람을 표현했습니다. 각자의 마음과 영혼에서 우러난 자발적인 복종을 말하는 것입니다.

훌륭한 지도자에게는 자발적으로 복종하기가 쉽겠지만 문제는 반대의 경우입니다. 당시 로마의 성도들은 핍박을 피해 숨어서 신앙생활을 하고 있었습니다. 유대인 중에 개혁적인 엘리트들은 로마에 대한 독립운동을 획책하기도 했는데 이들은 저항으로 세금 내는 것을 거부하고, 세금을 꼬박꼬박 내는 사람의 집에 불을 지르고 죽이는 일까지 있었다고 합니다. 이렇게 어려운 상황에서 자신들을 핍박하는 로마 황제의 권세에 복종하라는 말이 용납되겠습니까? 독재자, 착취하는 세력에게 복종하라는 말이 이해가 안 됐을 것입니다.

그런 시대에 바울이 위의 권세에 복종하라는 메시지를 전한 것은 갈팡질팡하는 유대인들에게 국가의 권위와 질서를 가르치기 위한 것이었습니다. 그 가르침은 이 시대에도 동일하게 적용됩니다.

루터는 '위에 있는 권세'를 '권력을 가지고 있는 정부'라고 해석했습니다. '권세'가 사람이 아닌 기구에 있다는 것입니다.

칼빈은 "존경할 만한 일말의 가치가 없는 악랄한 사람이라도 공적인 권력을 장악하면 하나님이 주신 정의와 심판의 사자로서 갖는 그 찬란하고도 거룩한 권세가 그에게 들어간다. 그러므로 백성은 가장 훌륭한 왕에게 바치는 것과 마찬가지로 똑같은 존경을 그에게 바쳐야 한다"고 했습니다. 김일성이 아니라 칼빈이 한 말입니다.

인간에게 죄가 들어오면서 지도자와 백성이 분리되고, 부자와 가난한 자가 분리되기 시작했습니다. 죄로 인해 지도자와 가진 자들이 압제하고 착취하는 권세를 휘두르게 되었습니다. 예수님의 재림 때까지 이 세상에는 어쩔 수 없이 죄의 세력들이 군림할 수밖에 없습니다. 그렇다면 우리는 그것을 인정해야 합니다.

예수님은 자신을 재판하는 빌라도에게 "위에서 주지 아니하셨더라면 나를 해할 권한이 없었으리니"(요 19:11)라고 단호하게 말씀하셨습니다. 하나님께서 빌라도에게 그럴 권세를 주셨다는 것을 인정하셨기에, 아무 죄목도 없이 자신을 처형하려는 자들에게 복종하셨습니다.

시부모와의 갈등 때문에 결혼생활이 힘든 것처럼 직장생활에서도 까다로운 상사 때문에 힘든 경우가 많습니다. 여자들이 시집살이로 받는 훈련을 남자들은 사사건건 트집을 잡는 상관 때문에 겪습니다. 오죽하면 베드로가 아내들은 남편에게 순종하고, 종들은 까다로운 주인이라도 순종하라고 하면서 그 고난을 예수 그리스도의 고난과 비교했겠습니까? 얼마나 힘들면 십자가의 고난에 비교를 했겠습니까?

하지만 W. 데이톤은 "형편없는 정부보다도 더 나쁜 것이 있는데 그것은 무정부 상태다. 정부의 권위에 순종하기를 거부하는 것은 곧 무정부 상태를 지지하는 것"이라고 했습니다. 나쁜 정부보다 위험한 것은 무정부 상태입니다. 아무리 나쁜 지도자도, 아무리 나쁜 부모, 남편이라도 없는 것보다는 있는 것이 낫습니다. 아무리 나쁜 사장, 상사라고 해도 내가 그 직장에서 녹을 먹고 있다면 없는 것보다 있는 것이 훨씬 낫습니다.

바울이 로마서를 쓴 이 시기는 네로나 도미티안 황제 때와 같은 대대적인 박해가 일어나기 직전이었습니다. '복음은 장차 당할 환난'이라고 하셨는데, 로마서의 수신자인 로마교회 성도들이 미리 이 말씀을 들어 두었기에 전무후무한 박해 속에서도 지하 감옥에 살면서 신앙을 유지했습니다. 그리고 마침내 로마를 복음화시켰습니다.

우리가 이 땅에서 육신을 가지고 살기 때문에 이 땅의 법과 통치를 무시할 수는 없습니다. 부도덕한 정권과 정책에 마음과 영혼으로 자원해서 복종하기는 너무 어렵습니다. 아니, 나라까지 갈 것 없이 집에서 문제만 일으키는 남편, 말이 안 통하는 부모에게 복종하는 것도 너무 어렵습니다. 자기 잇속만 챙기는 직장 상사에게 복종하려니 분하고 억울합니다.

그러나 때가 될 때까지는 견디고 인내하며, 부당한 요구를 거부하기 위해 정당한 요구를 인정하는 자세를 가져야 합니다. 그 힘든 것을 주님이 아십니다. 숨이 막혀도 그 남편, 그 상사에게 복종하는 훈련을 거칠 필요가 있기 때문에 그 권세를 허락하셨습니다. 하나님이 권세를 주시고 그들을 사용하셔서 나의 거룩을 이루어 가십니다. 하나님의 관심은 항상 나에게 있습니다.

—

상사나 연장자의 말에 순종하는 편입니까? 순종도 할 만해야 하는 거라고 나름대로의 소신(?)을 갖고 있지는 않습니까? 윗사람의 인격이 아닌 역할에 순종하는 것이 하나님의 질서임을 알고 있습니까?

대통령도 하나님의 종

다스리는 자들은 선한 일에 대하여 두려움이 되지 않고 악한 일에 대하여 되나니 네가 권세를 두려워하지 아니하려느냐 선을 행하라 그리하면 그에게 칭찬을 받으리라 그는 하나님의 사역자가 되어 네게 선을 베푸는 자니라 그러나 네가 악을 행하거든 두려워하라 그가 공연히 칼을 가지지 아니하였으니 곧 하나님의 사역자가 되어 악을 행하는 자에게 진노하심을 따라 보응하는 자니라_롬 13:3~4

바울은 위에 있는 자, 권세를 가진 자를 '하나님의 사역자'라고 하고 6절에서는 '하나님의 일꾼'이라고 했습니다. 집권자는 '하나님의 사역자'라는 표현에 유념해야 합니다. 통치자나 공직자 모두가 하나님의 종입니다. 여기에 쓰인 '사역자'는 원어로는 '디아코노스'인데 '식사 시중드는 사람'을 뜻합니다. 루터는 이것을 '하녀, 식모'라고 번역했습니다. 결국 하나님의 사역자는 섬김을 받는 자가 아니라 시중을 드는 일꾼이라는 뜻입니다.

우리가 대단하게 여기는 통치자, 대통령도 권력 서열에서 1위가 아닙니다. 최고의 통치자는 하나님이십니다. 그들 역시 하나님에 의해 부림 받는 일개 하인이라는 것을 잊으면 안 됩니다. 그러니 나도 복종하지 못할 이유가 없습니다. 그 사람은 하나님의 하인이기 때문입니다.

미국의 링컨 대통령은 하나님의 일꾼으로서 모범적인 통치자였습니다. 링컨은 "전능하신 하나님이 그분의 뜻을 이루기 위해 나를 하나님의 충실한 도구로 삼아 대통령의 자리에 앉히셨다"고 했습니다. 노예 해방을 발표하는 역사적인 순간에도 "나는 노예를 해방하겠다는 엄숙한 내 서원을 이행하는 것"이라고 담대하게 선언했습니다. 심지어 그는 "미국은 하나님의 목적을 이루기 위해서 태어난 나라"라고 확신에 차서 외쳤습니다.

통치자는 사탄의 도구가 아닌 하나님의 종이 되어야 합니다. 하나님이 주신 권위를 선하게 사용해야 합니다. 하나님이 나에게 허락하신 남편의 권세, 시어머니의 권세, 사장의 권세는 공연히 주신 것이 아닙니다. 그 역할로 내 욕심을 채우라고 주신 것이 아닙니다.

우리들교회 주일학교의 어느 학생이 "우리 선생님들은 학생들을 참 사랑하시는 것 같다"고 합니다. 선생님들이 잘나서 그렇겠습니까? 늘 "인간이 100% 죄인이다"라는 말을 듣고 거기에서 모든 사역이 출발하기에 선생으로서의 권세를 함부로 쓰지 않아서입니다. '나 같은 죄인에게 교사라는 직분을 맡기시다니'라는 마음이 있기에 학생들 앞에서 저절로 사랑이 우러나오는 겁니다. 그것이 꼬마들 눈에 보였습니다.

하나님이 주신 권세로 선을 베푸는 것이 무엇일까요? 하나님이 주신 집권자의 역할을 내 힘으로는 감당할 수 없다는 걸 인정하는 것입니다. 언제나 내가 죄인임을 인정하는 것입니다. 그래서 날마다 하나님을 의지하고, 하나님께 묻고, 하나님 때문에 이해하고 용납하는 것이 집권자의 임무입니다.

─

가정과 직장, 교회에서 어떤 권세를 가지고 있습니까? 부모, 상사, 직분자라고 내 멋대로 휘두르면서 아랫사람들에게 상처를 주지는 않습니까? 사람이 무서워서가 아니라 하나님을 두려워함으로 내 권세를 선하게 사용하고 있습니까?

마땅히 복종해야 하는 이유

> 그러므로 권세를 거스르는 자는 하나님의 명을 거스름이니 거스르는 자들은 심판을 자취하리라_롬 13:2

권세를 가진 윗사람도 권세를 잘못 쓰면 심판을 당하고, 권세 아래 있는 사람도 복종하지 않으면 심판을 당합니다. 사람은 복종하지 않으면 반역하게 돼 있습니다. 중간은 없습니다. 온 마음과 영혼을 통해서 자발적으로 순종하지 않으면 반역입니다. 그것은 하나님의 명을 거스르는 것이고 심판을 자취하는 것입니다.

그러므로 복종하지 아니할 수 없으니 진노 때문에 할 것이 아니라 양심을
따라 할 것이라_롬 13:5

바울이 인간의 실상과 권력자의 실상에 초점을 두고 말하는 게 아닙니다. 로마 황제가 올바른 판단을 하지 않을 줄 알고 있었습니다. 착취하는 자임을 알고 있었습니다. 그래도 복종하라고 합니다. '진노 때문에' 무서워서가 아니라 '양심을 따라', 양심 때문에 복종하지 않을 수 없다고 합니다. 그것이 하나님의 생각이기 때문입니다.

심판이 도대체 무엇입니까? 사탄은 끊임없이 가정을 파괴하기 위해 이혼을 도모하고 부모와 자녀를 흩어 버립니다. 결손가정이 생기고, 버려지는 아이들이 늘어나고, 아이들이 교회와 멀어져서 세상을 방황하게 만듭니다. 가정의 파괴가 교회의 분열로 이어지게 합니다.

권위를 거부하기 때문에 가정과 공동체가 깨어집니다. 올바른 권위를 보지 못했고, 순종을 배우지 못했으니 서로 싸우고 갈라질 수밖에 없습니다. 싫은 사람 떼어 버리면 잘 살 것 같아도 인간성이 말살됩니다. 그래서 권위를 인정하지 않는 가정과 사람과 교회와 나라는 비참한 것입니다. 이것이 심판입니다.

제 말을 문자적으로만 들으시면 안 됩니다. 이혼이 왜 그렇게 큰 죄냐고, 이미 이혼한 사람은 어떻게 하란 말이냐고 하시는 분도 있습니다. 이혼한 분들을 판단하려는 것이 아닙니다. 이혼과 상처로 깨어진 가정이라도 하나님의 생명이 들어간다면 얼마든지 회복될 수 있습니다. 가족 중 단 한 사람이라도 하나님의 권위를 인정하고 미움 대신 사랑으로, 원망 대신 용서로 복종한다면 모두가 심판에서 영광으로 옮겨질 것입니다.

제가 그다지도 이혼을 막으려고 애쓰는 것은 저의 결혼이 행복했기 때문이 아닙니다. 저 역시 살면서 이혼하고 싶은 순간이 헤아릴 수 없이 많았습니다. 그럼에도 하나님이 허락하신 남편의 권세, 시부모님의 권세에 복종했을 때 하나님이 칭찬의 상을 주셨습니다. 무엇과 비교할 수도, 바꿀 수도 없는 영혼 구원의 상을 주셨습니다. 그 상이 얼마나 귀한지를 알기 때문에 이혼을 막는 것입니다. "하나님이 짝지어 주신 것을 사람이 나누지 못할지니라"(막 10:9)는 말씀은 목숨 걸고 지켜야 할 하나님의 명령입니다.

그리스도인은 이중국적(二重國籍)을 가진 사람입니다. 하나님 나라의 백성이면서 동시에 땅 위에 세워진 나라의 백성입니다. 하나님의 법과 나라의 법이 상충되면 그리스도인은 당연히 상위법인 하나님의 법에 순종해야 합니다. 베드로도 사람보다 하나님께 순종하는 것이 마땅하다고 했습니다. 하나님께 순종하기 위해서라면 권력을 사유(私有)하고 착취하는 지도자에게 불복종할 수도 있습니다. 모세가 태어날 당시 새로 태어나는 히브리 남자아이는 무조건 죽이라는 애굽 왕의 명령이 있었지만, 산파들이 그 명령을 거부하고 모세를 살렸습니다. 다니엘도 느부갓네살 왕이 베푸는 진미를 거절하고 채소만 먹었다고 했습니다. 여리고 기생 라합도 이스라엘의 정탐꾼들을 숨겨 주기 위해 여리고 왕의 명령을 듣지 않았습니다. 구원을 위한 라합의 선택으로 이스라엘 백성이 약속의 땅 가나안에 들어가게 되었습니다.

하나님의 뜻에 순종하기 위해 부모님과 남편에게 불순종할 수도 있습니다. 술과 유흥, 비리를 권하는 직장 상사의 뜻을 거스를 수도 있습니다. 그러나 내 이익을 위해서, 내가 불편하다는 이유로 권력을 비판하고 거스르는 일은 안 해야 합니다.

술 마시고 때리는 남편 또는 무능력한 부모를 거스르고 있습니까? 비리를 행하는 상사를 거스릅니까? 도덕 양심이 아닌 신앙 양심에 비추어 볼 때, 어떤 윗사람이라도 구원을 위해 순종해야 한다는 걸 알고 있습니까?

위대한 순종, 납세(納稅)

너희가 조세를 바치는 것도 이로 말미암음이라 그들이 하나님의 일꾼이 되어 바로 이 일에 항상 힘쓰느니라_롬 13:6

하나님의 백성으로서 독재자나 착취자에게도 복종하라는 쉽지 않은 이야기를 했는데, 그 구체적인 적용을 '납세'로 결론짓습니다. 정말 돈 문제야말로 가장 힘든 적용인가 봅니다. 그래서 하나님이 세우신 나라의 권세자도 세금 문제에 힘을 쓴다고 합니다.

미국 LA 폭동이 일어났을 때 한국 교민들의 피해가 컸습니다. 하지만 평소 한국 사람들의 근면함이 널리 알려져 있었기에 미국인들의 동정을 샀고, 미국 국적이 없어도 보상을 받게 됐습니다. 그런데 보상을 해 주려고 보니 근거가 없습니다. 그렇게 근면한 한국 백성들이 세금을 하나도 안 냈습니다. 소득에 대한 세금을 냈어야 그것을 근거로 보상금을 줄 텐데 보상을 해 주고 싶어도 해줄 길이 없었습니다.

세계 곳곳에 중국 사람들이 가면 중국 음식점이 세워지고, 일본 사람들이 가면 일식집이 세워지고, 한국 사람들이 가면 제일 먼저 교회가 세워진다고 합니다. 그런 한국인들이 세금을 제대로 안 냈다는 겁니다.

저는 4대째 모태신앙으로 남편의 구원을 위해 목숨을 내놓고 기도를 했습니다. 그런 저도 세금 문제로 힘든 적용을 한 적이 있습니다.

남편이 떠나고 2년쯤 지났을 때 세무서에서 연락이 왔습니다. 무슨 세금이 체납이 됐다고 엄청난 과징금까지 물어야 한다는 것입니다. 남편이 다 알아서 하던 일이라 내용도 잘 모르겠고, 놀란 가슴으로 세무서로 달려갔습니다. 설명을 들어 보니 남편의 병원이 있던 건물에서 월세 수입이 나오고 있었는데 제가 그 수입에 대해서 신고를 안 했던 것입니다.

체납된 세금과 과징금이 저에게는 큰돈이었고 막막하기도 했지만 세무서 직원의 자세한 설명을 듣고 다음 날까지 납부하기로 약속을 했습니다. 여기저기서 인간적인 방법을 알려주기도 했습니다. 30년도 더 된 일이니 그야말로 호랑이 담배 먹던 시절이라, 사람들은 "세금을 내라는 대로 다 내면 바보다. 절세해야 된다"고 했습니다. 그 말에 솔깃해서 저도 잠시 고민했습니다.

약속한 다음 날, 큐티 본문 말씀이 민수기 14장이었습니다.

"내 영광과 애굽과 광야에서 행한 내 이적을 보고서도 이같이 열 번이나 나를 시험하고 내 목소리를 청종하지 아니한 그 사람들은 내가 그들의 조상들에게 맹세한 땅을 결단코 보지 못할 것이요 또 나를 멸시하는 사람은 한 사람도 그것을 보지 못하리라 그러나 내 종 갈렙은 그 마음이 그들과 달라서 나를 온전히 따랐은즉 그가 갔던 땅으로 내가 그를 인도하여 들이리니 그의 자손이 그 땅을 차지하리라"(민 14:22~24).

'온전히 따랐은즉'에 저의 마음이 꽂혔습니다. 거의 순종은 불순종이고, 거의 합격은 불합격입니다. 합격자를 발표할 때 "거의 합격입니다" 하는 경우는 없습니다. 다 지켰는데 하나를 못 지켜서 억울한 게 아니라 온전히 따르지 않은 사람은 약속의 땅에 들어갈 자격이 없습니다. 그래서 저도 세금을 온전히 납부하리라고 마음먹었습니다.

큐티 모임이 있는 날이라 일찍 서둘러 나와서 세무서로 가는데 손수건을 두고 온 것이 생각났습니다. 다시 돌아와서 집에 들어서는데 깜짝 놀랐습니다. 제가 가스레인지의 불을 켜 놓고 나왔던 겁니다. 하나님이 온전한 적용을 요구하시니 제 마음이 그만큼 복잡했던 모양입니다. 그런 저를 불쌍히 여기시고 그래도 하나님이 지켜 주셔서 집에 불이 나는 일은 막을 수 있었습니다.

그렇게 우여곡절(?) 끝에 세무서에 도착해서 담당 직원을 만나러 가면서도 저에게는 갈등이 있었습니다. 사실 세무서 직원도 제가 몰라서 안 냈다는 걸 믿어 주고, 과징금의 얼마는 감면 받을 수 있다고 했습니다. 아침에 큐티한 말씀을 생각하면서도 조금이라도 덜 내고 싶은 생각이 좀처럼 사라지지 않았습니다.

남편의 죽음도 구원의 사건으로 감사하고, 구원을 위해서는 어떤 사람도 사랑하고 순종하겠다고 하면서 세금 내는 일이 그렇게 힘들었습니다. 눈물을 흘리면서 간증하고 십자가를 지겠다고 했는데 세금을 못 내겠는 겁니다. "너희 몸을 거룩한 산 제물로 드리라"고 하신 12장 말씀 뒤에, 13장에서 왜 세금 문제가 나오는지 그때 뼈저리게 깨달았습니다.

그날 세무서 직원 앞에서 "나는 예수님을 믿는 사람으로서 부과된 세금을 모두 납부하겠다"고 했습니다. 그랬는데도 제가 불쌍해 보였는지 많은 액수를 감면해 주었고 결과적으로 부과된 세금을 온전히 내지는 못했습니다. 그래서 지금 이 간증을 하기가 부끄럽기도 합니다. 마음으로 온전하지 못했지만, 입으로라도 온전히 내겠다고 했던 저를 불쌍히 여겨 주셨다는 생각이 듭니다.

그 후로 솔직하게 소득을 신고하고 세금을 내고 있지만, 저도 100% 온전하지는 못했습니다. 목숨을 내걸고 구원을 위해 기도했는데, 세상으로 나가서 세금 내는 것이 목숨 내놓기보다도 어렵더라는 것을 제 경험을 통해 말씀드리고 싶습니다.

우리가 나라에 세금을 바치면 "그들이 하나님의 일꾼이 되어 이 일에 항상 힘쓴다"고 하십니다. 이 일이 무엇입니까? 하나님의 일꾼으로서 하나님의 일에 힘쓰는 것입니다. 어려워도 히브리 백성들이 낸 세금으로 로마에 도로가 건설됐습니다. 그 길이 하나님의 복음을 전파하는 데 쓰였습니다. 그 일을 위해 세금을 내는 것입니다. 하나님 때문에 복종하고 순종한 것은 모두 하나님의 일에 쓰입니다.

그러니 세금 내는 걸 아까워하기보다는 내가 낸 세금으로 나와 이웃이 덕을 본다는 것을 생각해야 합니다.

'내가 자원해서 선교와 구제를 못 하니까 세금으로라도 내게 하시는구나' 이런 마음을 가지면 될 것 같습니다.

모든 자에게 줄 것을 주되 조세를 받을 자에게 조세를 바치고 관세를 받을 자에게 관세를 바치고 두려워할 자를 두려워하며 존경할 자를 존경하라_롬 13:7

로마의 식민 치하에 사는 히브리 백성들에게 무슨 돈이 있었겠습니까? 믿음 때문에 핍박당하며 지하 공동묘지 카타콤에 사는 로마 성도들에게 먹고사는 문제가 얼마나 시급한 일이었겠습니까? 그런데 부자 나라 로마가 그들더러 세금을 내라고 합니다. 조세, 관세 다 내라고 합니다.

그래도 그 원칙을 지킬 때 하나님이 먹고살게 해 주십니다. 제가 부족해도 그때의 경험을 바탕으로 원칙을 지켰기 때문에 하나님이 저를 먹여 주고 입혀 주셨습니다. 다 내놓아서 아무것도 없을 것 같아도 하나님은 항상 저를 채워 주셨습니다.

위에 있는 권세를 가진 자가 선을 이룰 수 있도록 세금을 잘 내고 국가의 권위에 복종하는 것이 내가 할 일입니다. 지켜야 할 것을 안 지키기 때문에 세상이 교회 다니는 사람을 무시하고 하나님을 인정하지 않는다는 걸 알아야 합니다.

신앙을 떠나서도 오늘날은 모든 권위를 부정하는 때입니다. 부모, 스승, 선배, 상사, 대통령, 어떤 지도자의 권위도 확보되기 어려운 시대입니다. 이럴 때 성도로서 위의 권세와 권위에 대해 인정하는 태도를 보이는 것이 중요합니다. 존경할 만한 사람인가 아닌가는 내가 결정할 몫이 아닙니다. 그들을 사용하셔서 선을 이루시고 하나님의 일에 힘쓰게 하시는 것이 하나님의 생각이고, 하나님의 권세입니다.

그러므로 대통령의 이름, 목사의 이름, 사장님 이름, 아이들 선생님 이름이라도 함부로 부르지 말고 항상 권위를 인정하십시오. 그래야 나도 아이들에게, 부하 직원에게 권위를 가질 수 있습니다. "누구든지 네 연소함을 업신여기지 못하게 하고 오직 말과 행실과 사랑과 믿음과 정절에 있어서 믿는 자에게 본이 되어"(딤전 4:12)라고 하십니다. 누가 나를 업신여기지 못하게 하려면 내가 본이 되어야 합니다. 참된 권위는 희생과 섬김을 통해서만 배출되는 것입니다.

하나님은 비판하지 말고 분별하라고 하십니다. 위의 권세를 비판하고 반항하는 것은 죄성입니다. 그러면 비판과 분별의 차이는 무엇일까요? 바로 사랑입니다.

서로 사랑하는 연인들을 보십시오. 긴 시간을 연애하고 하루에도 몇 시간씩 전화를 하면서도 만나면 날마다 새롭다고 합니다. 사랑을 안 해 본 사람은 모르죠. 그래서 사랑은 해 볼 필요가 있습니다. 날마다 전화해서 "뭐 먹었어? 오늘은 뭐 했어?" 이런 이야기나 하면서도 좋아서 어쩔 줄 모릅니다. 늘 새롭습니다. 사랑하는 마음이 있기 때문입니다.

사랑하는 마음 없이 하는 비판은 포용력이 없기에 복종할 수 없습니다. 제가 시집살이를 처음 할 때는 시부모님을 사랑하는 마음이 부족해서 그저 비위만 맞추었습니다. 그러나 주님의 사랑을 경험하고 나서는 시부모님과 남편을 진정으로 사랑하게 되었고, 그러니 순종하는 것도 쉬워졌습니다. 나라에 대한 사랑도 없던 제가 북한에 가 보니 나라에 대한 사랑이 생겼습니다. 해외에 가면 다 애국자가 된다는데 참말이었습니다. 하지만 외국 나가서, 전쟁이 나면 애국할 생각하지 말고, 지금부터 세금 잘 내는 것이 애국애족입니다. 가정에서, 직장에서, 교회에서도 윗사람을 인정하고 원칙을 잘 지키는 것이 가장 위대한 순종과 믿음의 본입니다.

통치자와 국가를 위해서도 기도해야 합니다. 우리에게 허락하신 모든 권세를 위해 기도해야 합니다. 당장 마음과 영혼을 다해 복종하는 것이 힘들어도, 작은 것부터 순종하며 원칙을 지키고자 할 때 하나님이 평안을 주실 것입니다.

———

전문직 종사자나 자영업자들은 세금을 떼먹는데, 월급쟁이라서 어쩔 수 없이 세금을 낸다고 푸념합니까? 정부가 국민의 혈세(血稅)를 낭비한다고 눈에 불을 켜고 정책을 비판합니까? 낼 것을 제때 내는 것, 윗사람을 윗사람으로 인정하는 것이 결과적으로 내가 인정받는 비결임을 알고 있습니까?

말씀으로 기도하기

하나님 아버지! 하나님 나라의 백성으로서 이 땅에 세우신 권세에도 복종하라고 하십니다. 좋은 권세, 좋은 지도자가 아니라도, 괴롭히는 권세자라고 할지라도 복종하라고 하십니다. 그 권세가 하나님으로부터 온 것이기에 마음과 영혼을 다해서 복종하라고 하십니다. 나라와 가정과 직장과 교회에서 권위에 복종하고 순종하는 것이 심판을 피하는 것임을 알았습니다. 내가 부모와 남편의 권세에 복종하지 않기 때문에 가정이 분열된다는 것을 알게 하옵소서. 상사의 권세에 복종하지 않고 내 목소리를 높일 때 직장의 화합이 깨어진다는 것을 알게 하옵소서.

또 내가 부모로, 남편으로, 상사로, 교사로 권세를 가졌다면 그것이 구원을 위해 쓰이는 권세가 되기를 원합니다. 권위를 칼처럼 휘두르며 상처 주지 말고 항상 하나님의 일꾼임을 생각하며 섬김의 본을 보이는 윗사람이 되기 원합니다. 구체적으로 복종해야 할 납세의 의무를 말씀하십니다. 목숨 내놓고 구원을 위해 순종한다고 했지만, 세금 문제에서는 갈등했던 저의 욕심을 고백했습니다. 불쌍히 여겨 주옵소서. 주님이 저의 고백을 책임지시고 더욱 정직하게 순종할 수 있도록 은혜를 내려 주옵소서.

나라와 공동체의 지도자를 위해 기도하오니 그들이 하나님을 경외함으로 선을 이루게 하옵소서. 잘못된 지도자라도 하나님이 세우셨기에, 하나님이 책임지시고 구원을 위한 도구로 사용하실 것을 믿습니다. 입으로라도 지도자를 함부로 말하지 않게 하시고 날마다 삶에서 구체적인 순종과 적용이 이루어지도록 인도하여 주옵소서.

예수님 이름으로 기도하옵나이다. 아멘.

숨이 막혀도 그 남편, 그 상사에게 복종하는 훈련을
거칠 필요가 있기 때문에 그 권세를 허락하셨습니다.
하나님이 권세를 주시고 그들을 사용하셔서
나의 거룩을 이루어 가십니다.
하나님의 관심은 항상 나에게 있습니다.

공동체 고백

내가 복종해야 할 권세, 내 남편

'쿵쿵쿵 쾅쾅!' "모든 권세는 다 하나님께서 정하신 바라"의 본문을 읽는 순간, 격동하는 심장 소리가 얼마간 멈추지 않았습니다(롬 13:1). 호흡을 가다듬고 다음 구절을 읽는데······ "그러므로 권세를 거스르는 자는 심판을 자취하리라"(롬 13:2). 남편의 바람 그리고 저의 깊은 우울과 무기력이 제가 자초한 심판이라는 말씀에 또 한 번 심장이 뛰었습니다.

남편과 저는 교회의 동갑내기 친구였습니다. 경제적으로 어려웠던 남편은 일찍 돈을 벌겠다며 청소년 시절을 방황하다가 청년이 되어 집과 교회로 돌아왔습니다. 그런 남편을 보며 '지질한 이 남자를 내가 대학도 보내고 멋진 사람으로 만들어 보리라' 생각하고, 명품 시계와 살 집 등 결혼 비용을 다 우리 집에서 대겠다고 해 결혼을 준비했습니다. 그런데 결혼식을 한 달 앞두고 친정아빠가 투자한 곳이 부도가 나면서 시댁에서 모든 비용을 들여 결혼하게 되었습니다. 그리고 신혼 첫날부터 남편은 전에 사귀던 여자를 만나고 술을 마시는 등 청소년 시절 방황하던 때보다 더 음란한 생활로 저를 힘들게 했습니다. "결혼은 신뢰인데 어떻게 신혼 첫날부터 이럴 수 있냐"며 술에 취해 들어온 남편을 향해 온갖 잔소리를 퍼부었고 "배우지 못해 모르면 가르쳐 주는 거라도 잘 배우라"며 말과 표정으로 남편을 무시했습니다.

그런데 몇 달 전 주일예배 때 이스라엘이 기브온 족속에게 속아 넘어간 '속은 자, 속인 자' 설교(수 9:1-15)를 들으며 남편이 바람으로 저를 속이기 전에 제가 경제적으로 어려움이 있는 남편의 약점을 이용해 속여서 결혼한 것이 깨달아졌습니다. 그러니 저의 속임으로 남편의 마음이 갈라져 공연히 칼을 갖게 된 남편이 바람을 피울 수밖에 없었음이 이해되었습니다(롬 13:4). 하나하나 남편이 제게서 저버린 믿음들이 결국은 하나님이 정해 주신 저의 위의 권세에 제가 복종하지 않았기 때문임을 알게 되었습니다. 그리고 '눈에 보이는 좋은 모습일 때 복종하겠다'며 복종할 수 있는 모습을 만들려고 한 제가 남편보다 더 무식하고 교만했다는 생각이 들어 회개했습니다. 그러자 우울과 무기력으로 종일 누워만 있던 저와 이혼 안 하고 데리고 살아줌으로 남편이 제게 선을 베풀었다는 생각에 감사의 눈물이 났습니다(롬 13:4). 그리고 남편이 돈을 벌어 가족들을 돌본 것에 한 번도 감사함이 없던 것을 회개했습니다.

"조세를 받을 자에게 조세를 바치라"고 하시는데, 오랫동안 남편에게 쓰지 않던 복종의 언어를 쓰려니 처음엔 쑥스러운 생각에 "고맙다, 오늘 힘들었지?" 하는 사소한 말도 하기가 힘들었습니다(롬 13:7). 하지만 결혼생활을 통해 남편의 권세에 복종하는 것이 하나님이 제게 주신 권세를 누리는 것임을 알고, 남편에게 고마운 감정을 말과 행동으로 보이며 살겠습니다.

주 예수 그리스도로 옷을 입자

로마서 13:8~14

하나님 아버지, 우리가 정말 주 예수 그리스도로 옷 입는다면
어떤 상황도 주 예수 계신 곳이 하늘나라라고 찬양하게 될 것을 믿습니다.
예수님 이름으로 기도하옵나이다. 아멘.

목욕탕에 불이 났습니다. 너무 놀라고 무서워서 정신없이 뛰쳐나왔는데, 나오고 보니까 벌거벗은 채였습니다. 시뻘건 불길 앞에서는 살아야 한다는 생각밖에 없어서 이것저것 가리지 않고 뛰쳐나왔지만, 정신을 차리고 나면 도저히 발가벗고는 서 있을 수 없습니다.

갓난아기 때는 자기가 입었는지 벗었는지를 모릅니다. 무조건 먹고, 울고, 싸고 해도 부끄러운 걸 모릅니다. 그러나 자라나면 옷을 입어야 합니다. 아무 옷이 아니라 몸에 맞게 입어야 합니다. 입은 옷에 따라 우리의 몸가짐도 달라집니다. 정장을 하면 정장에 걸맞은 점잖은 몸가짐이 되고, 작업복을 입으면 작업복에 걸맞은 몸가짐을 갖게 됩니다. 정장을 차려입고 운동장에

나가 털썩 주저앉는 사람은 없습니다.

하나님께서는 우리를 구원하시고, 우리에게 알맞은 옷을 입혀 주셨습니다. 이 옷을 잘 입고 있으면 그리스도인으로서 합당한 삶을 살게 되지만, 이 옷을 아무렇게나 입거나 벗어 버리면 그리스도인으로서 그 이름에 걸맞지 않은 삶을 살게 됩니다.

사랑의 옷

피차 사랑의 빚 외에는 아무에게든지 아무 빚도 지지 말라 남을 사랑하는 자는 율법을 다 이루었느니라_롬 13:8

전에는 모든 것이 원수같이 여겨졌습니다. 남편도, 부모도, 형제도 원수같이 여겼습니다. 그런데 이제는 모든 것이 사랑의 빚으로 다가오기 시작합니다. 왜요? 내가 죄인임을 깨달았기 때문입니다. 그러니 예수님을 만나고 나면 내가 가진 모든 것이 빚입니다. 인정을 하든 안 하든 우리는 하나님의 큰 은혜로 부모님의 사랑과 헌신을 통해 이 땅에 태어났습니다. 태초에 하나님이 계셨고, 부모님이 계셔서 내가 태어났고, 예수님을 믿게 되었습니다. 그러니 내가 사는 것도, 부모가 있다는 것도 사랑의 빚입니다.

그런데 돈으로 진 빚은 차라리 돈으로 갚을 수 있는데 사랑의 빚은 사랑으로 갚기가 참 어렵습니다. 인간의 사랑 중에 부모의 사랑이 가장 숭고하다고 하지만 부모도 자식에게 뭔가를 바랍니다. 그래서 끊임없이 고부 갈등이 일어나고, 형제간에도 이해타산을 따집니다. 사랑의 빚을 갚을 마음이 들었다가도 "너는 나한테 해 준 게 뭐가 있냐?" 이렇게 돼 버립니다. 도저히 사랑할 수 없는 자식, 사랑할 수 없는 부모여서 사랑의 빚지기를 아예 거절하고 싶습니다. 사랑의 빚을 지는 것도, 갚는 것도 내 힘으로는 할 수 없습니다.

그러나 무언가 잃어 본 사람, 없는 것을 경험해 본 사람은 쉽게 고마움을 느끼게 됩니다. 그것을 생각하면 고마운 부모는 나를 버린 부모, 가난한 부모일 수 있습니다. 부모님의 불화와 무능력 때문에 내 삶이 힘들었다고 해도 그래서 더욱 하나님을 의지하게 됐다면 내가 져야 할 사랑의 빚, 갚아야 할 사랑의 빚이 더 크다는 것입니다.

미국의 클린턴 전 대통령은 어려서 친아버지가 돌아가셨다고 합니다. 그 뒤 어머니가 재혼했는데 의붓아버지는 알코올중독에 폭력적인 사람이었습니다. 게다가 어머니는 너무 신경질적이었습니다. 집안 분위기는 늘 권총을 지니고 있어야 할 만큼 험악했습니다. 그러나 클린턴은 의붓아버지와 어머니에게 끊임없이 애정을 느끼면서 살았다고 합니다. 그런 마음이 있었기에 클린턴에게도 예수의 씨가 있었을 것입니다. 스캔들도 많았지만 항상 솔직하게 자신을 드러내는 것이 그분이 가진 신앙의 힘이라고 생각합니다.

저는 교회를 개척하면서 환난당하고, 원통하고, 빚진 자들이 모이기를 기도하고, 그런 분들을 초청했습니다. 그랬더니 예배 장소가 서울 강남 한복판에 있어도 하나님은 전국 각지에서 힘들고 어려운 사람들을 모이게 하셨습니다. 망하고, 아프고, 문자 그대로 빚진 사람들이 우리들교회에 모였습니다.

우리 교회는 그런 분들에게 돈과 집을 드리지는 못합니다. 하지만 그분들이 날마다 말씀을 묵상하고 적용하면서 빚을 갚기로 결단하게 됐습니다. 살던 집을 팔아 빚을 갚고 반지하 월세방으로 가고, 사업체를 운영하던 사장님이 떡볶이 포장마차를 하고, 부도난 것에 대한 책임을 지기 위해 감옥에 가는 분도 있습니다. 바로 그분들이 사랑의 빚 외에는 아무 빚도 지지 않기로 결단한 사람들입니다. 그들의 고생을 내 아픔으로 여기고 함께 기도하는 우리도 사랑의 빚을 지고, 갚아 가는 것입니다.

전문가들은 빚도 중독이라고 말합니다. 다른 중독들과 마찬가지로 점진적으로 더 커지고 증세가 깊어진다고 합니다. 어떤 사람은 그것을 '마음의 무좀'이라고 표현했습니다. 좀처럼 사라지지도 않고 긁으면 시원할 것 같아서 긁어 버리지만 아픔과 가려움이 더해질 뿐입니다.

사랑의 빚 외에 어떠한 빚도 지지 말라고 하신 것은 모든 빚이 우리의 마음을 좀먹고 무너뜨리기 때문입니다. 누군가에게 빚을 지면 자존감이 무너집니다. 빚을 지고 사는 사람은 인생이 비참해집니다. 빚을 갚으려고 또 다른 빚을 지니 뭔가 숨기는 것이 생기고 대인관계가 순수하지 못합니다. 나만 망하는 게 아니라 배우자, 자녀, 부모형제, 이웃에게까지 피해를 끼칩니다. 그러니 가족과 이웃을 사랑하려면 어떠한 빚도 지지 말아야 합니다.

간음하지 말라, 살인하지 말라, 도둑질하지 말라, 탐내지 말라 한 것과 그 외에 다른 계명이 있을지라도 네 이웃을 네 자신과 같이 사랑하라 하신 그 말씀 가운데 다 들었느니라 사랑은 이웃에게 악을 행하지 아니하나니 그러므로 사랑은 율법의 완성이니라_롬 13:9~10

누구에게나 사랑의 감정이 생길 수 있습니다. 그렇다고 아무나 사랑해서는 안 됩니다. 이미 결혼한 사람인데도 나도 모르게 감정을 갖게 될 수 있지만, 그렇다고 남의 가정을 무너뜨릴 수는 없습니다. 가정은 하나님이 맺어 주신 공동체이기 때문에 간음을 해서는 안 됩니다.

누군가를 미워할 수도 있습니다. 죽이고 싶을 정도로 미워하고 그 사람이 없어지기를 바랄 수도 있습니다. 그러나 그 사람도 하나님의 생명이기 때문에 살인을 하면 안 됩니다.

하나님을 모르는 사람이 간음을 하고, 살인을 하는 것은 어쩔 수 없는 일입니다. 인간이 죄인이기 때문에 막을 수가 없습니다. 하지만 하나님을 만난 사람, 하나님을 사랑하는 사람은 죄를 짓고 싶어도 지을 수가 없습니다. 율법이 강력해서 죄를 안 짓는 게 아닙니다. 사랑이 율법을 지키게 합니다.

어떤 분은 이 말씀에 "탐식하지 말라"는 계명도 넣고 싶답니다. 한강에 뛰어드는 것만 자살이 아니라 몸에 나쁜 줄 알면서도 끊지 못하는 술, 담배, 음식들도 자살 행위라는 겁니다. 맞는 말입니다. 건강을 잃으면 나쁜만 아니라 온 집안 식구들을 힘들게 합니다. 그래서 모든 계명은 이웃 사랑, 나를 제외한 모든 사람들에 대한 사랑으로 요약됩니다.

그런데 여러분은 무엇으로 삽니까? 남편이 벌어다 주는 돈으로 삽니까? 아내가 지어 주는 밥으로 삽니까? 내가 벌어다 주니 내 식구들이 그 돈으로 사는 것 같습니까? 내가 학비 대 주고 용돈 주고 걱정해 주니 아이들이 그것으로 사는 것 같습니까?

그러나 톨스토이의 답은 다릅니다. 그는 《사람은 무엇으로 사는가》라는 작품에서 "사랑이 있기 때문에 산다"고 했습니다. 그렇습니다. 내가 살아갈 수 있는 것은 사랑 때문입니다. 사랑 받고 사랑하니 살아갈 수 있는 것입니다.

또한 사랑은 전해지는 것입니다. 흘러가는 것입니다. 부모님으로부터 사랑을 받고 자라야 내가 낳은 자식도 사랑할 수 있습니다. 내게 사랑이 없으면 내 자식, 내 이웃을 돌볼 마음도 우러나지 않습니다. 내 이웃을 내 몸같이 사랑하려면 내 몸을 귀히 여기시는 하나님의 사랑을 먼저 깨달아야 합니다.

하나님의 사랑도 부모님의 사랑도 그래서 모두가 내게는 빚입니다.

—

하나님께, 가족과 지체들에게 사랑의 빚진 자임을 실감합니까? 그 빚을 갚기 위해 포기하고 인내한 간증이 있습니까? 간음하고, 거짓말하고, 문제만 일으키는 가족을 보며 그것이 "나를 사랑해 달라"는 절규임을 깨닫습니까?

빛의 갑옷

또한 너희가 이 시기를 알거니와 자다가 깰 때가 벌써 되었으니 이는 이제 우리의 구원이 처음 믿을 때보다 가까웠음이라 밤이 깊고 낮이 가까웠으니 그러므로 우리가 어둠의 일을 벗고 빛의 갑옷을 입자_롬 13:11~12

파티복도 아니고 잠옷도 아니고 실크 옷도 아닌 갑옷을 입자고 바울은 권면합니다. 말만 들어도 너무 불편하고 무겁습니다. "갑갑해서 어떻게 입어. 그걸 어떻게 순종해" 하는 말이 나올 만합니다.

갑옷은 전투복입니다. 전쟁에서 이기는 게 중요하지 잠깐 답답한 게 문제입니까? 전투복은 깨어 있는 자세를 의미합니다. 항상 깨어 있는 사람은 무엇이 중요하고, 언제 무엇을 해야 하는지를 아는 사람입니다.

저는 강단에 올라가 설교를 하느라고 여름에도 옷을 차려입습니다. 시집살이할 때는 시부모님 때문에 민소매 옷을 못 입었고, 분가하고서도 남편이 싫어해서 못 입었습니다. 남편이 하늘나라에 가고 나서는 성경을 가르치느라 못 입었습니다. 이제 목사가 됐으니 평생 민소매 옷을 입고 외출할 일은 없을 것 같습니다. 그렇다고 제가 말씀 전하는 것을 그만두겠습니까? 갑갑해도 내가 즐겨 구속당해야 할 것이 있습니다. 잠깐 무겁고 힘들어도 영원한 승리를 위해 입어야 할 옷이 빛의 갑옷입니다.

> 낮에와 같이 단정히 행하고 방탕하거나 술 취하지 말며 음란하거나 호색하지 말며 다투거나 시기하지 말고_롬 13:13

방탕과 술은 떼려야 뗄 수 없는 관계입니다. 음란과 호색도 같이 붙어 다닙니다. 다툼과 시기도 한꺼번에 일어납니다. 이런 방탕의 잠, 음란의 잠, 시기의 잠에서 깨어나야 합니다.

《뉴스위크》에 〈포르노 중독과 싸우는 성직자들〉이라는 기사가 실렸습니다. 2000년도 한 기독교 잡지에서 조사한 바에 따르면 성직자의 약 40%가 음란 사이트를 방문한 적이 있다고 합니다. 성직자들이 사람들에게 둘러싸여 있으면서도 외로움을 느끼고 친밀함을 갈망해서 그런 사이트에 들어가는 것입니다. 성직자도 인간이고 성적 욕구가 있습니다. 그런데 성직자라는 이유로 잘 드러내지 못하니까 그런 비밀스러운 방법으로 접속을 합니다.

낮에는 단정히 행할 수 있지만 밤이 되고 혼자 있는 시간에는 깨어 있기가 어렵습니다. 혼자 있을 때도 하나님이 보신다는 것을 알고 단정히 행한다면 그 사람이야말로 성자입니다.

사람을 만날 일이 있거든 되도록 낮에 만나시기 바랍니다. 낮에 일하느라고 바쁜 분들은 가급적 이른 저녁에 만나고 헤어지십시오. 어두움이 깊어지면 죄도 쉽게 틈을 탑니다. 다들 잠든 밤중에 전화 통화를 하면 속삭이게 되고 괜히 코맹맹이 소리가 나옵니다. 시간상으로도 어두운 시간을 피하고 밝을 때 활동하는 것이 빛의 갑옷을 입는 적용입니다.

밤에 깨어 있고 낮에 자느라고 일상생활에 지장을 받고 있습니까? 남을 비방하고 꼬투리 잡는 데는 깨어 있고, 칭찬이나 용서에는 자고 있습니까? 그런 어둠을 물리치기 위해 큐티와 예배의 갑옷으로 무장합니까?

주 예수 그리스도로 옷 입자

오직 주 예수 그리스도로 옷 입고 정욕을 위하여 육신의 일을 도모하지 말라_롬 13:14

우리들교회의 어느 자매가 남편의 지갑에서 어떤 여자와 다정하게 찍은 남편의 사진을 보고는 정신이 멍했다고 합니다. 잠을 이루지 못하고 뒤척이며 옆에 누워 자고 있는 남편을 죽이고 싶은 마음이 들었습니다. 툭하면 직장을 그만두고 술에 취해 집 안을 부수는 남편이 바람까지 피운다고 생각하니 견딜 수 없었습니다. 부엌으로 나가 쭈그리고 앉아서 큐티책을 폈습니다.

"하나님께서 지으신 모든 것이 선하매 감사함으로 받으면 버릴 것이 없나니 하나님의 말씀과 기도로 거룩하여짐이라"(딤전 4:4~5).

자매는 남편의 무능함도, 외도도 하나님이 주신 선하신 사건이라고 하시는 말씀에 하염없이 울었다고 합니다. 결코 감사할 수 없는 사건이지만 감사함으로 받으면 버릴 것이 없다고 하시니 감사하다고, 말씀과 기도가 있기에 자신도 남편도 거룩해질 것을 믿는다고 했습니다.

또 큐티엠의 홈페이지에는 이런 나눔이 올라왔습니다.

우리 부부 사이에서 이혼 얘기가 나온 지 4개월이 되어 가고 있습니다. "내가 잘못했으니 용서해 달라"고 하는데도 남편의 이혼 요구는 계속되었습니다. 이혼에 합의해 주지 않는 저를 향해 남편은 수시로 독설을 퍼부어 댔습니다. 이미 남편에게는 우리가 함께 살아야 할 필요나, 저를 향한 감상적인 애정마저도 남아 있지 않나 봅니다.

"당신은 나를 있는 그대로 사랑해 본 적이 없어. 당신은 자기 식대로 사는 사람이야. 당신은 하찮은 것에 목숨 거는 사람이야. 당신은……" 하며 남편은 이리저리 저를 정죄했습니다. 그러나 그러는 남편 앞에서 예전처럼 '그건 그렇지가 않아. 그건 이렇기 때문이야' 하는 식으로 저를 변호하지 않았습니다. 대신 마음속으로 '그래, 내가 그런 면이 있지. 그럴 의도가 전혀 없었는데도 당신이 상처 받았구나' 인정하며, "미안해, 여보. 나를 용서해 줘"라고 말했습니다.

그래도 남편의 정죄는 수그러들지 않았습니다. "이때까지는 가족을 위해 살았지만 이제는 그러지 않기로 했다"면서 가족과는 전혀 상관없이 시간과 돈과 마음을 써 버리는 남편의 태도도 고스란히 받아들이기로 했습니다. 부모로서, 배우자로서 책임이 있는데 어찌 그럴 수 있느냐, 나는 지금까지 나를 위해 살아왔느냐, 나도 억울하다 그러지 않았습니다. '그동안 저 사람이 외로웠구나, 마음속에 저렇게 많은 쓴 뿌리를 가지고 있었구나' 하는 생각에 그 마음의 독소가 다 퍼내지도록 묵묵히 듣습니다.

저를 향한 남편의 정죄와 비판과 절망을 보며 내가 그동안 뿌려 온 씨가 크게 자라 남편의 마음속에 죽음으로 뿌리내리고 있음을 봅니다. 그래서 남편이 어떤 말을 해도 그대로 듣기로 했습니다. 우리 부부가 그동안 뿌려 온 죽음과 절망에서 우리를 살려내는 길은 제가 죽어지는 것밖에 없음을 압니다. 그러니 남편 앞에서 온전히 죽고자 했습니다.

그러나 시간이 가도 계속되는 남편의 질타는 저를 지치게 했습니다. 내안의 자존심이 아우성치기 시작했고, 남편과의 싸움이 아닌 내 안의 자존심과 싸워야 했습니다. 때로는 무조건 당하는 것이 병적인 것은 아닐까 자괴감도 들었습니다. 어떤 날은 억울함이 치솟아 올라 방문을 잠그고 혼자 목 놓아 울기도 했습니다. 다 집어치우고 이혼해 버릴까 하는 생각이 몇 번이고 들었습니다.

그때마다 십자가가 나를 붙들어 일으켰습니다. 죄인인 저를 위해 수치와 조롱을 당하신 주님의 십자가가 저를 견디게 했습니다. 남편을 긍휼히 여기게 하며, 내 죄를 보게 하는 능력이 되었습니다. 그러기를 넉 달여, 최근 들어 남편의 질타가 잦아들고 있습니다. 제 말에 대답을 하지 않는 것은 여전하지만, 그 마음이 풀려 가는 것이 조금씩 보입니다.

내 억울함을 변명하지 않거나 참고 견디는 것은 예전의 저라면 어림도 없는 모습입니다. 저는 유능한 재판관이었으니까요. 분별하여 시시비비를 가리기를 잘했습니다. 그러나 말씀 안에 서면서 하나님의 방법은 세상의 방법과 많이 다른 것을 보았고, 그 깨달음이 저를 변화시켰습니다. 그러나 워낙 흠이 많기에 아직도 가야 할 길이 멉니다. 그래도 지금까지의 걸어온 길을 되돌아보면, 역시 사람을 살리는 것은 사랑임을 절감합니다. 나를 부인하는 사랑, 그것이 사람을 살리는 것을 봅니다.

주 예수 그리스도로 옷 입는 것은 이런 것입니다. 내 힘으로는 누구를 용서할 수도 사랑할 수도 없다는 것을 날마다 말씀으로 봐야 합니다. 그래서 내가 입은 옷이 더러운 것을 알면 얼른 새 옷으로 바꿔 입게 됩니다. 그렇지 않으면 날마다 육신의 일을 도모합니다. 정욕대로 미워서 살인하고, 다툴 수밖에 없습니다.

사랑이 사람을 살립니다. 가정에서, 직장에서, 공동체에서 날마다 죽어지는 십자가 사랑이 나를 살리고 다른 사람을 살립니다.

———

사업이 망했습니까? 책임지고 감옥에 갈 일이 있다면 가십시오. 배우자가 바람을 피웠습니까? 가정을 지키기 위해 어떤 모욕이라도 감당하십시오. 자녀가 가출을 했습니까? 말씀대로 양육하지 못한 부모의 죄를 깨달으며 무조건 안아 주십시오. 오늘 있을 만남과 모임, 대화 속에서 주 예수 그리스도로 옷 입는 것이 무엇인지 실천해 봅시다.

말씀으로 기도하기

하나님 아버지! 감당하기 힘든 부모와 배우자와 자녀가 있습니다. 그들로 인해 삶의 무게가 너무도 무겁게 느껴집니다. 그러나 나를 위해 죽어 주신 주님을 생각할 때 그들이야말로 내가 사랑의 빚을 갚아야 할 대상인 것을 알기 원합니다. 부모가 있고 가족이 있어서 주님의 사랑을 알게 되었다는 것을 기억하기 원합니다. 하나님으로부터 받은 사랑의 빚을 갚기를 원합니다. 내 가족, 내 이웃에게 하나님으로부터 받은 그 사랑을 전할 수 있기를 원합니다.

날마다 육신의 일을 도모하고, 한 가지 계명도 지킬 수 없는 나이지만 내 가족을 사랑하기로 결단할 때 빛의 갑옷을 입게 될 줄 믿습니다. 잠시 갑갑하고 무거워도 기쁘게 빛의 갑옷을 입고 깨어 있는 삶을 살게 될 줄 믿습니다. 내 가정과 공동체를 사로잡은 어두움을 물리치게 될 것을 믿습니다.

자녀들에게 물려줄 사랑이 있는 부모가 되기를 원합니다. 내 자녀들이 "어려서부터 부모로부터 사랑을 많이 받았다"고 자랑할 수 있기를 기도합니다. 돈이 많은 것이 축복이 아니라 사랑 받고 사랑하며 자란 것이 진정한 축복임을 알게 해 주시옵소서.

힘들고 막막한 사건에서 주 예수 그리스도로 옷 입는 것은 결국 십자가를 지는 것임을 알았습니다. 나를 부인하고 죽어지는 것만이 살아나는 길임을 알았습니다.

어떤 절망에서도 사람을 살리는 것은 사랑입니다. 그 사랑을 실천하기 원합니다. 묵묵히 들어야 할 말을 듣고 용납하며 하나님이 묶어 주신 나의 가족을 사랑의 십자가로 잘 지게 하옵소서. 승리하게 하옵소서.

예수님 이름으로 기도하옵나이다. 아멘.

공동체 고백

외면의 갑옷

얼마 전 부모님의 일로 아내와 크게 다툰 적이 있었습니다. 제가 아버지께 대출금을 갚는 일에 사용하시라고 보내드리는 돈을 아버지는 "이혼소송 중인데 빚 갚아서 너희 엄마에게 재산 줄 일 있냐"며 최근 몇 달 동안 돈을 달리 사용하셨습니다. 그리고 어머니에게선 아버지가 대출금도 갚지 않고 생활비도 주지 않으니 자신에게 그 돈을 보내라는 연락이 왔습니다. 제가 어머니의 뜻대로 하자고 아내에게 말하자 "공동체에 그 문제를 물어보지도 않고 마음대로 결정했다"며 항상 그런 식이라고 크게 화를 냈습니다. 그리고 저도 부모님의 돈 문제만 나오면 아내가 화를 낸다는 생각에 같이 맞받아쳤습니다. 저는 "생활이 어렵다는 부모의 얘기를 듣고 자식 된 도리로 어떻게 하냐!"고 했고, 아내는 "우리도 넉넉지 못한 형편에 드린 건데, 아무런 의미 없이 사용된 것 아니냐!"고 서로에게 도덕적 범죄자로 생색의 언어를 쓰며 다투었습니다.

예전부터 부모님과 관련된 돈 문제가 빈번하게 있었고, 그때마다 어쩔 줄 몰라 부부가 하나 되지 못해 다투기만 하던 일에 대해 아내는 "부모님의 구원 문제로 바라봐야 한다"고 했고 저도 그 말에 동의했었습니다(롬 13:11). 하지만 무언가 계속 마음속에 눌리는 것이 있었는데, 오늘 말씀을 묵상하며 그것이 금전적인 문제 이외에 제가 아무것도 하지 않는 것임을 알았습니다. 누구도 부인하지 못할 것이 부모님의 자식에 대한 사랑이고 제게는 그 빚이 있는데,

부모님의 싸움으로 저의 가정에 그 불똥이 튈까 봐 외면하였습니다(롬 13:8). 그리고 소그룹 모임에서는 힘들게 하는 부모님 때문에 고통 받는 피해자의 모습으로 포장하여 양심의 가책을 탕감 받으려 했습니다. 정작 부모님의 고난과 연결된 저의 문제를 몰랐던 것입니다.

부모님의 불화는 어린 저에게 인간관계에 대한 두려움을 갖게 했고, 그 두려움을 외면과 기피로 방어하려 했습니다. 다른 사람의 힘든 얘기를 들으면 그냥 '힘들겠네……'라고 잠시 생각할 뿐 그다음은 '아무 생각 없음, 벌써 잊었음!'이 되었습니다. 또 '내가 원래 이렇지'라며 스스로를 정죄하기 일쑤였고, '나와 부모님은 원죄의 공동체이며 죄받아 마땅한 집안'이라는 잠재의식이 자리를 잡고 있었습니다. 나 자신을 사랑하지 못해 남을 사랑하기 힘들었고, 부모에게 사랑의 빚은 있으나 감당하지 못할 것 같은 두려움에 철저히 외면의 갑옷을 입고 있음을 오늘 말씀을 통해 깨닫게 되었습니다. 부모님이 서로 헐뜯고 욕하는 얘기를 하면 '많이 힘드셨겠구나!' 하고 애통해하며 받아들이겠습니다. 그리고 돈 문제에 대해서는 제가 할 수 있는 것과 없는 것을 스스로 인정해 부모님께 솔직히 말씀드리고 뒷일을 감당하는 빛의 갑옷을 입기를 소망합니다(롬 13:12).

주의 소유로 사는 축복

로마서 14:1~12

하나님 아버지, 세상의 소유가 아닌 주의 소유로 살고 싶습니다.
어떻게 살아야 할지 말씀하여 주시고, 말씀대로 살게 하옵소서.
예수님 이름으로 기도하옵나이다. 아멘.

수십 년 역사를 가진 어느 교회에서 원로 목사님이 퇴임을 하게 됐습니다. 그리고 새로운 목사님이 오시는데 예배 시스템을 바꾸겠다고 하면서 강단 위에 있는 피아노 위치를 옮기자고 했습니다. 왼쪽에 있는 피아노를 오른쪽으로 옮기자, 조금 뒤로 옮기자, 앞으로 옮기자 그러다가 장로님들 사이에 서로 패가 갈렸습니다. 결국 피아노를 어떻게 옮기느냐 싸우다가 교회가 갈라지고 말았습니다.

사도 바울 당시에도 그런 논쟁이 있었습니다. 안식일을 지킬 것인가, 주일을 지킬 것인가의 문제가 있었습니다. 사도들은 안식 후 다음 날을 주일로 삼고 안식일도 지키고 주일에도 모여서 예배를 드렸습니다. 유대교 배경을 가진 그리스도인에게는 그것이 논쟁거리가 됐습니다.

또한 고기를 먹을 것인가, 채소를 먹을 것인가 하는 문제도 있었습니다. 우상의 제단에 바쳐졌던 고기가 시장에서 유통되는 일이 있었기 때문에 안 먹어야 된다는 사람이 있었고, 하나님이 주신 것이니 뭐든지 먹어도 된다는 사람이 있었습니다. 누가 옳고 그른가를 따지느라 문제가 많았습니다.

오늘날 내 가정과 사회, 교회와 나라의 깊은 문제들도 마찬가지입니다. 모두 자기 소견에 옳은 대로 살기 때문에 갈등이 생깁니다. 모든 것을 옳고 그름으로 비판하니 서로가 힘든 것입니다.

그런데 사도 바울은 "비판하지 말라, 업신여기지 말라, 비판하지 말라"(롬 14:10)고 합니다. "우리가 다 하나님의 심판대 앞에 설 것이니 우리 각 사람이 자기 일을 하나님께 직고하리라"(롬 14:10, 12)고 합니다. 이런 말을 힘주어 전하는 이유가 무엇이겠습니까. 우리가 다 하나님의 소유이기 때문입니다. 그러므로 우리는 주의 소유로 살아야 합니다.

연약하나 괜찮다

믿음이 연약한 자를 너희가 받되 그의 의견을 비판하지 말라 어떤 사람은 모든 것을 먹을 만한 믿음이 있고 믿음이 연약한 자는 채소만 먹느니라
_롬 14:1~2

우리는 이래저래 믿음이 약한 자를 보면 마음에 들지 않아 '야단을 쳐서라도 고쳐 줘야' 하는 마음이 듭니다. 그러나 비판보다 중요한 것은 사랑입

니다. '받되'는 그냥 용납하는 정도가 아니라 열렬히 환영하고 영접하는 것입니다. 믿음이 연약한 자를 비판하지 말고 먼저 그들을 열렬히 환영해야 합니다. 야단치고 고쳐 줘야 할 일이 있더라도 그들이 비판을 잘 받아들일 때까지 열렬히 사랑을 해 주고 도와야 합니다.

내가 누군가를 비판하는 이유는 첫째로 인내심이 부족하고, 둘째로 믿음이 부족하기 때문입니다. 아무리 연약한 사람이라도 하나님이 변화시킬 것을 믿어야 하는데 '저 사람은 절대로 안 변해. 그냥 좋게 말해서는 고칠 사람이 아니야' 하는 굳건한 믿음이 우리에게 있습니다. 성령이 하시는 일을 믿지 못하고 내 믿음으로 똘똘 뭉쳐 있는 겁니다.

교회에 와서 우아하게 앉아 있기만 하면 강하고 성숙한 자입니까? 죄인들과 각종 병자들이 모인 베데스다 연못가에서 예수님은 "건강한(스스로 건강하다고 믿는) 자에게는 의사가 쓸데없고 병든 자에게라야 쓸데 있나니"(눅 5:31)라고 말씀하셨습니다. 교회는 영적 병원입니다. 아프고 죄 많은 사람들이 모인 곳이 교회이고, 그런 교회가 건강한 교회입니다. 내가 건강하다고 아픈 사람을 비판한다면 병원에 와서 환자들을 욕하는 것과 마찬가지입니다.

건강한 교회가 되면 못 할 일이 없습니다. 하나님께서는 강남 한복판에 휘문고등학교를 우리들교회의 예배 처소로 쓰게 해 주셨고, 거기에 이어 판교에 성전을 지을 수 있도록 도와주셨습니다. 건축을 한다고 빚지지 않기 위해 교회의 모든 사역자들이 허리띠를 졸라매고 성도들의 헌금을 규모 있게 쓰려고 노력했습니다. 모든 성도들도 자원하는 마음으로 헌금을 드리고 눈물의 헌당예배를 드린 후 지금까지 왔습니다.

제가 항암치료를 받으며 교회의 모든 사역을 쉬고 있을 동안에도, 하나님께서는 헌신 된 사역자들과 평신도들의 기도를 통해 더 큰 부흥을 이루어 주셨습니다. 이것은 저의 힘으로 한 것이 아니라, 환난당하고 빚지고 원통한 자를 오라고 했던 교회의 사명을 잘 감당하라고 하나님이 당신의 일을 이루신 역사라고 저는 굳게 믿습니다. 저는 죄인의 공동체, 아픈 사람들이 모이는 우리들교회가 얼마나 건강하고 좋은 공동체인지를 실감하고 있습니다.

세상에 속한 사람들은 아픈 사람을 싫어합니다. "넌 왜 그리고 사니?"라며 비판하고 외면합니다. 그러나 아픈 사람들은 누구보다 하나님을 의지하고 말씀을 사모합니다. 그래서 저는 우리들교회를 개척하며 "갖출 것 다 갖춘 사람들 오라"고 초청하지 않았습니다. 말씀 그대로 "환난당하고 원통하고 빚진 자"(삼상 22:2)를 날마다 초청했고 그런 사람들의 공동체가 이루어졌습니다.

갓 태어난 아기에게는 누구를 사랑하라고 하지 않습니다. 그냥 잘 먹고, 잘 자기만 하면 예쁩니다. 숟가락을 집어 던지고 악을 쓰며 울어도 잘 먹고, 잘 싸고, 잘 자기만 하면 모두가 기뻐하고 예뻐합니다. 어린아이가 부모님 식사를 챙기고, 옷을 사다 주고 생계를 책임지려 한다면 그 아이는 치료가 필요한 아이입니다. 어릴 때는 그저 건강하게 잘 자라는 것이 효도입니다.

처음 예수님을 믿은 사람도 그렇습니다. 처음 교회에 와서 은혜를 받으면 혼자 은혜 받은 것처럼 방방 뛰어다닙니다. 찬양도 제일 큰 목소리로 소리 높여 부릅니다. 그런 사람이 건강한 사람입니다. 예수님을 믿고 은혜를 받았는데도 교양 있게 가만히 있으면서 가르치는 일이나 직분에만 관심이 있다면 그 사람은 아픈 사람입니다.

우리가 예수 그리스도 한 분을 믿어도 믿음의 모습은 천태만상입니다. 집안에 전통이 있듯이 교회에도 전통이 있고 문화가 있습니다. 어떤 교회는 지금도 주일이면 신문도 텔레비전도 안 보는 전통을 가졌습니다. 반면에 그런 것을 전혀 개의치 않는 교회도 있습니다.

언젠가 구약성경에서 먹지 말라는 음식을 안 먹으려고 애쓰는 부부가 있다는 얘기를 들었습니다. 그래서 돼지고기, 전복, 해삼, 멍게를 안 먹는답니다. 그런데 또 생선회는 먹는답니다. 음식을 이렇게 따져 가면서 먹는 이 부부가 과연 믿음이 강한 부부일까요? 그렇지 않습니다. 모든 것을 다 먹는 자가 강한 자입니다. "믿음이 연약한 자는 채소만 먹는다"(2절)고 했습니다. 이 부부는 아직도 무엇을 지켜야 할지 모르는 약한 자인 것이지요.

어떤 선교사님의 이야기입니다. 안식년을 끝내고 다시 선교지로 돌아가는데 출국하는 날이 주일이었습니다. 배를 타고 출국을 하게 돼서 그 교회의 목사님과 성도들이 함께 가서 배에서 송별예배를 드렸습니다. 그런데 어떻게 안식일에 배에서 예배를 드릴 수 있느냐고 교단에서 출교를 시켰답니다. 사역을 하는 어떤 선교사님은 달력이 없어서 나름대로 주일을 정하고 예배를 드렸는데 나중에 보니 그날이 월요일이었다고 합니다. 그러면 그분은 그동안 잘못된 예배를 드린 걸까요?

불과 몇 년 전만 해도 교회마다 주일 저녁예배가 있었는데 요즘은 그것이 없어지거나 오후예배로 바뀌면서 편의주의라는 비판도 있었습니다. 주 5일 근무제가 시행되면서 금요일 저녁을 1부 예배로 드리는 교회도 생겼습니다. 토요일 오후에 예배를 드리는 교회도 있습니다. 이라크를 비롯한 어떤 나라에서는 화요일이 공휴일이라고 합니다. 그곳에 사는 사람들은 주일을 지킨다고 회사를 빠져야 할까요?

신앙의 모습도 가지각색이기에 옳고 그름을 따지고 비판할 일이 너무도 많습니다. 그러나 주님은 무엇을 해도 좋다고 하십니다. 여러분이 결혼을 해도 좋고, 안 해도 좋습니다. 금식을 해도 좋고, 안 해도 좋습니다. 주일예배를 드리고 나서 골프를 쳐도 좋고, 공부를 해도 좋습니다. 주일 성수를 못 해서 금요예배를 드려도 좋습니다. 토요일에 예배를 드려도 좋습니다.

주말과 주일에 일을 해야 하는 사람들에게는 금요예배가 구원의 통로가될 것입니다. 토요일에 교회에 가서 하룻밤 자고 주일예배를 드리고 오는 전원(田園)교회도 있습니다. 그렇다고 거기에는 구원이 없습니까?

오늘 본문은 그런 일로 사람을 다치게 해서는 안 된다고 합니다. 이래도 좋고 저래도 좋은 문제가 대부분인데, 그것을 목숨 걸고 비판하다가 구원을 다쳐서는 안 된다는 것입니다.

―

평생 같이 교회를 다녔는데도 믿음이 자라지 않는 배우자, 자녀가 있습니까? 우울증과 피해의식으로 날마다 징징거리는 지체가 있습니까? 그들의 연약함을 의심하고 비판하는 것이 내 연약함을 들키기 싫은 가식이라는 사실을 인정합니까?

하나님이 받으셨으니 괜찮다

먹는 자는 먹지 않는 자를 업신여기지 말고 먹지 않는 자는 먹는 자를 비판하지 말라 이는 하나님이 그를 받으셨음이라 남의 하인을 비판하는 너는 누구냐 그가 서 있는 것이나 넘어지는 것이 자기 주인에게 있으매 그가 세움을 받으리니 이는 그를 세우시는 권능이 주께 있음이라
_롬 14:3~4

《가이드포스트》에서 읽은 글입니다. 아이들을 학교에 챙겨 보내야 하는 엄마가 진눈깨비가 내리는 어느 날 늦잠을 자고 말았습니다. 본인도 출근을

해야 하는데, 큰아이는 부랴부랴 스쿨버스에 태워 보내고 둘째 아이는 직접 데려다 줘야 했습니다. 추운 날씨인데다 진눈깨비로 길은 꽁꽁 얼었고, 직장에는 지각을 했으니 마음이 조급하고 안달이 났습니다. 자기도 모르게 짜증스러운 말을 내뱉었습니다.

"날씨가 미쳤나? 왜 이 모양이야."

엄마의 말을 들은 둘째 아이가 이렇게 말합니다.

"엄마, 그럼 하나님이 미친 거야?"

평소 아이들에게 비를 주셔도 감사, 눈을 주셔도 감사, 햇살도 감사, 하나님이 주신 것은 다 감사한 거라고 가르쳤는데 '미친 날씨'라고 했으니 하나님을 미친 분(?)으로 만든 셈입니다.

무언가를 비판하고 비판하는 이유는 첫째는 인내심이 부족하고, 둘째는 믿음이 부족하기 때문이라고 했습니다. 하나님이 일하시는 것에 대한 신뢰가 없기 때문에 날씨도, 사람도 내 마음대로 비판하는 겁니다.

어느 잡지를 보니 초등학교 3학년까지의 학력을 40년간 속인 사람이 가정과 교회와 직장에서 너무 힘들게 살았다는 이야기를 털어놓았습니다. 그렇게 털어놓지 못하는 것도 자기 믿음입니다. 고사떡을 먹어도, 안 먹어도 자기 믿음의 수준입니다.

우리는 먹는다고 비판하고, 먹지 않는다고 업신여깁니다. 부자라고 비판하고 가난하다고 업신여기고, 영어를 쓴다고 비판하고 영어를 못한다고 업신여깁니다. 교회 안에서도 직분이 있으면 비판하고 없으면 업신여깁니다. 영적 교만이 가장 무섭다고 했는데 교회 안에서 비판하고 업신여기는 것은 세상에서보다 훨씬 무서운 교만입니다.

비판을 일삼는 우리에게 하나님은 비판하지 말라고 강하게 말씀하십니다. 하나님이 우리를 받으셨기 때문입니다. 모든 주권이 하나님께 있기 때문에 하나님의 것을 함부로 비판하지 말라는 것입니다.

4절의 '하인'은 가족의 일원으로 여겨질 만큼 주인과 친밀한 관계를 가진 사람을 말합니다. 하나님의 자녀를 비판하는 것은 하나님만 하실 수 있습니다. 넘어지든지 세우든지 하나님이 그 사람을 위해 하실 일입니다. 하나님이 미리 정하시고 부르시고 의롭게 하시고 영화롭게 하실 자녀이기 때문에 우리가 함부로 '빨갛다, 노랗다' 비판을 하면 안 됩니다. 그런데도 비판하고 있으니까 "비판하는 너는 누구냐!"고 야단을 치십니다. 누가 감히 하나님의 자리에 서느냐는 겁니다.

―

내가 쉽게 업신여기는 대상, 비판하는 행동은 어떤 것입니까? 나와 같은 하나님의 자녀라고 인정하기 싫은 사람이 있습니까? 나를 부르시고 세우신 하나님의 능력이 그 사람도 세우실 것을 믿고 기도합니까?

주를 위한 것이니 괜찮다

날을 중히 여기는 자도 주를 위하여 중히 여기고 먹는 자도 주를 위하여 먹으니 이는 하나님께 감사함이요 먹지 않는 자도 주를 위하여 먹지 아니하며 하나님께 감사하느니라 우리 중에 누구든지 자기를 위하여 사는 자가 없고 자기를 위하여 죽는 자도 없도다 우리가 살아도 주를 위하여 살고 죽어도 주를 위하여 죽나니 그러므로 사나 죽으나 우리가 주의 것이로다_롬 14:6~8

참으로 놀라운 고백입니다. 고기를 먹느냐 채소를 먹느냐, 안식일이냐 주일이냐 하는 일차원적인 문제에 매달리기는 했지만 초대교회 성도들은 그래도 '주를 위하여'가 목적이었습니다. 그것이 초대교회의 능력입니다.

동유럽에서 사회주의가 붕괴되기 전, 불가리아의 할라란 포포브 목사님이 KGB 요원에게 잡혀가 고문을 당했습니다. 정신을 차릴 수 없는 심한 고문에 시달리다가 자신도 모르게 주님을 부인하고 말았습니다. 정신을 차린 후에 번복을 했지만, 목사님은 그 일을 통해 핍박이 심해지면 누구라도 예수님을 부인할 수 있다는 것을 깨달았다고 합니다.

그래서 예수님을 부인하고 풀려난 사람들에 대해 전혀 비판하지 않았다고 합니다. 먼저 풀려난 사람들은 포포브 목사님을 위해 후원회를 만들고 함께 기도해 주었습니다.

누군가를 비판하기 전에 잘못한 일은 동기를 보고, 잘한 일에는 결과를 보고 칭찬만 하면 됩니다. 그러면 함부로 비판할 사람이 없어집니다. 무엇을 해도 좋은데 누구를 위하여, 무엇을 위해서 했는지가 중요한 것입니다.

성숙함과 연약함의 차이는 본질과 형식, 어느 쪽을 강조하는가에 있습니다. 형식이 불필요하다는 것이 아닙니다. 형식을 통해 본질을 알아 가는 것인데 연약한 사람은 형식에 머물러 있습니다. 외적인 치장과 명품을 좋아하고 명예를 좋아합니다.

초대교회와 비교할 때 이 시대 우리의 모습이 그렇습니다. 멋있게 지은 교회당, 우아한 사람들, 교양 있는 말씨, 각종 프로그램을 갖추고 있습니다. 큐티도 하고, 목장이 있고, 셀이 있고, 기도회와 세미나가 넘쳐 납니다. 형식에 치우쳐 있기가 너무 쉬운 세태입니다. 그 속에 사는 우리가 과연 "내가 살아도 주를 위하여 살고 죽어도 주를 위하여 죽으리라!" 하고 외칠 수 있을까요? '주를 위하여'가 인생의 목적이 되고 있습니까? 날마다 주를 위하여 사는 것이 무엇인지 구체적으로 알아 가는 것이 성화의 과정입니다.

> 이를 위하여 그리스도께서 죽었다가 다시 살아나셨으니 곧 죽은 자와 산 자의 주가 되려 하심이라_롬 14:9

우리 인생의 목적이 '주를 위하여'가 안 되기 때문에 '이를 위하여' 그리스도께서 죽었다가 다시 살아나셨다고 합니다. 주님은 우리 모두의 주인이 되기를 원하십니다. 천하보다 귀한 한 사람을 얻기 위해서 죽었다가 살아난 주님이십니다.

사도 바울은 "내가 모든 사람에게서 자유로우나 스스로 모든 사람에게 종이 된 것은 더 많은 사람을 얻고자 함이라"(고전 9:19)고 했습니다. 그다음에는 "여러 사람에게 여러 모습이 된 것은 아무쪼록 몇 사람이라도 구원하고자 함이니"(고전 9:22)라고 합니다. '더 많은 사람'이 '몇몇 사람'으로 줄어듭니다. 그 다음에는 "운동장에서 달음질하는 자들이 다 달릴지라도 오직 상을 받는 사람은 한 사람인 줄을 너희가 알지 못하느냐"(고전 9:24)고 '한 사람'을 이야기합니다.

한 사람을 얻기가 그렇게 어려운 것입니다. 한 사람을 전도하고, 한 사람의 구원을 위해 우리가 한마음이 되어야 합니다. 좋은 교회는 찾아가는 것이 아니라 만들어 가는 것입니다. 바른 복음이 선포되는 교회, 한 명이라도 구원 받는 영혼을 늘리기 위해 온 교인이 한마음으로 움직이는 교회가 좋은 교회입니다. 사람을 귀하게 여기는 교회가 좋은 교회라는 것입니다.

한 사람을 얻기 위한 해답은 "내가 복음을 위하여 모든 것을 행함은 복음에 참여하고자 함이라"(고전 9:23) 하는 것입니다. 술을 마시고 교회에 오는 사람도 있습니다. 예배를 드리다가 중간에 나가더니 담배 냄새를 풍기면서 다시 들어오는 사람도 있습니다. 그런 사람이 옆에 앉아 있어도 우리는 맛있게(?) 냄새를 맡으면서 그 사람을 기쁘게 맞아야 합니다. 머리를 노랗게 하고 오든, 귀걸이, 코걸이, 혀에다 피어싱을 하고 오든 교회에 온 것만으로도 그 사람을 반가워하면서 껴안아 주어야 합니다.

복음을 위하여, 복음에 참여한다는 것은 그런 것입니다. 어떤 사람이라도 한 사람을 귀하게 여기는 교회가 몇몇 사람, 더 많은 사람을 구원으로 인도할 수 있습니다. 예수님은 죽은 자와 산 자, 모든 자를 얻으시고 주인이 되시기 위해서 죽었다가 살아나셨습니다. 세상에는 온갖 사람들이 있습니다. 세상까지 갈 것 없이 우리 집안에도 온갖 사람들이 모여 있습니다. 연약한 사람, 말이 안 통하는 사람, 때리고 부수고 화내는 사람, 그 사람을 얻기 위해 우리에게도 죽어져야 할 일이 있습니다.

믿음은 옳고 그름의 문제가 아닙니다. 옳은 사람, 그른 사람은 없습니다. 강한 사람과 약한 사람이 있을 뿐입니다. 비판보다 중요한 것은 하나님의 마음을 품는 것입니다. 한 사람을 귀히 여기는 마음, 그 한 사람의 구원을 위해 헌신하는 것이 주의 소유로 사는 법입니다. 주를 위하여 사는 자의 축복입니다.

—

무엇을 해, 누구를 위해 죽고 삽니까? 엄청난 헌신이 아니어도 한 사람의 구원을 위해 버리고, 참고, 죽는 것이 주를 위한 최선임을 압니까?

말씀으로 기도하기

아버지 하나님! 믿음이 연약한 자를 너희가 받되 그의 의견을 비판하지 말라고 하십니다. 그런데 저는 눈만 뜨면 의심하고 비판합니다. 날마다 옳고 그름을 따지며 내 생각에 빠져 있습니다. 비판보다 중요한 것은 하나님의 마음을 품는 것인데 아직도 비본질적인 것에 매여서 비판하고 있는 저를 불쌍히 여겨 주옵소서.

누군가를 비판하고 비난하는 것은 그 주인이신 하나님을 비판하는 것임을 알았습니다. 함부로 사람을 비판하지 않고 귀하게 여길 수 있도록 은혜를 내려 주옵소서. 주님의 피로 값 주고 사신 형제를 용납하며 주님의 마음으로 용서하고 사랑하게 하옵소서.

무엇을 하든지 안 하든지, 살든지 죽든지 주를 위하여 하기 원합니다. 주를 위하여 기쁘게 헌신하고 순종하기를 원합니다. 저에게 허락하신 날 동안에 이 날을 저 날보다 낫게 여기는 것이 아니라 나에게 오늘 하루밖에 없다고 생각하고, 내 식구들의 구원을 위해 죽어지게 하옵소서. 은혜를 내려 주옵소서.

예수님 이름으로 기도하옵나이다. 아멘.

공동체 고백

왜 저래

초등학교 때 부모님의 이혼 후 제가 스무 살 무렵 어머니는 재혼하셨습니다. 새아버지는 모태신앙인에 학벌도 아주 좋으신 조각가이셨기에 '우리 엄마도 이제 물질 걱정 안 하고 편히 살 수 있겠구나'라고 생각했습니다. 독립해서 혼자 살고 있었던 저는 이곳에서의 생활이 너무 힘들어 미국으로 가려고 했으나 비자를 거절당하는 사건으로 본가로 들어가게 되었습니다. 새아버지의 괴짜 성향으로 재혼 후 어머니가 힘들어하고 있다는 것을 알고 있었지만, 따로 살았기에 외면하며 지냈었습니다. 그런데 같이 살게 되면서 새아버지가 배려심 없이 툭툭 뱉는 말과 술을 드시면 항상 사람들과 싸우거나 분별없이 행동하는 모습들은 생각보다 더 견디기 힘들었습니다. 그리고 그런 새아버지를 늘 불안에 떨며 지켜보는 어머니를 보는 것도 괴로웠습니다. 재혼으로 가족이 된 남동생의 권유로 지금의 교회에 같이 다니며 온 가족이 한 말씀을 듣게 되었습니다. 하지만 새아버지는 예전과 별로 달라지지 않았고, 저에게 말씀은 칼이 되어 '나는 옳고 새아버지는 틀리다'로 판단하며 오히려 정죄와 비난의 도구로 쓰였습니다.

그런데 어느 날 로마서 말씀 묵상을 하던 중에 "남의 하인을 비판하는 너는 누구냐"(롬 14:4)라고 하는 말씀이 하나님이 저에게 하는 말씀으로 들렸습니다. 내 뜻대로 되지 않음에 대들며 하나님 앞에 나오지 않았던 완악한 저보다 지혜가 없어 실수를 저지르고 가족들을 힘들게 했지만, 자신의 죄를 보고 난 후 어린아이 같은 마음으로 하나님 앞에 납작 엎드려 회개하는 새아버지를 주님이 때마다 건져 주심을 보았고, 그런 새아버지를 비판한 저의 죄를 인정하게 됩니다.

새아버지도 어린 시절 평생 돈도 벌지 않고 술만 드시던 자신의 아버지와, 예수는 믿지만 기복적이고 분별력 없는 어머니 밑에서 자라며 받은 상처와 결핍이 많았습니다.

또한 이혼의 상처로 자존감이 낮은 저의 어머니의 연약함을 보지 못한 채제가 먼저 말씀이 들리고 깨달아졌다고 영적으로 교만해져서 더디게 오는 부모님을 비판하고 업신여겼음을(롬 14:10) 회개합니다.

피 한 방울 섞이지 않았지만, 새아버지는 언제나 차별 없이 대해 주시고 친아버지가 돌아가신 후에도 "앞으로 내가 더 너희에게 잘해야겠다"며 같이 눈물을 흘려 주셨습니다. 새아버지뿐만 아니라 친형제처럼 형, 누나를 생각해 주는 믿음의 동생을 하나님이 엮어 주시어 '살아도 주를 위하여 살고 죽어도 주를 위하여 죽는'(롬 14:8) 가족으로 만들어 주심에 감사합니다.

평생 조울증 약을 먹으며 살아야 하는 새아버지를 저의 아버지로 세우신 권능이 주께 있음을 알고(롬 14:4) 독설이 아닌 사랑과 격려의 말로 위로하며 갈 수 있기를 간절히 기도드립니다.

4.
절대 순종하는 우리
(14:13~16:27)

인간이 가장 존엄할 때는
자신이 100% 죄인임을 인정할 때입니다.
잘나서 천국 가는 사람은 없습니다.
도덕적으로 완벽하고 흠이 없는 자가 아니라
날마다 내 죄를 깨닫고 회개하는 자가
하나님 나라를 세우는 사람입니다.

하나님 나라를 세우는 사람

로마서 14:13~23

하나님 아버지, 오늘도 제가 처한 상황에서 어떻게 하나님 나라를 세워 가야 할지 말씀하여 주옵소서.
예수님 이름으로 기도하옵나이다. 아멘.

얼마 전 KOSTA(해외유학생수련회)에 다녀오면서 비행기 안에서 식사를 하게 됐습니다. 고기 요리가 제공됐는데 스튜어디스가 다가오더니 "포도주 드시겠습니까?" 하고 물어봅니다. 그날따라 소화가 잘 되지 않아 조금 마셔 볼까 하다가 누군가 저를 알아보고 "목사가 술을 마시네" 하면 어쩌나 하는 생각이 들었습니다. 제가 유명한 사람도 아니고 일행이 있는 것도 아니었지만 아무튼 포도주는 거절하고 식사를 시작했습니다. 그런데 뒷좌석에 있던 여자분이 "어머나! 《날마다 큐티하는 여자》를 쓰신 김양재 목사님이시네요!" 하면서 인사를 하는 겁니다.

목사가 포도주를 마셔도 되느냐 안 되느냐를 말하려는 건 아닙니다. 사도 바울도 사랑하는 디모데에게 "네 위장과 자주 나는 병을 위하여는 포도주를 조금씩 쓰라"(딤전 5:23)고 권했습니다. 건강을 위해 포도주를 마실 수도, 안 마실 수도 있죠. 그런데 어떤 사람에게는 포도주가 그저 술로 여겨질 수도 있기 때문에 항상 깨어서 주의해야 합니다. 비행기에서 만난 그분이 그렇다는 건 아닙니다. 아무도 나를 못 알아본다고 해도 물 한 잔도 주의하고 마시는 것이 그리스도인의 책임이자 특권입니다. 내 행동 하나하나가 누군가에게 영향을 끼친다고 하니 엄청난 특권이죠. 예수님을 믿는 우리는 어떤 유명 스타보다도 대단한 공인(公人)입니다.

공인(公人)의 주의 사항, 비판 금지

그런즉 우리가 다시는 서로 비판하지 말고 도리어 부딪칠 것이나 거칠 것을 형제 앞에 두지 아니하도록 주의하라_롬 14:13

연탄재 함부로 발로 차지 마라
너는
누구에게 한 번이라도 뜨거운 사람이었느냐

안도현 시인의 〈너에게 묻는다〉라는 시입니다. 하얗게 타 버린 연탄재가 아무 쓸모없는 것 같아도 한때는 누군가를 따뜻하게 해 주었던 존재라는 겁니다. 시인의 질문처럼 여러분은 한 번이라도 누군가를 위해 자신을 불태워 본 적이 있습니까? 내 자신을 생각하면 누구도 함부로 비판할 수 없습니다.

로마서에서 계속해서 비판에 대한 말씀이 나오는 것은, 우리가 날마다 하는 일이 비판이기 때문입니다. 특히 부모는 자식에 대한 비판으로 날밤을 새웁니다. 루이스 펠튼 트레이시는 《열 받지 않고 십대 자녀와 싸우는 법》이라는 책에서 '부모들이 하지 말아야 할 8가지'를 썼습니다.

먼저 비판하지 마라. 아이 스스로 문제를 해결해 가는 과정을 지켜본다.
미리 비판하지 마라. 자녀의 의견을 충분히 들은 뒤 말한다.
먼저 열 받지 마라. 부모가 감정적이면 아이도 감정적이 된다.
미리 준비하지 마라. 그냥 놓아두고 아이가 멋지게 문제를 풀 기회를 준다.
먼저 물어보지 마라. 아이가 이야기할 때까지 기다려 준다.
미리 걱정하지 마라. 부모가 믿어 줄 때 아이는 책임을 다한다.
먼저 단정 짓지 마라. 언쟁만 생긴다.
아이가 성장했다는 걸 외면하지 마라. 자녀는 독립적 인격체이다.

자식에 대해서도 제일 먼저 하지 말아야 할 것이 비판입니다. 비판과 분별의 차이는 사랑이라고 했습니다. 자녀를 사랑해서 하는 말이 다 나쁘다는 건 아닙니다. 자녀를 위해 부모가 얼마든지 의견을 말할 수 있지만 내 욕심과 편견으로 하는 것은 상처가 될 수 있습니다. 자녀의 뜻과 상관없이 "넌 운동은 안 돼. 음악을 해야 해"라거나, "네 친구 아무개는 도움이 안 돼" 이런다면 자녀에게 부딪칠 것과 거칠 것이 됩니다.

나의 말 한마디, 행동 하나가 부딪칠 것과 거칠 것이 된다는 걸 알아야 비판을 그만둘 수 있습니다. 부딪치는 것은 내가 의도하지 않은 어떤 말이나 행동에 의해 부딪치는 경우입니다. 거치는 것은 의도적으로 장애물을 만드는 말이나 행동입니다. 가족 관계를 포함한 모든 인간관계에서 부딪침이 없게 하는 비결은 비판을 멈추는 것입니다. 의도하지 않은 부딪침이든 의도적인 거침이든 상대방을 비판하는 말과 행동 때문에 갈등이 일어납니다.

어떤 직원이 업무에서 큰 실수를 하고 상사에게 가서 손이 발이 되도록 빌었습니다. 다시는 그런 일이 없게 하겠다고 계속 비니까 상사가 알았다고, 앞으로는 잘하라고 했습니다. 부하 직원은 밖으로 나오자마자 "젠장, 나만 그랬나. 재수 없어" 하고 내뱉었습니다. 그런데 그때 볼일이 있어서 뒤따라 나오던 상사가 그 말을 들은 것입니다. 그 직원은 그 자리에서 해고가 되었습니다. 연기자 최불암 씨는 연극을 하려고 해도 잘 안 되고 계속해서 역할을 따는 데 실패했다고 합니다. 그런데 군대에 있을 때 누군가가 "노역(老役)이라면 최불암을 따라갈 사람이 있겠냐"고 한 말에 인생이 바뀌었다고 합니다. 말 한마디 때문에 성공하기도 하고 실패하기도 합니다.

언젠가 지체들과 식사를 하면서 평소 가장 먹고 싶은 음식이 무엇인지 나누게 됐습니다. 그런데 음식 솜씨 좋은 부인을 둔 정 집사님이 뜻밖에 '라면'이라고 대답을 했습니다. 부인이 온갖 요리를 하고 뭐든 잘 챙겨 주는데 건강을 위해 인스턴트 식품을 못 먹게 하니까 늘 먹고 싶은 게 라면이라는 겁니다. 그 말을 듣고 혼자 사는 이 집사님이 "나는 아무도 챙겨 주는 사람이 없어서 라면이나 겨우 끓여 먹는데 부인 없는 사람 어디 서러워서 살겠나?" 하고 우스갯소리를 했습니다. 라면이 먹고 싶다는 정 집사님의 말이 전혀 의도적인 것이 아니었기 때문에 우리는 '닭살 부부'라고 웃으면서 대화를 마쳤습니다.

의도적인 것이 아니어도 때로는 그런 말 때문에 부딪칠 수 있다는 생각이 듭니다. 평소 좋은 음식만 먹는 사람에게는 라면이 별식(別食)이겠지만 형편이 어려워서 라면만 먹는 사람에게는 그 말이 상처가 될 수도 있으니까요.

그리고 "자식에게 먼저 물어보지 말라"고 하는데 우리는 이것저것 물어보느라고 고난입니다. 시험 보고 온 아이에게 "너 오늘 몇 점 받았니?"라고 물어봅니다. 그래도 거기까지는 괜찮은데 "네 친구 아무개는 몇 점이니?"까지 묻습니다. 그뿐일까요. 요새는 3대가 외식을 해도 엄마, 아빠, 할머니, 할아버지 모두가 자녀에게만 물어봅니다.

> 내가 주 예수 안에서 알고 확신하노니 무엇이든지 스스로 속된 것이 없으되 다만 속되게 여기는 그 사람에게는 속되니라_롬 14:14

주 예수 안에서 알고 확신한다는 것은 단순한 신념이 아닙니다. 주님과의 인격적인 만남을 통해서 얻는 체험적인 지식입니다. 주님과의 만남을 체험하지 못한 사람은 모든 것을 속되다고 합니다. 잘돼도 내 힘으로 잘된 줄 알고 속된 것으로 만들고, 힘들면 '이럴 수는 없다' 하면서 하나님을 속되다 합니다. 이 세상 만물은 모두 하나님이 지으셨기에 스스로 속된 것이 없습니다. 내게 찾아오는 환경도, 어떤 사건도 하나님이 주신 것이기에 속되지 않습니다. 그것을 알고 확신하는 것이 바른 믿음입니다.

> 만일 음식으로 말미암아 네 형제가 근심하게 되면 이는 네가 사랑으로 행하지 아니함이라 그리스도께서 대신하여 죽으신 형제를 네 음식으로 망하게 하지 말라_롬 14:15 …… 음식으로 말미암아 하나님의 사업을 무너지게 하지 말라 만물이 다 깨끗하되_롬 14:20a

만물이 다 깨끗하다고 하면서 특별히 먹는 문제, 음식에 대한 이야기가 계속 나오고 있습니다. 먹는 것은 인간에게 가장 기본적인 일이고 매일 행하는 일상적인 일입니다. 그런데 그런 사소한 일이 형제를 근심하게 만들고, 하나님의 사업을 무너지게 할 수 있다고 합니다.

근심은 상처를 입었다는 의미입니다. 내가 사랑해야 할 내 앞의 형제가 나 때문에 상처를 입은 것은 나에게 사랑이 없기 때문입니다. "형제를 네 음식으로 망하게 하지 말라"는 것은 먹는 문제로 형제에게 상처를 주지 말라는 것입니다. 내가 잘 먹고 잘사는 것이 때로는 형제에겐 상처가 될 수 있습니다. 그로 인해 하나님의 사업, 천하보다 귀한 영혼 구원의 사역이 무너질 수도 있습니다. 그러므로 "내가 잘 먹고 잘사는 것 때문에 네가 왜 상처를 받고 그래" 하면 안 됩니다.

외국의 어느 교회에서 있었던 일입니다. 어느 자매가 교회 주차장을 지나다가 담임목사님을 보고 반가워서 손을 흔들었습니다. 목사님은 분명히 자매를 보고서도 그냥 모른 척하고 차를 타고 가 버렸습니다. 자매는 목사님이 자신을 미워한다는 생각으로 크게 상처를 받고 가까운 지체에게 그 사실을 이야기했습니다.

그러다 목사님에게까지 그 이야기가 들어갔습니다. 이야기를 들은 목사님은 '성도가 몇 명인데 이런 일까지 신경을 써야 되나. 나는 기억도 없는 일인데 상처를 받았다고 해도 어쩔 수 없지' 하고 생각했습니다. 하지만 그냥 지나칠 수 없어서 자매를 불러 대화를 해 보기로 했습니다.

마지못해 찾아온 자매에게 목사님은 그 일이 정확히 언제 있었는지를 물었습니다. 상처 받은 기억이 생생했는지 자매는 몇 월 며칠 몇 시에 주차장에서 목사님이 자신을 모른 체했다고 정확하게 말했습니다. 듣고 보니 그날은 목사님이 외부 집회에 가서 자리를 비운 날이었습니다. 자매가 다른 사람을 목사님으로 착각했던 겁니다.

만약 이런 상황에 처했다면 어떻게 하겠습니까? "거 봐라. 왜 없는 일을 가지고 나를 원망하는 거냐. 아무 일도 아닌 걸 가지고 상처 받은 당신이 문제다" 이러겠습니까? 너무 기분이 나빠서 "자매님, 망상 증세 있는 거 아니에요?" 하겠습니까? 아니면 "나를 오해하지 마세요. 저는 자매님을 사랑합니다" 하겠습니까?

그 목사님은 이렇게 말했다고 합니다.

"자매님, 저는 분명히 그날 다른 곳에 있었습니다. 그러나 그 사실보다 더 중요한 것은 왜 내가 자매님을 미워한다고 생각했을까 하는 것입니다. 저는 그 부분을 나눠 보고 싶습니다."

그날의 대화를 통해서 목사님은 자신이 아직도 친절하지 못하고, 사람에 대해 민감하지 못한 것을 회개하게 됐습니다.

인도의 성자 간디가 그랬습니다. 영국 캠브리지의 교회에 딱 한 번 갔는데 흑인들은 뒤에 앉고, 백인들은 앞에 앉으라고 하니까 그것을 보고 다시는 교회에 안 나갔다고 합니다. 그 한마디가 그 영혼을 망하게 한 것입니다. 간디가 아무리 성자였어도 예수를 믿지 않았습니다.

그런 이야기를 들으면 '간디 같은 성자도 안 믿은 예수님을 어떻게 나 같은 사람이 믿었는가?' 감사하기도 하지만 그 엄청난 영혼을 그때 그 교회의 사람들이 놓친 것입니다. 오늘 우리의 한마디 때문에 영혼을 놓칠 수 있습니다. 작은 일, 음식 하나 때문에 하나님의 사업을 망하게 할 수 있습니다.

모두가, 내가 미워하는 형제도 그리스도께서 값 주고 사신 형제입니다. 어떤 오해 때문이라고 해도 나 때문에 상처를 받았다고 하면 내가 사랑으로 행하지 않았기 때문이라는 걸 깨달아야 합니다. 내 옆의 사람들이 모두 '그리스도께서 대신하여 죽으신' 형제라는 것을 기억하고 언제나 민감하게 나의 언행을 살피는 것이 중요합니다.

하나님의 사업은 음식같이 사소하지만 작은 일에서부터 시작이 됩니다. 작은 일이 뭡니까? 주차, 청소, 분리수거…… 이런 일입니다. 우리들교회 휘문 성전은 학교의 강당을 빌려서 예배를 드리는데, 의자를 세 분단으로 나누어 쭉 길게 세팅을 합니다. 그러면 먼저 오신 분들은 맨 앞쪽, 안쪽부터 앉으셔야 하는데 꼭 맨 가장자리에 앉아서 "죄송하지만 안쪽으로 좀 들어가서 앉으라"고 해도 꼼짝 않는 사람이 있습니다. 늦게 오시는 분들은 차마 비집고 들어갈 수가 없는데 말입니다. 내가 누리기 위해서 이 작은 일도 양보를 못하고 조그만 불편도 겪지 않으려 합니다.

그러나 옳고 그름이 중요하지 않습니다. 어떤 상황에서도 진실이 중요합니다. 어떤 사실(fact) 자체가 중요한 게 아니라 하나님 앞에서 나의 영적 진실이 중요한 것입니다. 안 되는 것은 안 되는 대로 회개하면서 작은 일부터 처리해 가야 합니다. 너무 매달려서도 안 되고, 너무 무시해서도 안 되고, 말씀으로 날마다 하나님께 물으며 분별할 때 가정과 직장, 교회의 갈등이 해결될 것을 믿습니다.

그러므로 너희의 선한 것이 비방을 받지 않게 하라_롬 14:16

내가 선한 일을 하고 선한 말을 했는데도 비방을 받을 수 있습니다. 교회 안에서 만났으니 무슨 일이 있든지 "나 자유 얻었네. 너 자유 얻었네. 우리 자유 얻었네" 이러면 얼마나 좋겠습니까. 그런데 "나 자유 얻었네. 너 상처

얻었네" 이런 경우가 너무나 많습니다. 나는 선한 뜻으로 했기 때문에 자유로운데 연약한 누군가가 실족할 수 있다는 말입니다.

어느 전도 집회에서 구원초청을 하고 영접기도를 하는데 호기심이 많은 한 성도가 몇 사람이나 영접을 하나 궁금해서 눈을 뜨고 주위를 둘러봤습니다. 쭉 둘러보다가 교회 안내위원들이 모두 눈을 뜨고 있는 걸 발견했습니다. 그걸 보고는 어떻게 직분자들이 기도 시간에 눈을 뜰 수 있느냐고 하면서 교회를 떠났답니다.

안내위원들은 결신자들에게 선물을 주기 위해서 눈을 뜨고 있었습니다. 새 신자를 섬기는 선한 일인데도 오해와 비방을 받게 됐습니다. 그럴 때 "어떻게 그런 일로 교회를 떠날 수 있느냐, 본인도 기도 안 하고 눈 뜨고 있었던 것 아니냐" 해서는 안 됩니다. 기도 시간에 눈을 떴나, 안 떴나의 문제가 아니라 그 성도의 마음속에 해결되지 않은 갈등이 있다는 것을 발견하고 그것을 해결하기 위해 노력해야 합니다.

———

나의 성실한 봉사와 열심이 여건이 안 돼서 봉사를 못하는 지체에게는 거침이 될 수도 있다는 생각을 해 봤습니까? 한다고 생색내고, 못 한다고 낙심하면서 교회 봉사를 속된 것으로 만들지는 않습니까? 선한 일이 비방 받지 않도록 상대방의 입장과 처지를 살피고 있습니까?

공인의 특권, 손해 보기

하나님의 나라는 먹는 것과 마시는 것이 아니요 오직 성령 안에 있는 의

와 평강과 희락이라_롬 14:17

모여서 값비싼 요리를 먹고 술을 마시면 희락이 있을까요? 고급 술집에 가면 마시던 술에 이름을 붙여 놓았다가 접대를 해 준다고 합니다. 수백, 수천만 원짜리 고급 양주를 마신다고 인생이 즐겁습니까? 세련된 식당에서 프랑스 요리를 먹는다고 즐겁습니까? 인생의 즐거움은 먹고 마시는 것에 있지 않습니다.

맛있는 음식을 먹고, 술을 마시고, 유흥을 즐기는 이 모든 것보다 더한 기쁨이 하나님의 나라에 있습니다. 암에 걸려서 제대로 먹지 못해도, 사업이 망해서 술 마실 일이 없어도, 당장 먹고 입을 것이 없어도 하나님의 나라를 아는 자는 오직 성령 안에서 의와 평강과 희락이 있습니다. 세상이 모르는 기쁨이 있습니다.

이로써 그리스도를 섬기는 자는 하나님을 기쁘시게 하며 사람에게도 칭찬을 받느니라_롬 14:18

우리들교회 한 집사님이 집을 장만하는데, 집을 판 사람이 실제 가격보다 적은 금액으로 계약서를 써 주겠다고 했습니다. 세금을 줄여서 낼 수 있으니 그보다 더 고마울 수가 없죠. 판매자의 제안대로 계약서를 작성하고 거래 신고만 하면 되는데 바빠서 신고를 못 하고 있다가 주일이 됐습니다.

그런데 '하나님이 보우하사!' 그날 예배에서 "위의 권세에게 복종하라는 것이 하나님의 명령인데 세금 잘 내는 것부터 해야 한다"는 설교를 듣고 말았습니다(롬 13:7). 말씀을 듣는 순간 집사님은 좌불안석, 마음이 요동치기 시작했습니다. '오늘 예배를 안 드리고 말 걸. 왜 하필 이런 때에 이런 말씀을 하시는 거야' 하고 일주일 내내 앉으나 서나 갈등이 됐습니다. '내가 세금 덜 낸 돈으로 교회에 헌금을 하면 되지' 하는 생각도 해 보았습니다. 하지만 하나님이 그 돈을 기쁘게 받으시겠는가 생각하면 그럴 수도 없었습니다.

아무튼 이러지도 저러지도 못하고 일주일 넘게 고민하면서 왜 세금 잘 내는 것이 최고의 순종이라고 하는지를 절실히 느꼈다고 합니다. 이 집사님은 힘들지만 죽음에 이르는 순종으로 집을 판 사람에게 찾아갔습니다. 그리고 "계약서를 다시 써야겠다. 실제 거래 가격으로 작성해 달라"고 했습니다. 이 집사님의 행동을 이해하지 못하는 상대방에게 저의 책 《날마다 큐티하는 여자》를 읽어 보라고 건넸답니다. 그리고 세무서에 가서 집 판 가격을 사실대로 신고하고 세금도 제대로 내고 왔습니다.

이렇게 말씀을 적용하는 분들을 보면 참 놀랍고 감사한 마음입니다. 그래도 얼마나 힘들었을까 공감이 돼서 "아니, 집사님은 왜 그날따라 졸지도 않고 설교를 열심히 들으셨어요?" 하고 우스갯소리를 했습니다. 제가 이렇게 기쁜데 하나님은 얼마나 기쁘실까요!

세상에서는 정직하면 살아남을 수 없다고 합니다. 그러나 정직해야만 살아남을 수 있다는 것을 그리스도인들이 보여 줘야 합니다. 하나님을 기쁘시게 하는 사람은 사람에게도 칭찬을 받게 돼 있습니다.

오래전에 있었던 일입니다. 어떤 분이 친구의 빚보증을 섰다가 잘못돼서 그 빚을 다 떠안게 됐습니다. 재산이라곤 살고 있는 집이 전부인데 빚쟁이가 찾아와서 빚을 갚으라고 독촉하니까 "집을 팔아서 갚을 테니 기다려 달라"고 했습니다. 빚쟁이가 눈을 동그랗게 뜨고 "정말입니까? 정말 갚을 거예요?" 하고 물었습니다. 본인도 아니고 친구의 빚을 집 팔아서 갚는다니까 그쪽에서 놀란 모양입니다. 그때 그분이 "저는 예수님을 믿는 사람입니다. 예수 믿는 사람은 두말을 안 합니다" 이렇게 말했다고 합니다.

너무 멋있지 않습니까? 다 같이 복창해 보십시오.

"예수 믿는 사람은 두말을 안 한다!"

그분이 정말 집을 팔아서 빚을 갚았을까요? 당연하죠. 당시 서울 세검정에 집이 있었는데 그 집을 팔아서 빚을 갚고 남은 돈으로 서울 변두리 동네에 집을 마련했습니다. 그 동네가 어디인가 하니 지금 강남의 모 호텔 옆입니다.

또 다른 분은 사업을 하다가 관련 업체가 부도를 내서 본인의 회사도 부도를 내게 됐습니다. 돈으로는 빚을 다 갚을 수 없었기 때문에 책임을 지기 위해 감옥에 가서 형을 살고 나왔습니다. 그래서 법적으로 빚이 청산됐는데도 그분은 형을 마치고 나와서 자신이 진 빚을 조금씩 갚아 나갔습니다. 작은 집에서 살고, 작은 차를 타고 다니면서 열심히 일해서 번 돈으로 빚을 갚았습니다. 누가 힘들지 않으냐고 물었더니 "힘들긴요. 빚 갚는 재미가 아주 쏠쏠해요" 이랬답니다.

이것도 복창을 하십시다.

"빚 갚는 재미가 아주 쏠쏠해요!"

그 기쁨이 느껴지십니까? 이 일들을 예수님을 믿는 우리가 아니면 누가 하겠습니까! 보증으로 떠안은 빚이 아니라 자기가 진 빚도 갚기 싫어서 도망 다니는 세상입니다. 부도가 나면 사장이 책임을 지는 게 아니라 사장은 숨겨 놓은 재산을 가지고 멀리 떠나 버리고 힘없는 사원들만 고생하는 것을 수없이 보았습니다.

그리스도인은 기쁘게 손해를 봐야 합니다. 빚을 갚느라 밑 빠진 독에 물 붓기로 돈이 빠져 나가도, 그것이 쏠쏠한 기쁨이 돼야 합니다. 가정에서든 직장에서든 모두가 하기 싫어하는 일을 믿는 우리가 기꺼이 감당해야 합니다. 기쁘게 손해를 보고, 기쁘게 희생도 하며 하나님과 사람에게 칭찬을 받는 자가 하나님 나라를 세우는 사람입니다.

———

동창회, 계모임, 가족 행사에 평강과 희락이 있습니까? 빚을 갚기 위해 먹고 싶은 것, 입고 싶은 것을 참았을 때 스스로 대견하게 여겨지는 기쁨을 느낀 적이 있습니까? 지출을 줄이고 모임을 줄이면 사람들과 멀어질 것 같아도, 정직하고 성실하게 사는 모습을 보여 줄 때 사람에게도 칭찬 받는 것을 알고 있습니까?

공인의 자격, 믿음

그러므로 우리가 화평의 일과 서로 덕을 세우는 일을 힘쓰나니 음식으로 말미암아 하나님의 사업을 무너지게 하지 말라 만물이 다 깨끗하되 거리낌으로 먹는 사람에게는 악한 것이라 고기도 먹지 아니하고 포도주도 마시지 아니하고 무엇이든지 네 형제로 거리끼게 하는 일을 아니함이 아름다우니라_롬 14:19~21

화평의 일과 서로 덕을 세우는 것은 쉽게 되는 일이 아닙니다. 힘을 써야 하는, 사투(死鬪)를 벌여야 하는 일입니다. 집을 팔아서 친구의 빚을 갚은 분이나, 감옥에 가서 형을 살고 나와서도 평생 빚을 갚은 분이나 그들은 모두 세상 사람에게 본을 보이고 덕을 세웠습니다. 하지만 가까운 식구들은 원망도 했을 겁니다. "당신 혼자 고생했으면 됐지. 왜 우리까지 작은 집에서 고생을 해야 되느냐" 하고 다툴 수도 있습니다. 그럴 때 화평을 이루는 것이 얼마나 힘든 싸움이겠습니까?

화평은 항상 작은 일로 무너진다고 했습니다. 먹는 것 하나, 마시는 것 하나 때문에 형제에게 거리낌이 되고 하나님의 사업이 무너질 수 있습니다.

마셜 프레디가 집필한 마틴 루터 킹 목사의 전기에 보면 킹 목사가 저격을 당했을 때 그의 손에는 구겨진 담뱃갑이 쥐어져 있었다고 합니다. 평소 사람들 앞에서는 절대 담배를 피우지 않았기 때문에 당시 옆에 있었던 지인이 그것을 치웠답니다.

그렇다면 우리는 킹 목사를 비판해야 할까요? 실제로 킹 목사가 담배를 피웠는지 아닌지는 저도 잘 모르겠습니다. 담배를 피웠다고 해도 그것 때문에 킹 목사의 믿음이나 희생이 의심 받아서는 안 된다고 생각합니다. 하지만 당시 킹 목사의 영향력이 너무나 대단했기 때문에 담뱃갑을 치운 것은 연약한 자를 거리끼지 않게 하는 방법이었다고 생각합니다.

네게 있는 믿음을 하나님 앞에서 스스로 가지고 있으라 자기가 옳다 하는 바로 자기를 정죄하지 아니하는 자는 복이 있도다 의심하고 먹는 자는 정죄되었나니 이는 믿음을 따라 하지 아니하였기 때문이라 믿음을 따라 하지 아니하는 것은 다 죄니라_롬 14:22~23

남편이 살아 있을 때 일 년에 한 번씩 가족 여행을 갔습니다. 남편에게 믿음이 없으니 주일을 포함해서 여행을 가는 때도 있었는데, 그럴 때는 어떻게든 그 지역의 교회를 찾아가서 예배를 드렸습니다.

주일에는 여행도, 집안 행사도 갖지 않는 것이 좋습니다. 그것이 저의 옳다 하는 바였지만 그러지 못하는 상황에서 저 자신을 정죄하지는 않았습니다. 하지만 늘 이러면 곤란합니다. 남편에게 순종하느라고 그런 적도 있었지만 어떻게든 주일을 피해서 가려고 애를 썼습니다.

"자기가 옳다 하는 바로 자신을 정죄하지 않는 자가 복이 있다"고 하십니다. 옳다 하는 바를 열심히 지키든지 못 지키든지 "믿음을 따라 하지 아니하는 것은 다 죄니라" 이것이 정답입니다.

주일에 교회에 못 오는 경우도 있습니다. 예를 들어 가족이 사고를 당했다거나, 교회에 오는 것보다 삶의 현장에서 순종해야 할 때가 있습니다. 그럴 때 교회에 와도 못 와도 믿음으로 적용한 것이라면 자책할 필요가 없습니다. 믿음이 아닌 나의 게으름과 욕심으로 주일을 지키지 않았기 때문에 죄책감을 가지고 "거 봐, 주일에 교회에 안 갔더니 나쁜 일이 생겼잖아" 이런 비상식적인 생각을 하는 겁니다.

하나님은 율법이 아닌 믿음으로 우리를 비판하십니다. 믿음으로 하는 것은 모든 것이 가(可)한 것입니다. 그러나 믿음으로 하지 않는 것은 어떤 것도 죄가 됩니다. 결혼하는 것에 옳다 그르다는 없습니다. 결혼을 해도 믿음으로 하지 않으면 죄입니다. 결혼을 안 하고 독신으로 살아도 믿음으로 하지 않으면 죄입니다. 믿음으로 취직도 해야 하고, 믿음으로 이사도 해야 하고, 믿음으로 공부도 해야 합니다. 마틴 루터 킹 목사는 담배를 피운 것뿐 아니라 저격당하기 전날 밤에는 부인이 아닌 다른 여자와 함께 있었다고 합니다.

킹 목사는 평소 이런 이야기를 했습니다.

"우리는 저마다 일종의 정신 분열증을 앓고 있는 이중인격의 존재입니다. 우리의 자아는 찢겨 나뉘어 대립하고 있습니다. 우리는 하나같이 삶 속에서, 말하자면 동족상잔의 내전을 치르고 있습니다."

또 줄담배를 피워 대며 "시위하는 게 지긋지긋합니다. 행진, 하고 싶어서 하는 게 아니에요. 해야 하니까 하는 겁니다"라고 말한 적도 있습니다.

이런 이야기를 듣고 킹 목사에 대해서 다시 생각하게 됩니까? 킹 목사가 흑인의 인권을 위해 투쟁하며 영적 지도자로 살았던 것도 사실이고, 연약한 것도 사실일 것입니다. 중요한 것은 그에게 이런 믿음이 있었다는 것입니다.

"대담하게 죄를 저지르라. 다만 그럼에도 더 담대하게 그리스도를 믿고 그리스도를 기꺼이 향유하라!"

전기를 쓴 작가는 인류에 대한 믿음, 민주주의에 대한 확신, 더 나아가 약속의 땅에 대한 비전을 말하는 킹의 목소리가 영웅보다는 사람의 목소리이기에 가치 있는 것이라고 말합니다.

킹 목사가 발견한 것은 흑인도, 백인도 같은 인간이라는 것입니다. 인간은 100% 죄인이라는 것입니다. 연약하든지 강하든지 자신이 100% 죄인임을 인정하는 사람의 존엄은 누구도 훼손할 수 없습니다.

행위로 비판하는 사람은 "어떻게 담배를 피우고, 여자들하고 놀아난 사람이 그런 일을 할 수 있어" 이럴지도 모릅니다. 그런데 성경에도 그런 사람이 있습니다. 아브라함입니다. 갈대아 우르를 떠나 애굽에 거하면서 부인 사라를 자기 여동생이라고 속이고, 아들을 얻겠다고 하갈을 첩으로 들였습니다. 여성 편력과 거짓말까지 똑같지 않습니까. 그럼에도 하나님은 아브라함을 믿음의 조상으로 세우셨습니다. 하나님 앞에서는 누구나 100% 죄인이고, 그 누구도 완전할 수 없습니다.

그렇다면 하나님 나라는 도대체 누가 세울까요. 어떤 사람이 세울까요?

이 로마서 말씀을 처음으로 강단에서 전했던 2004년도에 우리들교회에 '혜옥 자매'가 있었습니다. 암으로 투병하다 영원한 본향 하늘나라로 갔지만 혜옥 자매가 교회 홈페이지에 남겼던 〈혜옥 행전〉은 지금 읽어도 은혜가 되고 눈물이 납니다. 하나님 나라를 세운다는 것이 무엇인지 혜옥 자매는 삶으로 보여 주고 갔습니다.

당시 말기 직장암으로 투병하던 자매의 큐티 나눔을 함께 나누고자 합니다.

만일 너희 믿음의 제물과 섬김 위에 내가 나를 전제로 드릴지라도 나는 기뻐하고 너희 무리와 함께 기뻐하리니_빌 2:17

지금까지도 그렇게 살아왔었고 또 현재도 암이라는 감옥 안에 갇힌 신세로 이보다 더 비참할 수 없는 지경까지 내몰린 상황이지만, 언제 어떻게 죽을지도 모르는 현실이지만, 아직도 '너희'를 위해 전제로 나를 드릴 것이 남아 있다고 하는 이 기막힌 사랑의 절창을 노래하고 있는 바울을 경외감을 가지고 바라봅니다.

'내가 나를 전제로 드릴지라도'의 오늘의 말씀은 그런 까닭에 한없이 저의 가슴을 뭉클하게 했고, 지금 제가 걸어가는 길 또한 하나님께 부족하지만 나를 전제로 드리며 나아가는 길은 아닐까 생각하게 했습니다.

누차 말씀드려도 모자랄 지난날의 제 삶은, 형편없었던 — 지금도 마찬가지이지만 — 저의 믿음의 제물과 섬김처럼 수준미달의 인생이었습니다. 그러나 그 길을 오고 가다 만난 많은 분들 가운데 알게 모르게 저를 위해 전제로 자신의 몸을 희생하여 주셨던 분들이 계셨기에 이렇게나마 제가 살아올 수 있지 않았나 합니다.

그분들은 지금도 제 곁에서 그전보다 훨씬 더 친밀한 깊이로 전제를 뛰어넘는 진한 사랑을 퍼부어 주시고 계십니다. 기도의 전제, 말씀의 전제, 공궤의 전제……. 안아 주시고 울어 주시고 흘려 주시는 눈물방울들이 제 가슴에 얼마나 많은 기쁨을 솟아나게 하여 주시는지요.

그러므로 깨닫습니다. 전제로 나를 드린다는 것이 무엇인지.

나의 수치와 부끄러움을 있는 그대로 드러내는 것임을, 채우고 꾸미고 치장하며 가는 길이 아니라 헐벗고 비워 내고 맨몸으로 걸어가는 길임을…….

사랑에 빠지면 예쁘고 치장한 모습만 보여 주고 싶지만, 진심으로 사랑을 하게 되면 연약하고 부족한 것마저도 부끄러워하지 않고 보여 주고 나에 대해 더 많은 것을 공유하길 원합니다. 헐벗고 매 맞고 투옥되고 조롱 받고 파선되어 죽을 고비를 수없이 넘겼던 모든 인생역정을 숨김없이 지체들과 함께 나누었던 바울처럼, 예수님처럼 말입니다.

지난날은 다 접어 두고서라도 오늘부터 남은 날 동안은 제가 달려야 할 달음질과 수고가 하나님의 말씀으로 밝혀져, 주님 만나게 되는 그날엔 지금과 같이 일말의 후회 없이 자랑할 것만 있었으면 좋겠습니다. 그것을 위해 제가 드려야 할 전제를 끝까지, 한 방울도 남김없이 쏟아 부을 수 있도록 기도 부탁드립니다. 아멘.

우리들교회는 혜옥 자매에게 정말 많은 사랑의 빚을 졌습니다. 미혼으로 혈혈단신 투병했던 혜옥 자매의 장례식장이 우리들교회 성도들과, 혜옥 자매의 큐티나눔을 통해 은혜 받은 분들로 가득했던 것을 저는 아직도 생생하게 기억합니다. 삶의 마지막 순간에서도 자신의 죄를 회개하고, 자신을 섬겨 주었던 사람들에게 감사하며, 자기 자신을 온전한 전제로 드렸던 혜옥 자매는 하나님 나라를 세우는 사람의 살아 있는 모델이었습니다.

인간이 가장 존엄할 때는 자신이 100% 죄인임을 인정할 때입니다. 잘나서 천국 가는 사람은 없습니다. 도덕적으로 완벽하고 흠이 없는 자가 아니라 날마다 내 죄를 깨닫고 회개하는 자가 하나님 나라를 세우는 사람입니다.

—

예배와 봉사와 구제를 믿음으로 하고 있습니까? 믿음이 아닌 욕심으로 하기에 자책하고 절망하지는 않습니까? 믿음이 아닌 내 의로움으로 신앙생활을 하다가 가족에게 위선자라는 소리를 듣지는 않습니까? 그럴 때 낙심하지 않고, '나 같은 죄인 살리신 주님의 은혜'를 고백하며 믿음의 능력을 증거합니까?

말씀으로 기도하기

하나님 아버지! 하나님 나라를 세우는 자로서 먼저 서로 비판하지 말고 부딪치고 거치는 것이 되지 말라고 하십니다. 그런데 오늘 하루도 얼마나 내 옆의 사람들을 비판했는지 모릅니다. 사랑해야 할 사람들에게 부딪치고 거치는 말과 행동을 보였습니다. 나의 말 한마디, 행동 하나 때문에 하나님의 사업이 무너질 수도 있다는 것을 생각하기 원합니다. 천하보다 귀한 한 생명을 얻기 위해 늘 하나님의 마음을 살피고, 알고, 확신하는 자가 되기 원합니다.

모든 것을 하나님이 지으셨기에 스스로 속된 것은 아무것도 없습니다. 힘든 가족도, 사건도, 질병도 속되지 않다고 하십니다. 하나님의 나라는 먹고 마시는 것에 있지 않은데 아직도 먹고 마시는 문제로 하나님을 원망하고 속되다 하는 저를 용서하여 주옵소서.

하나님의 나라를 세우기 위해 정직한 삶을 살게 하옵소서. 손해를 보더라도 예수님을 믿는 사람은 두말을 안 한다고, 당당하게 책임지는 삶을 살게 하옵소서. 그래서 하나님께 기쁨이 되고 사람에게 칭찬 받는 자가 되기를 원합니다.

내가 행위로 완벽한 삶을 살고 선한 일을 해도 믿음을 따라 하지 않는 모든 것은 죄라고 하십니다. 연약해서 끊지 못하는 것이 많아도 믿음으로 행할 때 나를 죄 없다 하시는 것을 믿습니다. 무엇을 하든지 안 하든지 믿음으로 따라 행함으로 자유함을 갖게 하옵소서. 인간적인 자책과 정죄감으로 하나님의 은혜를 저버리지 않도록 지켜 주옵소서. 날마다 말씀을 통해 내 죄를 깨닫고, 주님 앞에 고백하고 회개하며 하나님의 나라를 세우는 자, 하나님의 나라를 누리는 자가 되게 하옵소서.

예수님 이름으로 기도하옵나이다. 아멘.

공동체 고백

하나님을 기쁘시게 하는 자

10여 년 전에 사회복지사로 처음 일하게 되었을 때, 많은 선배에게 "사회복지사는 행정적인 처리를 잘해야 한다. 회계는 장부와 영수증이 맞으면 된다"는 조언을 들었습니다. 그때는 그 말이 진리처럼 여겨졌습니다. 저는 선배들의 조언에 따라 장부와 영수증을 맞추고 행정적으로 완벽하게 일 처리를 하며 인정받는 사회복지사로 일했지만, 거기에는 편법이 있었습니다. 회계 원칙상 피복비, 생활비, 운영비 등의 항목이 있는데, 각 항목에 맞게 지출을 해야 하고 다른 항목 간에 서로 바꿔서 사용하는 '전용'을 해서는 안 됩니다. 당시 사회복지시설의 부족한 운영 비용을 맞추기 위해 항목 간의 전용을 하는 것이 관례처럼 행해졌기에, 아무 죄의식도 없이 저도 그렇게 했습니다. 하지만 편법을 행하면서도 '자기 이익도 챙기는 다른 사람들과 달리 나는 사회복지시설을 위해 모두 사용하고 내 이익을 챙기지 않으니 저들보다 낫다'고 여기며 교만했습니다. 그러나 하나님은 그런 저를 가만히 두지 않으셨습니다.

제가 일하던 사회복지시설을 운영하는 단체에서 저를 퇴직시켜야겠다고 판단하고 제 약점을 찾던 중, 회계 장부에 항목 간 전용이 있다는 것을 알게 되었습니다. 그로 인해 저는 부도덕한 사람으로 낙인찍혀 하루아침에 시설에서 쫓겨나는 수치를 당하게 되었습니다. 모두가 관례적으로 행하는 일이었고 제가 따로 이익을 취하지 않았는데도 불법을 저지른 사람처럼 취급 받는 것이 당시에는 너무 분하고 억울해서 참을 수가 없었습니다. 하나님이 어찌하여 나에게 이런 일을 행하셨는지 원망이 되었고, 그 단체의 부당함에 대해 '유서를 써 놓고 죽음을 택할까' 하는 극단적인 생각까지 했습니다. 하지만 그런 힘든 일을 겪고 있을 때 말씀이 있는 공동체로 인도되었고, 양육을 받으며 말씀이 들리기 시작하니 내 죄를 보게 되었습니다.

그리스도를 섬기는 자는 하나님을 기쁘시게 하며 사람에게도 칭찬을 받는다고 하시는데, 그리스도인으로서 세상에서 정직해야 하며 그래야만 하나님을 기쁘시게 할 수 있다는 것을 알게 되었습니다(롬 14:18). 제가 그동안 원칙과 기본을 지키지 않고 관례를 핑계 삼아 내 생각대로 시설에 배정된 돈을 함부로 사용한 죄를 저질렀음을 깨닫게 된 것입니다. 그렇게 말씀으로 사건이 해석되니 자기 의와 정직하지 못한 저의 악을 보게 되어 주님께 진정으로 회개하고, 성령 안에 있는 의와 평강과 희락을 누리게 되었습니다(롬 14:17). 저는 지금도 사회복지사로 일하고 있습니다. 때때로 원칙을 곧이곧대로 지키며 가다 보면 사람들에게 융통성이 없다는 이야기를 듣기도 합니다. 하지만 다시는 똑같은 죄를 짓지 않도록 믿음을 따라 하나님 앞에서 정직한 인생을 살아가길 소망합니다(롬 14:23).

절대 순종으로 강한 우리

로마서 15:1~13

하나님 아버지, 예수님을 본받는 삶을 살기 원합니다. 들을 귀와 깨닫는 마음을 주옵소서.
예수님 이름으로 기도하옵나이다. 아멘.

어느 교회에서 있었던 일입니다. 그 교회 목사님은 소위 깡패 출신으로 뒤늦게 회심한 분이었습니다. 하지만 아직 다듬어지지 않은 말 때문에 떠나는 교인들이 생겼습니다. 100명이던 교인 수가 30~40명으로 줄었습니다.

어느 주일, 또 한 가정의 집사님 부부가 보이지 않았습니다. 성실하게 주일학교를 섬기던 분들이 보이지 않으니 '또 한 가정이 떠났구나' 하고는 목사님 마음이 침울해졌습니다. 그런데 예배가 끝난 뒤 다른 여 집사님에게 연락을 전해 들었습니다. 주일학교 집사님 부부가 부모님이 위독해서 시골에 내려갔다고, 목사님께 미리 연락을 못 드려 죄송하다고 했습니다.

우선은 안심이 되었지만 목사님은 섭섭한 마음이 들었습니다. '내가 한 사람, 한 사람을 안타까워하는 걸 알면서 왜 그 집사한테는 전화를 하고 나한 테는 못 하는가.' 서운함을 감추고 "네, 그랬군요" 하고 돌아서는데 자기도 모르게 육두문자와 함께 거친 말이 튀어나왔습니다.

"그놈의 집사, 다리몽둥이나 확 부러져 버려라."

그러다 아차 하고 뒤를 돌아다보니 아직 그 자리에 서 있던 여 집사님과 눈이 딱 마주치고 말았습니다. 무어라 변명도 못하고 집으로 돌아온 목사님은 후회로 밤을 지새웠습니다. 주일학교 부부 집사와 소식을 대신 전해 준 여 집사님까지 떠나는 건 아닐까 생각하니 마음이 무거웠습니다.

다음 날 저녁, 주일학교 집사님 부부가 케이크를 사 들고 목사님 댁을 찾아왔습니다. '드디어 올 것이 왔구나. 떠난다고 인사를 하러 왔구나' 생각하며 착잡한 얼굴로 마주 앉았습니다. 이윽고 남편 집사님이 어렵게 입을 열었습니다.

"목사님, 너무 죄송합니다. 설교 준비하시는 데 방해가 될까 봐 직접 연락을 안 드리고 갔는데 저희가 안 와서 목사님이 너무 서운해하셨다고 하니 정말 죄송합니다. 다음부터는 이런 일이 없도록 하겠습니다."

뜻밖의 말에 목사님은 깜짝 놀랐습니다. 괜찮다고, 고맙다고 목사님이 도리어 인사를 하며 부부를 돌려보냈습니다.

나중에 알고 보니 말을 전해 준 여 집사님이 '다리몽둥이'는 빼고 목사님의 서운함만 전했던 겁니다.

"집사님 부부가 안 나오니까 목사님이 너무 의기소침해하시고 설교에 힘이 다 없으시더라구요. 앞으로는 절대 빠지면 안 되겠어요."

이렇게 말을 전해 주니까 케이크까지 사 들고 찾아온 것입니다. 시간이 지난 뒤 그 부부가 다리몽둥이나 부러지라고 한 말을 듣긴 했지만 목사님의 진심을 알았기 때문에 상처가 되지는 않았습니다.

바울은 로마서 11장까지 복음의 원리를 전하고, 12장에서는 주님과 형제, 원수까지 섬길 것을 권면하고 13장에서는 권세에 복종하라고 했습니다. 그리고 14장에서는 서로 판단하지 말라, 비판하지 말라고 했습니다. 그리고 이제 15장에서는 연약한 자의 약점을 담당하라고 합니다. 바울 사도가 이처럼 타인과의 관계에 대한 이야기를 계속 전하는 것은 100% 죄인인 우리가 늘 판단하고 비판하기 때문입니다.

믿음이 강한 우리

믿음이 강한 우리는 마땅히 믿음이 약한 자의 약점을 담당하고 자기를 기쁘게 하지 아니할 것이라_롬 15:1

바울은 "내가 믿음이 강하다"고 하지 않고 '믿음이 강한 우리'라고 표현했습니다. 저는 강한 자는 '우리'가 있는 자라고 생각합니다.

약한 자를 어떻게 대하느냐에 따라서 가정이 얼마나 건강한가, 목장이 얼마나 건강한가, 교회가 얼마나 건강한가를 알 수 있는 건강지수가 결정됩니다. 앞서 소개한 예화에 등장하는 인물 중에서 가장 강한 자는 목사님이 아니라 목사님의 말을 집사 부부에게 전한 여 집사님입니다. 이런 분이야말로 목사님의 연약함, 지체의 연약함을 담당하고 누구든지 우리로 만들 수 있는 강한 자입니다.

그렇다면 약한 자는 누구입니까? 내 약점을 담당해 줄 '우리', 즉 공동체가 없는 사람입니다. 40년, 50년 교회를 다녀도 공동체에 속하지 못하는 사람이 있습니다. 내 식구들끼리 멋있게 차려 입고 가서 예배만 드리고 나오고, 구역에 들어가도 구역 사람들이 절대 바뀌면 안 되고, 학연과 지연에 머물러 지경이 넓어지지 않습니다. 그런 사람은 아무리 교양이 있고 돈이 있어도 연약한 사람입니다. 돈이 없고, 건강이 없어서 약한 게 아니라 내 약점을 담당해 줄 우리가 없기 때문에 연약한 자입니다.

강한 자가 연약한 자의 약점을 담당하는 방법은 '자기를 기쁘게 하지 않는 것'입니다. 연약한 사람은 항상 자기의 이해타산을 따져 모임을 정합니다. 나보다 못한 사람과는 어울리지 않으려 하고 손해 보는 모임은 절대로 가기 싫어합니다. 이렇게 다른 사람의 약점을 담당할 마음이 없으니까 자신의 약점도 담당해 줄 사람이 없습니다.

우리 각 사람이 이웃을 기쁘게 하되 선을 이루고 덕을 세우도록 할지니라 _롬 15:2

이웃을 기쁘게 하되 선을 이루고 덕을 세우도록 하라고 하셨습니다. 이웃을 기쁘게 한다고 하면서 악을 행할 수도 있습니다. 마약도 기쁘죠. 술도 기쁘죠. 음란물과 채팅도 인간에게는 기쁜 것입니다. 요새는 젊은 사람이고 나이든 사람이고 SNS에 빠져서 종일 거기에 빠져 있는 사람도 많습니다. 애인끼리 카페에 가도 얼굴을 보고 이야기하는 게 아니라 서로의 핸드폰만 들여다보고, 심지어 부부가 한 집에 있어도 카톡으로 대화한다고들 합니다.

그러나 그런 것으로 비위를 맞춰 주면서 이웃을 기쁘게 하라는 게 아닙니다. 이웃을 위해 십자가를 지라는 것입니다. 무조건 상대의 만족을 채워 주는 것이 아니라 나의 어떤 것을 희생하고 섬기는 것이 선을 이루고 덕을 세우는 기쁨입니다.

연약한 자의 약점을 담당하고 이웃을 기쁘게 한다는 것이 무조건 "오냐 오냐" 하라는 건 아닙니다. 마틴 셀리그만의 책 《무기력의 심리학》에 이런 이야기가 나옵니다. 엄마가 아기의 성장에 중요한 것은, 아기가 울고 보챌 때마다(설사 엄마의 반응이 신경질적이고 화를 내는 부정적인 것이라 할지라도) 아기에게 어떤 '반응'을 주는 사람이기 때문이라고 합니다. 자신이 한 어떤 행동에 대해 좋든 나쁘든 반응이 있다는 것만으로도 아기들은 자신이 '작용을 일으킨다'는 것에 확신을 갖게 되고, 자신이 하는 일에 긍정적인 태도를 갖게 된다는 것입니다.

미움보다 나쁜 것은 무관심입니다. 무조건 "오냐 오냐", "예, 맞아요. 그렇죠" 하는 것은 상대방을 무시하는 겁니다. 시집살이할 때 저는 어머니 말씀에 항상 "예, 예"만 했습니다. 시아버님은 출근하실 때마다 "너희 어머니가 까만 걸 하얗다고 해도 '예' 하고, 하얀 걸 까맣다고 해도 '예' 해라"고 당부를 하셨습니다. 그래서 그대로 했습니다. 앵무새처럼 "예, 예, 예, 잘못했습니다" 하면서 어머님에 대한 사랑이 하나도 없었습니다. 그런데 주님을 만난 뒤 어머님을 사랑하게 되니까 솔직해지기 시작했습니다. "어머니, 그건 아니에요" 하면서 하고 싶은 말을 하게 됐습니다. 솔직하게 대화하고 기도할 수 있게 되었습니다.

약점을 담당하는 것은 누군가의 아픔과 기쁨에 진실하게 반응하는 것입니다. 그럼으로써 그 사람이 자신의 존재감을 확신하고 긍정적인 힘을 얻게 됩니다.

영적 대각성 운동을 일으켰던 조나단 에드워즈 목사님은 너무 개성이 강한 딸이 늘 걱정이었습니다. 누가 내 딸하고 결혼을 할까, 그 강한 성격을 누가 감당할까 걱정이 됐습니다. 그런데 어떤 청년이 찾아와서 딸에게 청혼을 했습니다. 호감이 가는 청년이었지만 목사님은 거절을 했습니다. 거절의 이유를 묻는 청년에게 이렇게 말했습니다.

"내 딸을 감당하고 살려면 자네가 하나님이 되어야 할 걸세. 어떻게 저 딸을 감당할 수 있겠나. 도저히 허락을 못 하겠네."

저는 그 마음이 너무 공감이 됩니다. 아들딸의 혼기가 다가올수록 자식들의 배필될 사람에게 너무 미안한 마음이 들곤 했습니다. 그래서 지금도 며느리와 사위에게 늘 고마운 마음이 있습니다. 그리고 '내 자식들이 상대방의 약점을 잘 배려해 줄까, 또 며느리와 사위가 우리 아들딸의 약점을 배려해 줄까' 그런 걱정도 적지 않았습니다. 누군가의 약점을 담당한다는 것은 내가 고난을 겪은 만큼 할 수 있기 때문입니다.

그리스도께서도 자기를 기쁘게 하지 아니하셨나니 기록된 바 주를 비방하는 자들의 비방이 내게 미쳤나이다 함과 같으니라_롬 15:3

인간은 자기를 기쁘게 하지 않기가 너무 어렵습니다. 본능적으로 자신의 기쁨과 만족을 추구하기 때문입니다. 잠도 이기지 못하고, 식욕도, 정욕도 버리지 못합니다. 다른 사람에게 손해와 상처를 끼칠지라도 내 기쁨을 우선으로 생각하는 것이 인간입니다. 요즘에는 휴대폰도 중독이라는데, 나를 기쁘게 하는 중독과 습관을 포기하기가 너무 어렵습니다.

그렇게 힘든 일이기에 예수님이 본을 보여 주셨습니다. 천지의 창조자이시고 만물의 주인이시면서도 자기를 기쁘게 하지 않으시는 본을 우리에게 보여 주셨습니다. 그런데도 비방까지 받으셨습니다.

우리도 내 기쁨을 위해서 한 일이 아닌데 비방을 받을 때가 있습니다. 정말 어렵게 잠을 포기하고, 내 시간과 물질을 포기하고 지체를 섬겼는데 오해와 비방을 받을 수 있습니다. 힘들게 죄를 고백하고 고난을 오픈했는데 그것으로 비방하는 사람들도 있습니다.

가슴 아프지만 그럴 때 우리는 주님이 보이신 본을 생각해야 합니다. 얼마든지 비방 받을 각오를 하면서 살아야 합니다. 예수 그리스도를 본받는 삶은 그런 것입니다. 주님의 아픔이 나의 아픔이 돼야 하고, 주님의 눈물이 나의 눈물이 되어야 합니다. 그것은 결코 헛된 눈물이 아닙니다.

역대상 4장에는 유명한 '야베스의 기도'가 나옵니다. 야베스의 어머니는 형제 중 가장 존귀한 자 야베스를 수고로이 낳았다고 합니다. 그런데 그렇게 힘들게 낳고 아이의 이름을 '야베스', 즉 '고통과 슬픔'이라는 뜻으로 지었습니다. 왜 그랬을까요? 이것저것 다 해봐도 이 땅에는 수고와 슬픔, 환난과 근심밖에 없다는 것을 야베스의 어머니가 미리 알지 않았을까 합니다. '이제 너의 인생은 기쁨을 포기하고 십자가 지는 고난의 길이다. 그것이 지경을 넓히고 복에 복을 더하는 길이다'라는 뜻으로 지어준 이름이라는 생각이 듭니다. 인간의 말초적인 기쁨이 인생의 전부가 아닙니다. 주님을 본받아 십자가 지고 따라가는 삶이 복에 복을 더하는 인생입니다.

무엇이든지 전에 기록된 바는 우리의 교훈을 위하여 기록된 것이니 우리로 하여금 인내로 또는 성경의 위로로 소망을 가지게 함이니라_롬 15:4

그리스도를 본받아 살고자 할 때 절대적으로 필요한 것이 성경입니다. 날마다 성경으로 교훈과 위로를 받을 때, 오해와 비방에도 인내할 수 있습니다. 비방을 받을 때 도리어 소망을 갖게 됩니다.

외국에 사는 어느 분이 큐티엠 홈페이지를 통해 은혜를 받으면서 그곳에 있는 지체들에게도 서로 고난을 오픈하고 기도하자고 했답니다. 모두가 격려하고 도와줄 줄 알았는데 신앙의 선배들인 사역자들이 한결같이 막고 나섰습니다. "은혜롭고(?) 덕이 되는 말만 해야지 부끄러운 일과 고난을 이야기하면서 어떻게 전도를 하겠느냐. 당신은 은혜 받을지 몰라도 안 믿는 사람들은 듣고 비웃을 것이다"라고 했습니다. 심지어 홈페이지에 나눔을 올리는 집사님에게 "당신 주변의 잡다한 일들을 인터넷에까지 떠들면서 무슨 유익이 있느냐? 영성이 의심스럽다. 아무쪼록 네 주변의 일들은 가급적 말하지 않았으면 한다"는 말까지 했습니다. 그래서 한 달 동안 깊은 우울감에 빠져 있었다고 합니다. 자기 안에 싹트는 미움과 판단이 인간관계에 두려움을 갖게 하고, 만남의 자리를 피하게 했습니다.

그러나 다시 잠잠히 말씀을 묵상하며 인터넷 홈페이지에서 지체들의 나눔을 읽었다고 합니다. 역대상의 계보를 묵상하면서 며느리와 간음한 유다를 통해 예수님이 오시고, 서모와 간음한 르우벤이 이스라엘 열두 지파의 장자로 세워지는 것을 보며 위로를 얻었습니다. 하나님의 구속사가 잘되는 이야기, 듣기 좋은 이야기로만 이루어지는 게 아니라는 것을 다시금 깨달으며 위로와 소망을 얻은 것입니다.

우리들교회가 주목을 받으면서 저와 성도들이 함께 기독교방송에 나간 적이 있었습니다. 우리들교회에 유명한 분도 있고 성공한 분들도 많지만 방송에 나간 분들은 처녀로서 암 투병 중이던 혜옥 자매, 장로님이던 아버지가 교회에서 치리를 받은 김 집사님, 남편의 외도를 믿음으로 인내하며 다시 가정을 회복한 윤 집사님, 이런 분들이었습니다.

'방송까지 나와서 하필이면 왜 그딴 이야기를 하느냐'고 생각한 사람도 있을 겁니다. '우리들교회에 가면 다 저렇게 되는 거 아니냐'고 하는 사람도 있을지 모르겠습니다. 그러나 그런 이야기를 드러내고 함께 기도했을 때 더 많은 분들이 우리들교회를 찾아왔습니다. 더 많은 사람을 돕고 헌신하게 됐습니다.

저는 우리들교회 성도들을 보면서 말씀의 위력을 실감합니다. 비방과 고난을 받아도 말씀으로 인내하며 위로를 얻는 사람들, 말씀으로 소망을 갖는 사람들이 모인 공동체가 진정한 천국 공동체임을 경험하고 있습니다.

—

내가 담당해야 할 우리, 또한 나의 약점을 담당해 줄 우리가 있습니까? 강한 자에게 약하게, 약한 자에게 강하게 살면서 사람의 기쁨을 위해 비위만 맞추고 있지는 않습니까? 믿음 때문에 비방을 받아도 성경의 위로를 맛보는 공동체에 들어가서 함께 이겨 냅니까?

하나 되는 우리

이제 인내와 위로의 하나님이 너희로 그리스도 예수를 본받아 서로 뜻이 같게 하여 주사 한마음과 한입으로 하나님 곧 우리 주 예수 그리스도의 아버지께 영광을 돌리게 하려 하노라_롬 15:5~6

셰익스피어는 "인내는 지친 당나귀와 같아서 질질 끌고 터벅거리면서도 가기는 간다. 그래서 끝이 있다"고 했습니다. 끝이 있어도 인내의 길은 험난

합니다. 위로가 필요합니다. 그러나 그런 인내가 길어질수록 한마음과 한입이 될 수 없었던 우리가 서로 뜻을 같이하게 됩니다.

우리가 한마음과 한입으로 외쳐야 할 것이 무엇입니까? 가정에서 교회에서 '우리 주 예수 그리스도의 아버지께 영광을 돌리는 것'입니다. 내가 영광을 받으려고 하면 한마음이 될 수 없습니다.

서로 형제인 목사님 두 분이 총회장 선거에 나왔는데 어머니가 동생보다 형을 밀어 준다는 가족회의 요람이 교인들에게 공개됐습니다. 그런데 이러한 형제간의 직분 싸움을 보면서 실족하는 교인들이 생겼습니다. 가족이 한마음이 안 되니까 한입이 안 되고, 한입이 안 되니까 서로 뜻이 같지 못해서 하나님의 영광을 가리게 됐습니다.

어떤 교회에서 친선 축구대회를 했는데 목사님 한 분이 축구를 너무 잘했습니다. 그 실력을 발휘해서 이기려다 보니까 상대 팀 선수에게 태클을 걸고 경기가 격해졌습니다. 옐로우 카드가 나오고, 그 판정에 불만을 품은 목사님이 심판에게 가서 얼굴을 붉히면서 따지고, 그러다 또 경고가 나왔습니다. 그렇게 축구인지 싸움인지 모를 경기를 하다가 결국에는 목사님이 속한 팀이 이겼습니다. 그런데 목사로서 막상 이기고 나니 미안해져서 심판을 본 집사님에게 가서 사과를 했습니다. 하지만 때는 이미 늦었습니다. 많은 교인들이 실족한 마음으로 돌아간 뒤였습니다.

선거든 운동 경기든 승부가 걸리면 목사고 뭐고 없는 것 같습니다. 노름을 같이 해 보면 진짜 성격이 나온다는데 윷놀이만 해 봐도 그 사람의 근성이 드러납니다. 어떻게든 이기려고 하는 사람은 게임의 즐거움을 해치게 마련입니다. 승부에서는 이길지 몰라도 결과적으로는 진 싸움을 하는 겁니다. 매력이 싹 없어지고 다시는 상대하기가 싫어지기 때문입니다. 그렇다면 어떤 사람이 강한 자가 되어서 이기는 싸움을 할 수 있을까요?

동네에서 늘 맞고 다니던 아이가 아버지와 함께 길을 가다가 자신을 때린 아이를 발견했습니다. 아이는 자기보다 덩치가 몇 배나 큰 그 형을 가리키면서 아빠에게 말합니다.

"아빠, 저 형이 날 때렸어! 저 형이야!"

아빠는 아이들 사이에서 일어난 일이라 "그랬어? 아빠가 다시는 그러지 말라고 할게" 하고는 그냥 지나치려고 했습니다. 그런데 그때 아들이 그 덩치 큰 형에게 달려가더니 마구 때려 줍니다. 아빠가 아무 행동을 취하지 않았는데도 아들은 겁도 없이 덩치 큰 아이를 때리고, 또 큰 아이는 맞으면서도 가만히 있습니다. 왜냐하면 자기보다 더 큰 어른이 아이의 곁에 있기 때문입니다.

누구보다 강한 자는 아버지와 동행하는 자입니다. 아버지가 아무 행동을 취하지 않으셔도 내 아버지와 함께 있을 때 강한 자로 살 수 있습니다. 하나님이 무엇을 주셔서가 아니라 그냥 "아버지~!!" 하고 부르기만 해도 우리는 강한 자가 될 수 있습니다. 기도할 때마다 "아버지!"를 부르고, 아버지께서 "응, 그랬어?" 이 한마디만 하셔도 내가 이기리라는 믿음을 갖는 사람이 하나님과 한마음이 되는 강한 자입니다.

우리 가정과 교회는 한마음, 한입이 되고 있습니까? 혹시 하나님의 영광이 아닌 각자의 이익을 따지면서 백 명이 모여 백 개의 소리를 내지는 않습니까? 먼저 주님과 하나 될 때 부부가, 부모자식이, 교회가 하나 될 것을 믿습니까?

용납하는 우리

그러므로 그리스도께서 우리를 받아 하나님께 영광을 돌리심과 같이 너희도 서로 받으라_롬 15:7

한 남자가 차를 몰고 치킨을 사러 갔습니다. 가게 앞에 차를 세워 두고 기다렸다가 치킨 한 상자를 들고 갔는데 얼마 후 놀란 얼굴로 다시 치킨 가게로 들어왔습니다. 주인이 무슨 일인가 물었더니 그 치킨 상자 속에는 그 가게의 하루 매상이 현금으로 들어 있었습니다. 일부러 훔친 것도 아니고 주인이 잘못 준 건데 웬만한 사람이었으면 유혹을 받지 않겠습니까? 그런데 이남자는 얼른 돌아와서 상자를 잘못 가져갔다고 밝혔습니다.

주인은 놀라면서 "세상에 이런 분이 다 있냐. 당신처럼 정직한 사람은 세상에 알려야 한다"면서 신문사에 알리겠다고 했습니다. 그런데 남자는 너무 완강하게 절대 알리지 말라고 했습니다. 정직한 데다 겸손하기까지 하니까 주인은 더욱 알리려고 했습니다. 남자는 더 완강히 알리지 말라고 하면서 거의 애원을 했습니다. 무슨 이유가 있는 것 같아서 주인이 왜 알리지 말라고 하는지 물었습니다. 그러자 남자가 난처한 표정으로 말했습니다.

"사실은 지금 차 안에서 기다리는 여자가 우리 집사람이 아니거든요."

인간을 어느 한 면만 보고 판단한다는 것은 위험한 일입니다. 어떤 사람이라도 자세히 뜯어보면 약점이 다 있습니다.

성경에 나오는 위대한 믿음의 용사에게도 약점이 있고 허물이 있었습니다. 심지어 사도 바울에게도 건강으로 인한 육체의 가시가 있었습니다. 그런즉 누구든지 십자가 외에는 자랑할 것이 없습니다.

내가 말하노니 그리스도께서 하나님의 진실하심을 위하여 할례의 추종자
가 되셨으니 이는 조상들에게 주신 약속들을 견고하게 하시고 이방인들
도 그 긍휼하심으로 말미암아 하나님께 영광을 돌리게 하려 하심이라
_롬 15:8~9a

먼저 예수님을 믿고, 먼저 교회에 나오고, 먼저 직분을 받아서 강한 자가
되었다고 해도 그것은 특권이 아닙니다. 자랑할 것이 없습니다. 하나님은 먼
저 믿은 유대인들에게나 이방인들에게나 동일하게 긍휼을 베푸십니다. 모든
것이 하나님이 약속을 이루시는 것이고, 내가 자랑할 것이 없다는 걸 알아야
서로가 서로를 받을 수 있습니다.

미국에서 부정적인 사람과 긍정적인 사람, 두 부류로 나누어 25년 동안
연구를 했다고 합니다. 그런데 평균 수명이 7년 반이나 차이가 났습니다. 사
람마다 약점이 있게 마련인데 상대방의 약점을 물고 늘어지는 사람일수록
건강이 치명적으로 손상된다는 결과가 나왔습니다.

교회 안에서도 서로 약점이 용납이 안 되어 병든 목사와 교인들이 많습니
다. 사랑보다 힘든 것이 용서입니다. 하지만 누군가를 용서하고 이해해야 건
강한 공동체로 건강한 사랑을 나눌 수 있습니다. 하나님은 우리의 약점을 사
용해서 우리 각자에게 두신 하나님의 뜻을 이루어 가십니다. 그러므로 형제
의 약점을 용납하지 못한다면 하나님의 영광을 막는 것임을 알아야 합니다.

기록된 바 그러므로 내가 열방 중에서 주께 감사하고 주의 이름을 찬송하
리로다 함과 같으니라 또 이르되 열방들아 주의 백성과 함께 즐거워하라
하였으며 또 모든 열방들아 주를 찬양하며 모든 백성들아 그를 찬송하라

하였으며 또 이사야가 이르되 이새의 뿌리 곧 열방을 다스리기 위하여 일어나시는 이가 있으리니 열방이 그에게 소망을 두리라 하였느니라
_롬 15:9b~12

로마서의 목적, 성경의 모든 목적은 믿지 않는 열방을 향한 것입니다. 우리 인생의 목적도 열방을 향해 나아가는 것입니다. 하나님은 내가 강한 자가 되어 열방을 품고, 열방 중에서 감사하고 찬양하며, 열방에게 전하기를 원하십니다.

"열방들아 주의 백성과 함께 즐거워하라"고 하십니다. 이 세상 백성은 주의 백성을 만나야 즐거워할 수 있습니다. 어디를 가도 주님을 모르는 인생은 기쁨을 만들 수도, 느낄 수도 없습니다. 주님만이 즐거움의 이유이고, 주님만이 찬송의 대상입니다.

그 즐거움을 나 혼자만 누릴 수가 없기 때문에 우리는 열방을 향해 가야 합니다. 내 옆의 연약한 자를 담당하다가 더 많은 사람, 더 많은 나라의 약점을 담당하며 '더 강한 우리'를 만들어 가야 합니다.

소망의 하나님이 모든 기쁨과 평강을 믿음 안에서 너희에게 충만하게 하사 성령의 능력으로 소망이 넘치게 하시기를 원하노라_롬 15:13

'꿈에도 소원은 통일'이 아니라 '열방으로 전해져 가는 주의 이름'이 우리의 소망입니다. 그 소망을 품기만 하면 소망의 하나님이 모든 기쁨과 평강을 믿음 안에서 충만하게 하십니다. 이것이 약속입니다. 아멘!

어느 자매의 남편이 술이 취해 들어와서 "자기!" 하고 민망한 소리를 하면

서 계속 다른 여자의 이름을 불러 댔습니다. 얼마나 듣기 싫었을까요? 물이라도 갖다 붓고 싶지 않겠습니까? 당장 이혼이라도 해야 하지 않겠습니까?

자매는 다른 여자의 이름을 부르다가 잠든 남편을 바라보면서, 쭈그리고 자는 모습이 너무 가엾어서 그 등을 쓸어내리며 기도했다고 합니다. 하나님의 뜻을 이루기 위해 이 일이 필요하시다면 기쁘게 잘 감당하게 해 달라고, 남편을 불쌍히 여겨 달라고, 예수님의 생명이 그에게 들어가게 해 달라고 기도를 드렸습니다.

아침에 눈을 뜬 남편에게 꿀물을 타서 가져다주면서 무슨 힘든 일이 있느냐고 많이 지쳐 보인다고 말해 주었습니다. 아이가 요즘 아빠를 많이 그리워하니까 저녁에 들어오면 아이를 많이 안아 주라고, 그러면서 "여보, 우리 같이 교회에 가요" 이 한마디를 했다고 합니다.

어떻게 이런 일을 감당할 수 있습니까? 그 남편에게 어떤 소망을 가질 수 있습니까? 홈페이지를 통해 기도 요청을 하고 많은 지체들이 전화로 안부를 물어 주고 기도해 주고 있다는 소식을 들으면서 자매의 마음에 기쁨과 평강이 있었다고 합니다. 성령님의 능력으로 하나 된 공동체가 있다는 것이 엄청난 축복임을 깨닫는다고 했습니다.

소망이 안 보이는 답답한 상황에서도 강한 우리가 있을 때 기쁨과 평강이 충만하게 됩니다. 강한 우리가 있을 때 성령의 능력으로 이길 수 있습니다. 누가 이 자매를 연약한 자라고 비판할 수 있습니까? 세상의 눈으로 보면 남편에게 배신당한 피해자라고 할지도 모릅니다. 그러나 자매는 피해자도, 연약한 자도 아닙니다. 온 교회가 자매와 한마음이 되어서 기도하며 돕고 있습니다. 자매 혼자서 감당하기 힘든 남편을 위해 함께 기도하고 있습니다. 이런 우리가 어떤 연약한 자도 감당할 수 있는 강한 우리입니다.

우리의 가정과 교회가 열방으로 지경이 넓어지기를 원합니다. 이 일을 위해 우리는 강한 자가 되어야 합니다. 돈도 벌어야 합니다. 공부도 잘해야 합니다. 일도 잘해야 합니다. 건강해야 합니다. 기도도 해야 합니다. 말씀도 보아야 합니다. 육적으로 영적으로 건강하지 않으면 어떻게 남의 약점을 담당할 수 있겠습니까?

야곱의 열두 아들, 이스라엘의 열두 지파가 흉년을 피해 애굽으로 갈 때, 그 속에는 서모 빌하와 간음한 르우벤이 있었고, 살인한 시므온과 레위가 있었고, 며느리와 동침한 유다가 있었습니다. 열두 아들 중에서 반 이상이 서출의 자식으로 비천한 출신이었습니다. 그렇게 약점 많은 70명이 애굽으로 들어갔지만, 애굽의 노예생활을 마치고 출애굽할 때는 200만 명이 됐습니다.

이것은 단순히 숫자의 증가를 의미하는 것이 아닙니다. 연약한 자들이 모인 공동체이지만 서로의 약점을 담당할 때 진정 강하고 건강한 교회가 되어서 열방의 약점을 담당하게 될 것입니다. 열방을 변화시키는 강한 우리가 될 것입니다.

───

용납하기 싫은 사람이 있습니까? 그 사람을 받아들이고 적극적으로 사랑하는 것이 열방까지 하나님을 전하는 최고의 선교임을 알고 있습니까? 그 사람 때문에 내 삶이 더 절망적이 될 것 같아도 가장 절망적인 상황에서 가장 큰 소망으로 부르시는 하나님의 능력을 믿습니까?

말씀으로 기도하기

주님! 우리는 모두 연약한 자입니다. 내가 100% 죄인이고, 우리가 100%

죄인입니다. 그러나 연약한 것을 고백하는 한 사람 한 사람이 모일 때 강한 우리가 된다고 하십니다. 마땅히 연약한 자의 약점을 담당하는 것이 강한 우리가 할 일이라고 하십니다. 아직도 내 속의 상처와 열등감이 살아 있어서 다른 사람의 약점을 담당하지 못하는 것을 불쌍히 여겨 주옵소서.

강한 우리가 되기 위해 가정과 교회에서 서로 뜻이 같아지기를 원합니다. 한마음이 되지 못하는 가족, 지체와의 갈등을 해결하기 위해서 먼저 하나님과 한마음이 되기를 원합니다. 우리가 모두 하나님 한 분을 아버지로 두고, 그 아버지가 함께하시는 것을 알게 하옵소서. 하나님을 아버지라 부르며 친밀한 관계를 가짐으로 하나님이 우리의 모든 기도를 들으신다는 믿음을 허락해 주옵소서.

수고로이 낳은 아들에게 고통과 슬픔이라는 이름을 지어준 야베스 어머니의 마음을 생각합니다. 끊임없이 고통과 슬픔과 환난과 근심이 있을 수밖에 없는 우리 인생이지만 그것이 복에 복을 더하는 길이고 지경이 넓어지는 길이라는 것을 야베스의 어머니가 알았습니다. 그 비밀을 알기 원합니다.

누구를 용서할 수도 사랑할 수도 없는 저입니다. 연약한 자, 나와 생각이 다른 사람을 용납하지 못하는 저입니다. 어떤 관계 속에서도 내 죄를 깨닫고 나를 용서하신 하나님의 사랑으로 다른 사람도 용납하게 하옵소서. 가족 때문에 상처 받고, 가족에게 집착하다가 아무것도 못하는 인생이 아니라 열방을 향해서, 열방을 품어 성령의 능력으로 소망이 넘치는 인생이 되도록 축복하여 주옵소서.

예수님 이름으로 기도하옵나이다. 아멘.

하나님은 우리의 약점을 사용해서
우리 각자에게 두신 하나님의 뜻을 이루어 가십니다.
그러므로 형제의 약점을 용납하지 못한다면
하나님의 영광을 막는 것임을 알아야 합니다.

공동체 고백

서로의 약점을 담당하는 공동체

저는 대학생 시절부터 교회를 다녔으나 군 제대 후 안마시술소에 중독되어 영적으로 파산 상태가 되었습니다. 스스로 죄책감에 갇혀 누구에게도 마음을 털어놓지 못했을뿐더러 남의 연약함도 담당하기 싫었기에 내 연약을 담당해 줄 공동체가 없었습니다(롬 15:1). 그러던 중 당시 여자친구였던 지금의 아내 손에 이끌려 다시 교회에 오게 되었습니다. 큰 기대를 하지 않고 앉았던 첫 예배에서 목사님의 구속사 설교와 자신의 지질한 죄를 오픈하시는 집사들님의 회개 간증을 들으며 눈물이 멈추지 않았습니다. 이 공동체라면 나 같은 사람도 용납해 줄 것 같았습니다. 그때부터 예배와 소그룹 모임에 출석하며 스스로 죄를 고백했고, 목사님의 주례로 아내와 신결혼도 했습니다.

그러나 회사생활이 고되게 느껴지면서부터 불평과 자기연민이 올라왔고, 그런 내 삶이 해석되지 않자 이를 핑계로 또다시 게임과 음란한 동영상으로 도피했습니다. 결국 다시는 가지 않겠다고 다짐했던 안마시술소에 다시 출입하고, 그 과정에서 용납될 수 없는 또 다른 죄를 저질렀습니다. 바로 교회 헌물에 손을 댄 것입니다. 결혼 후 모든 재정을 아내에게 맡겼기에 몰래 돈을 모으기 어려웠던 저의 눈에 소그룹 예배의 헌금 봉투가 들어왔습니다. 소그룹 부리더로 헌금을 담당하며 만 원, 2만 원씩 봉투에 손을 대기 시작해 몇 주 동안 6만 원이 넘는 금액을 훔쳤습니다. 너무 떨렸지만 양심에 화인을 맞은 자처럼 언젠가 다시 채워 넣으면 된다고 생각했습니다(딤전 4:2).

그 사건 이후로 하나님과 저 사이에 캄캄한 시간이 흘렀습니다. 그래도 소그룹 부리더라는 직분 때문에 공동체를 떠나지 못하고 붙어 있었습니다. 시간이 한참 지난 후에 훔친 돈만큼 채워 넣기도 했지만, 이는 주님 앞에서 눈가림하는 짓에 불과했습니다. 저는 정죄감에 짓눌려 이 일을 마음 깊숙이 묻어 두고 부러 잊으며 지냈습니다.

그러던 어느 주일, 주님은 성경에 기록된 바른 교훈으로 저의 죄를 생각나게 해 주셨습니다. 큐티 본문을 통해 "내 이름으로 일컬음을 받은 이 집이 너희 눈에는 도둑의 소굴로 보이느냐 보라 나 곧 내가 그것을 보았노라"고 저를 분명히 책망해 주신 것입니다(렘 7:11). 주님은 저를 굽어보시고 말씀이 살아 있는 공동체로 인도해 주셨는데, 저는 되레 하나님을 능욕하고 도둑질하기에 바빴습니다. 이런 저의 죄가 처절히 깨달아지자 울부짖으며 회개할 수밖에 없었습니다. 더는 숨기며 교회를 다닐 수 없겠다는 생각에 아내와 소그룹 지체들 앞에서 죄를 오픈했고, 이후 주일예배 대표 간증 시간에도 교인들 앞에서 솔직히 죄를 고백하며 용서를 구했습니다.

주님은 이런 저를 얼마 전 소그룹 리더로 불러 주셔서 매주 소그룹 식구들과 함께 예배를 사수하며 깨어 있게 하십니다. 매일의 큐티를 통해 하루하루 인내하게 하시고, 나의 연약함을 보는 훈련을 주시니 그저 감사합니다(롬 15:4~5). 이제 제 소망은 나의 탐욕을 채우는 것이 아니라 저와 같이 용납받지 못하는 그 한 사람을 공동체와 함께 용납하고 함께 믿음이 강해지는 것입니다. 공동체를 통해 나 같은 죄인을 받아 주신 하나님께 영광을 돌립니다(롬 15:6).

그리스도 예수의 일꾼

로마서 15:14~21

예수 그리스도의 일꾼으로 살기를 소원합니다. 말씀하여 주옵소서. 듣겠습니다.
예수님 이름으로 기도하옵나이다. 아멘.

　헬렌 켈러의 스승인 설리번은 어려서 어머니를 여의고, 알코올중독자인 아버지에게 버림을 받았습니다. 유일한 가족이던 동생도 병으로 죽고, 설리번 자신은 안질이 악화되어 실명을 했습니다. 두 번이나 자살을 기도했지만 죽는 것도 쉽지 않았습니다.

　바하바라 신부와의 만남은 절망에 빠진 설리번에게 인생의 전환점이 된 사건이었습니다. 바하바라 신부는 삶의 소망을 잃은 소녀에게 십자가를 가르쳤고, 설리번은 십자가를 통해 모든 상처를 치유 받고 하나님 나라를 사모하는 구원의 믿음을 갖게 되었습니다.

　믿음으로 회복된 설리번은 보스턴 퍼킨스 맹아학교에 입학하고 6년 동안

각고의 노력 끝에 최우등생으로 졸업을 했습니다. 한 신문사의 도움으로 받은 개안수술이 성공해서 시력도 되찾았습니다. 그리고 볼 수도, 들을 수도, 말할 수도 없는 헬렌 켈러의 소식을 듣고 가정교사로 자원을 했습니다. 그 뒤로 48년이라는 시간을 함께하며 모든 인류에게 소망이 된 위인 헬렌 켈러를 길러 냈습니다.

헬렌 켈러는 설리번 선생의 학습과 생활 지도뿐 아니라 그녀의 신앙에 큰 감화를 받았다고 고백합니다. 필라델피아의 캠플 대학에서 헬렌 켈러가 박사학위를 받을 때 설리번 여사에게도 같은 학위가 수여됐습니다. 그것은 예수 그리스도의 십자가가 이룩한 고귀한 학위였습니다. 참으로 설리번은 삼중고의 암흑 속에 있던 헬렌 켈러에게 선한 영향력을 끼친 중재자이자, 위대한 예수 그리스도의 일꾼입니다.

이 세상에는 중재자가 많습니다. 악한 일을 도모하는 중재자도 있고, 선한 일을 도모하는 중재자도 있습니다. 그러나 우리는 선한 영향력을 끼친 중재자로 살아야 합니다. 그럼으로 진정한 그리스도의 일꾼이 될 수 있습니다.

꿈이 있는 일꾼

내 형제들아 너희가 스스로 선함이 가득하고 모든 지식이 차서 능히 서로 권하는 자임을 나도 확신하노라 그러나 내가 너희로 다시 생각나게 하려고 하나님께서 내게 주신 은혜로 말미암아 더욱 담대히 대략 너희에게 썼노니_롬 15:14~15

연약한 자의 약점을 담당하기 위해 강한 우리가 있어야 한다고 했습니다. 그러려면 서로 배려하는 선함이 있어야 하고, 세상에서 해석이 안 되는 여러 가지 문제들을 잘 풀어 줄 지식이 있어야 합니다.

세계의 중심이라고 하는 로마에 살다 보니 당시 로마 교인들에게도 자부심이 있었습니다. 이들 역시 선함이 가득하고 모든 지식이 차서 능히 서로 권하고 가르칠 만했습니다. 바울도 그것을 인정합니다. 그러나 바울은 하나님이 주신 은혜로 더욱 담대하게 복음을 전했습니다. 선하고 지식이 있는 사람들에게도 담대하게 전해야 할 것이 있습니다. 담대하게 전했다는 것은 강압적으로, 교만하게 겁 없이 전했다는 의미가 아닙니다. "나 같은 죄인 살리신 주 은혜"를 생각하며 겸손하게 전했다는 것입니다.

은혜로 하지 않으면 제대로 권면할 수가 없습니다. 제가 설교를 할 때도 은혜로 하지 않으면 할 수 없는 말이 너무 많습니다. 내 교양과 체면 때문에, 또 두려움 때문에 막고 싶은 말이 얼마나 많은지 모릅니다. 이 땅의 모든 것을 배설물로 여기지 않으면 못 할 말이 너무 많이 있습니다.

강남 한복판에서 20여 년 큐티 사역을 하고 이제는 목회를 하고 있는데, 그래도 참 못 하는 말이 많았습니다. 유명한 목사님, 좋은 성경공부 모임이 대부분 서울 강남에 있습니다. 사회적 지위를 가진 사람들도 많습니다. 그러다 보니 스스로 선함이 가득하고 능히 서로 권하는 자들이 모여 있습니다. 바울처럼 저도 그것을 확신합니다.

그러나 그 모든 것이 은혜로 말미암는다고 합니다. 아무리 지식과 선함이 가득해도 우리에게 필요한 것은 은혜입니다. 왜 은혜가 필요합니까? 지식과 선함으로는 안 되는 일이 있기 때문입니다. 복음은 지식과 선함이 아니라 수치와 약점을 통해 전파되는 것이기 때문입니다. 세상은 본질적으로 진노의 자식이기에 복음을 거부합니다. 그래서 내 수치와 약점으로 복음을 전한다는 것은 담대함 없이는 할 수 없는 일입니다.

유대인들이 그렇게 위대하게 여기는 모세의 이야기를 좀 전하겠습니다. 모세는 40년간 양치기를 하다가 가시떨기나무 아래에서 소명을 받았습니다. 하나님께서 애굽에서 고난 받는 히브리 백성들을 구원하기 위해 가라고 하시니 자신은 입이 뻣뻣하고 혀가 둔하고 말에 능하지 못하다며 몇 번씩 거부했습니다. 그래도 하나님이 강권적으로 끌고 가시니 사명감 없이도 가서 전했습니다. 그러나 히브리 민족들이 고난 때문에 마음이 상해 있어서 모세의 말을 듣지 않았습니다. 이것이 출애굽기 5장까지의 이야기입니다.

그런데 이어지는 출애굽기 6장에 놀라운 이야기가 나옵니다. 출애굽기의 저자인 모세가 레아가 낳은 아들 르우벤, 시므온, 레위의 족보 중에 자신이 레위의 자손임을 밝힙니다. 서모 빌하와 간음한 르우벤과 살인자 시므온의 가족을 열거하며 자신이 시므온과 함께 살인을 저지른 레위의 자손이라는 것입니다. 모세 자신도 살인자였지요. 그리고 출애굽기 6장 20절에만 나와 있는 아버지 아므람의 이야기도 합니다. 모세의 아버지 아므람은 고모와 결혼을 한 사람입니다. 이 족보를 통해 모세는 자신의 숨은 부끄러움의 일을 간증했습니다.

그런데 놀랍게도, 이런 부끄러움의 일을 밝히고 나서 7장부터는 모세의 사역이 탄력을 받습니다. 애굽 왕 바로 앞에서도 두려움 없이 이야기를 하고, 수많은 비방을 받으면서도 이스라엘 백성들을 이끌어 갑니다. 이처럼 하나님은 잘나고 능력이 충만한 사람이 아닌, 겸손할 수밖에 없는 사람을 쓰십니다.

최고의 지도자인 모세도 살인자였고, 최고의 전도자인 바울도 스데반을 돌로 쳐 죽인 사람이었습니다. 설리번 여사도 많은 약점을 가졌기에 48년 동안 생색내지 않고 헬렌 켈러를 가르칠 수 있었습니다. 우리 또한 은혜로 모세처럼, 바울처럼, 설리번처럼 그리스도의 일꾼이 될 수 있습니다. 하나님이 주신 담대한 배짱으로 누구에게든, 어디서든 복음을 전할 수 있습니다.

> 이 은혜는 곧 나로 이방인을 위하여 그리스도 예수의 일꾼이 되어 하나님의 복음의 제사장 직분을 하게 하사 이방인을 제물로 드리는 것이 성령 안에서 거룩하게 되어 받으실 만하게 하려 하심이라_롬 15:16

바울 시대에 최고의 일꾼으로 꼽히는 네 부류가 있었습니다. 먼저는 사제인데 그들을 통해 신에게 가까이 갈 수 있다고 믿었기 때문에 모두가 사제를 존경했습니다. 또 하나는 합창단원으로 노래를 부르며 인생을 즐길 수 있기 때문이고, 하나는 운동선수인데 역시 즐기면서 살 수 있기 때문입니다. 나머지 하나는 안정적인 삶을 누릴 수 있는 군인이었습니다.

그런 직업을 명예로 생각하는 시대에 바울은 자신이 그리스도 예수의 일꾼임을 선포합니다. 최고의 집안과 학벌을 가진 바울이 목수의 아들 예수의 일꾼이라고 자랑스럽게 선포하고 있습니다.

이러한 사도 바울을 통해 이방인인 우리가 하나님이 받으실 만한 제물이 되었습니다. 설리번 여사도 은혜로 그리스도의 일꾼이 되어서 하나님이 받으실 만한 제물로 헬렌 켈러를 하나님께 올려 드렸습니다. 그들에게 얼마나 힘든 일이 많았겠습니까? 우리의 직장생활이 힘들고, 시집살이가 힘들고, 자녀가 힘들어도 바울보다, 설리번보다 더 힘들겠습니까?

예수님을 믿는 우리는 전 세계의 대제사장입니다. '복음의 제사장'이라는 말은 '복음으로 하나님의 평화를 만드는 사람들'이라는 뜻입니다. 어떠한 형편에도 생명을 낳는 자들입니다. 우리의 지식과 선함으로는 할 수 없습니다. 설리번이 헬렌 켈러를 영적 자녀로 낳은 것은 설리번이 잘나서가 아닙니다. 오직 하나님의 은혜입니다.

미션스쿨에 다니던 한 학생이 종교의 자유를 주장하면서 예배 참석과 수업을 거부하며 1인 시위를 한 일이 있었습니다. 자신의 주장을 관철하기 위해 단식과 가출을 했고 그 일로 온 나라가 떠들썩했습니다. 이 학교는 많은 목사님들과 사역자들을 배출한 학교였는데, 기독교 교육이 이만큼 어려워졌다는 증거입니다.

저는 '크리스천 스쿨'의 비전을 가지고 있습니다. 한국 학교들의 대부분이 창조 신앙과 대척점에 있는 진화론을 가르칩니다. 이런 시대에 교회만이 대안입니다. 일주일에 한 번 예배를 드리고 성경 수업을 하는 정도가 아니라 날마다 말씀으로 수업을 시작하고 말씀으로 마치는 학교가 세워지기를 소망합니다. 믿음으로 가르치고 배우는 학교, 성경으로 참된 지식과 가치관을 심어 주는 '예수 사관학교'를 세우는 것이 저의 비전입니다. 지금도 수원 중앙기독초등학교와 몇몇 대안학교에서 그런 교육이 이루어지고 있다고 합니다. 어린 학생들과 믿음의 가정을 위해 더 많은 크리스천 스쿨이 세워지기를 바라고 우리들교회가 그 일에 쓰임 받기를 원합니다. 오늘 말씀을 보니 지도자는 '성령 안에서 거룩하게 된 제물'이어야 한다고 합니다. 그러니 아이들이 어려서부터 거룩하게 되어 하나님께 드려지도록 양육해야 합니다. 그래서 저는 부모와 학생과 교회가 하나가 되어 큐티하고 삶을 나누는 진정한 기독교 학교를 세우는 꿈을 꿉니다.

제사장은 제물을 가지고 하나님 앞에 나가야 합니다. 제물 없이 가는 것은 군인이 총을 두고 전쟁터에 가는 것과 같습니다. 그런데 그 제물이 이방인이라고 합니다. 믿는 우리가 안 믿는 사람들을 하나님께 올려 드리는 것입니다.

기독교 교육도 믿는 사람끼리 잘되자고 하는 게 아닙니다. 이 시대를 살리는 대안은 교회밖에 없습니다. 이방인을 하나님이 받으실 만하게 드리는 일을 한국 교회가 해야 합니다. 설리번 여사가 한 사람, 헬렌 켈러를 키워 내서 전 세계에 영향을 끼쳤던 것처럼 몇 명, 몇십 명, 몇백 명을 모아 놓고 확실한 신앙교육을 시켰을 때 우리의 자녀들이 전 세계의 제사장으로 세워지고 복음의 일꾼이 될 것입니다. 우리의 자녀뿐 아니라 이방인들 가운데서도 하나님께 드려지는 목사, 선교사, 지도자가 나올 것입니다.

나보다 선하고 지식이 많은 사람이라도 '구원의 확신이 있느냐'고 물을 담대함이 있습니까? 복음의 제사장으로서 내가 하나님께 제물로 드려야 할 사람은 누구입니까?

능력이 있는 일꾼

그러므로 내가 그리스도 예수 안에서 하나님의 일에 대하여 자랑하는 것이 있거니와 그리스도께서 이방인들을 순종하게 하기 위하여 나를 통하여 역사하신 것 외에는 내가 감히 말하지 아니하노라 그 일은 말과 행위로 표적과 기사의 능력으로 성령의 능력으로 이루어졌으며
_롬 15:17~19a

하나님은 그리스도의 일꾼이 된 자에게 성령의 능력을 주십니다. 신유와 방언의 은사를 비롯해 모든 능력을 주시지만, 어떤 표적과 기사보다도 큰 능

력은 십자가 능력입니다. 신유와 방언의 능력도 내 삶에서 십자가를 잘 지라고 주신 것입니다. 나에게 주신 재능과 기술도 십자가를 잘 지라고 주신 것입니다. 우리가 찬양을 하고, 기도를 하고, 구제와 봉사를 하고, 금식을 하는 모든 이유는 십자가를 잘 지기 위해서입니다.

나의 말, 행위, 표적, 기사의 능력이 성령의 능력으로 이루어진 것은 무엇이겠습니까. 결론은 사랑입니다. 똑같은 간증을 해도 구원에 대해 애통한 사람은 사랑이 많은 자입니다. 그런 사람에게는 성령의 능력으로 역사가 일어납니다. 그러나 신기하게도 교회를 오래 다녀도 애통지수가 낮은 사람이 있습니다. 그러면 어떤 간증을 해도 비방으로 듣거나 자랑으로 듣습니다.

아프고 상처 많은 사람들을 살리는 것도 십자가 능력입니다.

"며칠만 금식해 봐. 사업이 회복될 거야. 누구한테 가서 기도 받아 봐" 하지만 이것이 능력이 아닙니다. 부도가 났으면 당장 살고 있는 집부터 줄이고, 빚을 갚기 위해 신문 배달이라도 하고, 암에 걸려도 큐티 열심히 하고 예배 열심히 드리는 십자가 적용을 할 때 사람들이 살아납니다. 고난과 상처에 십자가를 대면 부활의 능력이 나타납니다.

그렇게 십자가로 살아나는 사람들이야말로 저의 자랑입니다. 교회 이름을 자랑하고, 제 이름을 자랑하는 것이 아니라 나의 말과 행위와 표적과 기사에 십자가 능력이 나타나는 것이 최고의 자랑입니다.

그리하여 내가 예루살렘으로부터 두루 행하여 일루리곤까지 그리스도의 복음을 편만하게 전하였노라_롬 15:19b

일루리곤은 지금의 유고슬라비아 지역으로 당시에는 북서쪽 끝으로 여겨

지던 곳이었습니다. 바울은 예루살렘으로부터 일루리곤까지 복음을 전했다고 자랑합니다. 예루살렘으로부터 일루리곤까지 바울의 행적이 과연 자랑할 만한 것이었습니까?

예수 믿는 사람을 핍박하다가 다메섹 도상에서 예수님을 만난 바울은, 자신도 예루살렘에서 무시를 받았습니다. 다메섹에서는 밤중에 광주리를 타고 성벽을 내려와 쫓겨나듯 도망갔습니다. 풍랑과 강도의 위험을 겪고, 자비량으로 다니느라 천막 장사도 하고, 감옥에도 갇혔습니다.

그렇게 온갖 일을 겪으며 복음을 전했지만 가는 곳마다 잘 받아들인 것도 아닙니다. 고린도교회를 위해 오랫동안 눈물로 기도했지만 잘 받아들이지 않았습니다. 사도 바울의 복음을 잘 받아들인 교회는 데살로니가교회, 빌립보교회처럼 어렵고 힘든 교회들이었습니다. 여기저기서 쫓겨나고 거절도 당했습니다. 그래도 사도 바울이 한 번이라도 다녀간 곳은 그가 떠난 후에라도 복음이 자리를 잡았습니다. 그리고 이천 년이 지난 지금 우리에게, 전 세계에 그리스도의 복음이 편만하게 전해지고 있습니다.

내 인생에도 성령님이 임하시면 예루살렘과 온 유대와 사마리아와 땅끝까지 이르러 예수 그리스도의 증인이 됩니다(행 1:18). 내 자신의 구원에서 가족 구원으로, 교회와 직장, 나라와 전 세계, 나를 괴롭히는 원수에게까지 복음이 이르게 하십니다. 나로 인해 복음이 편만하게 전해지도록 성령님이 능력으로 역사하십니다.

그럼에도 바울 사도의 가족, 친족들은 예수님을 믿지 않았습니다. 예수님도 살아 계실 때 가족들에게 미쳤다는 소리까지 들으셨습니다. 바울도 믿음의 역사가 대단한 베냐민 지파, 자신의 고향 예루살렘 사람들이 아니라 안디옥에서 파송을 받고 사역을 시작했습니다.

저희 집안도 마찬가지입니다. 저의 형제, 친척, 시댁의 가족들 중에도 아직 거듭나지 못한 식구들이 있습니다. 어떻게 목사님 집안에 안 믿는 사람이 있을 수 있느냐고 하는 사람도 있습니다. 그러나 예수님과 바울을 보면서 우리의 사역이 완성되는 일루리곤은 내 집안 식구일 수도 있다는 생각을 합니다. 또한 크리스천 스쿨에 대한 꿈이 저의 일루리곤일 수도 있고, 남성 위주의 목회 풍토가 저의 일루리곤인 것 같다는 생각도 해 봅니다.

어쩌면 제가 죽기 전에 온 집안이 구원 받는 것을 못 보고 갈 수도 있습니다. 그러나 마지막까지 그들을 품고 기도할 때 하나님이 제가 죽은 후에라도 반드시 우리 가족의 구원을 이루실 것을 믿습니다. 당장 내 식구들이 돌아오지 않아도, 이웃과 나라와 열방의 구원을 위해 헌신할 때 나의 일루리곤까지 복음이 편만하게 전해질 것입니다.

또 내가 그리스도의 이름을 부르는 곳에는 복음을 전하지 않기를 힘썼노니 이는 남의 터 위에 건축하지 아니하려 함이라 기록된 바 주의 소식을 받지 못한 자들이 볼 것이요 듣지 못한 자들이 깨달으리라 함과 같으니라_롬 15:20~21

바울은 전도를 위해서는 못할 것이 없었던 사람이었습니다. 감옥에 가는 것은 물론 죽음도 각오한 사람이고 때마다 자신감 넘치는 언어로 성령의 역사를 증거했습니다. 하나님 때문에 자랑도 하고, 이방인의 구원을 위해 부끄러움 없이 매 맞고 고생한 이야기도 했습니다.

그런 바울이 전도하지 않기로 힘쓰는 대상이 있다고 합니다. 어떤 곳입니까? 그리스도의 이름을 부르는 곳, 다른 사역자에 의해 복음이 전해진 곳에는 가지 않겠다고 합니다. 남의 터 위에는 건축하지 않겠다는 것입니다.

우리들교회 수요 큐티 모임은 다른 교회 교인들에게도 개방을 합니다. 그것이 남의 터 위에 건축하는 걸까요? 평신도 사역 때부터 제 큐티 모임의 기본 원칙은 와서 양육을 받은 분들이 각자의 교회에 가서 충실하게 섬기자는 것입니다.

하나님은 25년이 넘는 큐티 사역을 통해 불신자도 전도하게 하셨지만, 특별히 교회를 다녀도 그리스도를 영접하지 못한 사람들을 위해 애통하게 하셨습니다. 모태신앙이어도 성경 한 줄을 안 읽는 사람들이 큐티를 통해 성경을 읽고 적용하게 하셨습니다. 그렇게 해서 내 교회, 내 교인을 만드는 게 아니라 각자 처한 환경으로 돌려보냈더니 생각지도 못한 많은 열매가 나타났습니다.

교회를 할 생각이 없었던 제가 오십이 넘은 나이에 아브라함처럼 갈 바를 알지 못하고 하나님의 인도하심을 따라 교회를 시작했습니다. 개척 이후 지금까지 하나님은 초대교회의 역사를 저에게 보여 주셨습니다. 강남 한복판에서도 사도행전적 교회가 존재할 수 있다는 것을 보여 주셨고, 빚지지 않고 교회를 건축할 수 있음을 보여 주셨으며, 담임목사가 항암치료를 받는 동안에도 성도들의 뜨거운 마음이 식지 않고 오히려 수적으로 부흥하는 역사를 이루어 주셨습니다. 여전히 복음의 불모지가 많이 있지만 우리들교회를 통해 환난당하고 빚지고 원통한 자들을 순종하게 하시고, 가정에서 지역사회로, 그리고 열방으로 지경을 넓혀 주셔서 많은 나라의 선교사들을 파송하고 후원하게 하셨습니다.

바울도 고린도교회를 아볼로에게 맡기고 떠나 왔지만 나중에 고린도후서를 통해 그들을 양육했습니다. 우리는 말씀을 힘써 전하지 않아도 될 곳과 이미 교회가 세워졌어도 힘써 전해야 할 곳을 잘 분별해야 합니다. 중요한 것은 주의 소식을 받지 못한 자들에게 소식을 전해 주고, 이들을 깨닫게 하는 것입니다. 내가 전도한 사람의 수를 늘리기 위해서나 내 업적을 위해서가 아니라 오직 영혼 구원이 목적이 될 때, 하나님이 분별하게 하시고 적합한 환경으로 인도하십니다.

—

나의 말과 행위에서 자랑하는 것이 무엇입니까? '내가 금식하고 기도했더니 모든 것이 잘됐다'고 성령의 능력이 아닌 내 능력을 자랑하지는 않습니까? 복음이 편만하게 전해지는 것보다 전도 실적에 관심을 두지는 않습니까? 전도 행사에 자리를 채우려고 다른 교회 교인들까지 끌고 온 적은 없었습니까?

나, 그리스도 예수의 일꾼

이 은혜는 곧 나로 이방인을 위하여 그리스도 예수의 일꾼이 되어 하나님의 복음의 제사장 직분을 하게 하사 이방인을 제물로 드리는 것이 성령 안에서 거룩하게 되어 받으실 만하게 하려 하심이라_롬 15:16

바울은 '나로' 이방인을 위하여 그리스도 예수의 일꾼이 되어(16절), '내가' 그리스도 예수 안에서(17절), '나를' 통하여(18절), '내가' 예루살렘으로부터 두루 행하여(19절), 또 '내가' 그리스도의 이름을 부르는 곳에는 복음을 전하지 않기로 힘썼다고 했습니다(20절). 다른 사람이 아닌 '내가' 했다고 절마다 이야기합니다. 자신을 자랑하기 위해서 강조한 것이 아닙니다. 성령님의 능력으로 담대하게 복음을 전해야 할 사람은 바로 나, 지금 말씀을 듣는 내가 해야 한다는 것입니다.

전도는 학벌이 부족해서 못 하는 게 아닙니다. 신학을 안 해서 못 하는 게 아닙니다. 언변이 없어서 못 하는 게 아닙니다. 전도는 사람을 진실하게 대하며 우리의 삶 속에서, 죽음 앞에서라도 그들의 필요를 채워 주며 예수님을 주로 고백하는 나눔의 과정입니다.

그런데 전도를 위해 꼭 필요한 것이 한 가지 있습니다. 내가 예수님을 구주로 영접했는가, 주님과의 만남이 있는가 하는 것입니다. 체계적인 전도법이 무엇입니까? 전도를 하러 가서 내가 주님을 만난 간증을 할 수 있다면 50%는 된 것입니다. 영혼 구원을 향한 열정이 있으면 나머지 50%도 채워집니다.

퓰리처상 수상 작가인 윌리엄 스타이런은 이렇게 말합니다.

"나는 학살당한 600만 명의 유대인 때문에 울지 않았다. 200만 명의 폴란드인 때문에 울지 않았다. 100만 명의 세르비아인 또는 500만 명의 러시아인 때문에도 울지 않았다. 나는 모든 인류를 위해 울 수 있을 만한 사람이 못 된다. 그러나 나와 어떤 식으로든 관계를 맺고 사랑하게 된 이들을 위해서는 울었다."

전도는 사람에 대한 이해 없이는 할 수 없습니다. 나와 관계를 맺은 한 사람, 그 사람을 위해 울 수 있어야만 할 수 있습니다. 거리에서 열심히 전도하다가 집이나 직장에서는 복음의 '복' 자도 안 꺼낸다면 올바른 전도자라고 할 수 없습니다. 노방전도도 당연히 해야 하지만 삶 속에서 그리스도의 일꾼이 되어 복음 전파에 힘써야 합니다.

역대상 6장 말씀에는 레위인들이 24반차를 따라 직무를 행하는 모습이 나옵니다. 하나님께서 친히 제사장 지파로 택하신 레위 지파가 어떤 지파입니까? 잔인하게 살인을 저지른 가문입니다. 누구에게 자랑하려야 도무지 자랑할 수 없는 자신의 수치와 피의 족보를 들여다보며 레위 지파는 날마다 인간의 무능함과 100% 죄성을 통감했을 것입니다. 그러므로 더욱 하나님을 바라보게 되었을 것입니다.

성경을 깊이 이해하고 나 자신의 죄성과 하나님의 은혜를 넘치게 깨달을 때 비로소 인간을 이해하게 됩니다. 자랑할 게 없는 인생일수록 겸손해집니다. 여기에서 진정한 의미의 카리스마가 나옵니다. 그래서 가장 강력한 전도는 내가 100% 죄인임을 인정하는 것입니다. 이런 지체들일수록 교회 안에서 더 깊이 연합되어 서로 헌신하고 봉사합니다. 레위의 형제들은 성막에서 고상하게 제사장 직분만 감당하지 않았습니다. 온갖 집기를 옮기고 제물로 바칠 짐승을 토막 내고, 피를 뿌리고…… 짐승의 울음소리와 피비린내가 가득한 곳에서 봉사하고 섬긴 것이 그들의 예배였습니다.

신학을 안 하고, 직분이 없어도 삶으로 복음의 능력을 나타낼 때 전도가 됩니다. 저는 북한의 지하교회야말로 가장 영향력 있는 교회, 살아 있는 교회라고 생각합니다. 신학을 공부한 사람도 없고, 성경책도, 찬송가책도 제대로 갖추어지지 않았습니다. 교회 건물이 있는 것도 아니고, 대단한 목사님이 있는 것도 아닙니다. 그럼에도 신앙을 지키기 위해 온갖 핍박을 견디고, 그속에서도 절대 불신결혼은 하지 않는다고 했습니다. 지구상의 어느 교회보다도 강력한 믿음의 공동체를 이루고 있습니다.

사무엘서의 엘리 제사장은 목회자가 되어서 자기 자녀들만 끼고 돌다가 하나님의 심판으로 의자에서 뒤로 넘어져 목이 부러져서 죽었습니다 (삼상 4:18). 그럼에도 하나님께서 이스라엘을 존속시키신 이유는 불임으로 고난 받았던 사무엘의 어머니 한나의 기도 때문입니다. 고통 받았던 한나 한 사람 때문에 이스라엘 교회가 존속되었습니다. 교회의 부흥은 교단이나 교파, 목사의 능력으로 되는 게 아닙니다. 고난 속에서 믿음을 지키고, 자신이 당한 고난으로 그리스도를 증거하는 성도들이 모일 때 교회는 저절로 성장하게 돼 있습니다. 나 한 사람의 고난이 교회를 살립니다. 나 한 사람의 눈물의 기도가 죽어 가는 수많은 영혼을 살립니다. 지금 고난 속에 있는 당신이야말로 능력 있는 그리스도의 일꾼입니다!

―

회사의 일꾼, 쾌락의 일꾼, 돈의 일꾼이었던 나를 그리스도의 일꾼으로 뽑아 주신 것에 감격합니까? 성경 지식이 없고 돈이 없어도, 술 담배를 못 끊었어도 다른 사람의 구원에 관심을 두고 기도할 때 전도의 능력이 나타나는 것을 믿습니까?

말씀으로 기도하기

아버지 하나님! 열방으로 지경이 넓어지기 위해서 내가 그리스도의 일꾼이 되어야 한다고 하십니다. 그런데 아직도 스스로 선함이 가득하고 지식이 가득 차서 내가 편한 사람에게 가르치고 권하는 것만 하고 싶습니다. 로마 교회를 향해, 전도해야 할 사람들에게 담대하게 전하지 못합니다. 내가 하나님께 제물로 드려야 할 사람들이 있습니다. 하나님이 맡겨 주신 사람들을 구원으로 인도하기 위해, 제 능력이 아닌 성령님의 능력에 의지하여 담대하게 전하게 하옵소서.

나의 말과 행위와 표적과 기사에 자랑할 것은 십자가밖에 없습니다. 남보다 잘돼서가 아니라 삶에서 인내하고 희생하는 모습을 보일 때 전도의 능력이 나타날 것을 믿습니다. 교인 수를 늘리기 위해서가 아니라 복음이 편만하게 전해지기 위해서 오늘도 가정과 직장에서 십자가를 지는 적용을 할 수 있도록 은혜를 내려 주옵소서. 모세처럼 자신의 수치의 족보를 밝히기 위해서 저에게 은혜가 필요합니다. 내가 주님 앞에서 전적으로 무능한 100% 죄인임을 깨닫지 않고는 저의 수치와 부끄러움을 자랑할 수가 없습니다. 그러나 성령님이 역사하셔서 주님을 전하기 위해, 이방인을 제물로 드리기 위해서 못할 것이 없는 인생을 살게 도와주시옵소서.

나의 일루리곤, 아직 주님께 돌아오지 않은 가족들을 위해, 열방을 위해 기도합니다. 그들에게 복음을 전하기 위해 주님은 다른 사람이 아닌 저를 사용하기 원하십니다. 내가 그리스도의 일꾼이 되어 한 사람, 한 사람의 영혼 구원을 위해 기도하며 헌신하기를 원하십니다.

주님, 저를 사용해 주시고, 고난 속에서도 내가 만난 하나님을 증거하며 하나님으로 인해 담대함과 능력을 가지는 일꾼으로 세워 주옵소서.
예수님 이름으로 기도하옵나이다. 아멘.

공동체 고백

오늘 하루를 잘 사는 은혜

사춘기 시절 잠시 방황을 하기도 했지만, 교회에서 열심히 봉사하며 스스로 선함이 가득하고 지식이 차서 가르치기도 했기에 나름 믿음이 있다고 생각했습니다(롬 15:14). 그러나 청년부에서 만난 지금의 남편과 결혼하고 1년 후, 갑자기 시어머니가 뇌출혈로 돌아가시는 사건 앞에서 "하나님 어찌함이 니이까"의 원망으로 제 믿음의 수준이 드러나게 되었습니다. 그리고 사람을 의지하고 세상에 나갔다가 빚보증 사건으로 수치를 당하고 이어진 남편의 부도 사건으로 건강도 잃고 영도 피폐해졌습니다. 그제야 큐티 모임으로 인도받아, 예수 믿은 지 40년 만에 새롭게 거듭나는 기적을 경험하게 되었습니다. 생각해 보면 오랜 신앙생활 동안 기억에 남는 설교도 없고, 기복으로 종교생활을 해왔기에 저야말로 죄에 대한 의식도 구원에 대한 관심도 가져본 적 없는 이방인 중의 이방인이었습니다. 그러므로 홀시아버지와 시댁의 뒷바라지로 전쟁 같은 날들을 보내야 했던 것은 이방인이었던 제가 하나님이 받으실 만한 제물이 되기 위해 마땅히 있어야 할 일이었습니다(롬 15:16). 이제 제 인생에도 성령님이 임하셔서 공동체의 리더로 세워 주시고, 아프고 상처 많은 지체들에게 나를 살리신 주님을 전하며 십자가의 능력이 최고의 자랑임을 고백하며 가게 하시니 감사합니다(롬 15:17).

13년 전 온 가족이 말씀이 있는 공동체로 인도되는 은혜를 허락하셨지만, 그 과정에서 평소 제가 존경하고 신뢰했던 분들에게 듣기 거북하고 저주에 가까운 말을 듣게 되었습니다. 당시 그 말이 큰 상처가 되어 심적인 부담으로 남아 있었는데, 꼭 그분들이 예언한 것처럼 저희 가정은 이후 또 한 번의 부도로 재산도 잃고 남편이 구속되는 힘든 환경을 만났습니다. 때로는 '그럴 줄 알았다니까' 하는 가슴을 찌르는 그 소리가 귓가에 들리는 듯했습니다. 그분들은 제가 땅을 치고 울며 후회할 거라고 했지만, 저는 그 사건 후로도 여전한 방식으로 예배드리며 왜 이런 사건이 왔는지 먼저 근원을 찾고 저의 숨겨진 욕심과 방관했던 죄를 고백하며 '옳소이다' 할 수 있었습니다. 오히려 요동함 없이 오늘 하루를 잘 사는 은혜를 누리며 예배하는 이 자리가 제 인생 최고의 선택이었음을 믿어 의심치 않게 되었습니다.

비록 남편은 세상적으로 되는 일이 없고 감옥을 다녀오는 환난도 겪었지만 하나님은 그 고난 때문에 남편을 깨어 있게 하셔서 절도, 사기, 살인 등으로 감옥에 있는 수감자들에게 《큐티인》을 전하며 차별 없이 편만하게 복음을 전하는 담대함을 허락해 주셨습니다(롬 15:19). 고난과 상처에 십자가를 대면 부활의 능력이 나타난다고 하셨는데, 어떤 힘든 환경 가운데서도 성령의 능력으로 살아나는 역사가 있기를 간절히 소망합니다(롬 15:18~19). 앞으로도 우리 가정이 말씀을 먼저 들은 자로서 삶 자체가 복음이 되어 주의 소식을 전하는 사명을 잘 감당할 수 있기를 기도합니다(롬 15:21).

가라면 간다

로마서 15:22~33

아버지 하나님, 우리 인생이 어디서 와서 어디로 가는지 모르기 때문에
우리가 모든 문제를 해석하지 못합니다. 내 삶의 최종 목적지가 어디인지 알기 원합니다.
주님이 정하신 목적지를 향해 나아가기 원합니다.
예수님 이름으로 기도하옵나이다. 아멘.

루씰은 13살 때 처음 의료 선교사가 되겠다는 꿈을 가지고 열심히 공부했습니다. 루씰은 가진 게 많은 여자였습니다. 잘나가는 몬트리올 의대생에 '미스 의과대학'으로 뽑힐 만큼 타고난 미인이었습니다. 그래서 동료 남학생들의 구애가 끊이지 않았습니다. 의술과 미모가 곧 돈인 시대에 루씰의 앞길은 그야말로 탄탄대로였습니다.

하지만 여성이 의사라는 직업을 갖는 것조차 낯설었던 1950년대에 의사로서 자리를 잡는 것이 쉽지는 않았습니다. 여성으로서는 유일하게 외과를 전공했지만 막상 병원에 취직을 하려고 하면 "저희 병원에서는 여성을 채용할 계획이 없는데요", "아니, 누가 자기 생명을 여자 손에 맡기겠습니까?" 이

런 말을 들어야 했습니다. 루씰은 그런 사회적 장벽에 도전한 투사는 아니었습니다. 다만 자신의 직업은 평생 외과의사라는 신념을 버리지 않았을 뿐입니다. 그래서 좌절하지 않고 전공의 자격을 따기 위해 프랑스로 가서 본격적인 의학 공부를 시작했습니다.

길이 막혀도 가야 하는 서바나

그러므로 또한 내가 너희에게 가려 하던 것이 여러 번 막혔더니 이제는 이 지방에 일할 곳이 없고 또 여러 해 전부터 언제든지 서바나로 갈 때에 너희에게 가기를 바라고 있었으니_롬 15:22~23

바울이 궁극적으로 가고자 하는 곳은 서바나입니다. 서바나는 지금의 스페인 지역입니다. 당시 로마가 세계의 중심이었기 때문에 바울은 로마교회에서 파송을 받아 복음을 전하기 위한 비전을 품고 서바나로 가고자 했습니다. 그런데 그 길이 자꾸만 막혔습니다.

내가 주의 일을 하기 위해 선교를 가려 하는데, 주님의 영광을 위해 결혼을 하고 취직을 하겠다는데, 그 길이 막힐 수 있습니다. 한 번도 아니고 여러 번 막힐 수 있습니다. 그럴 때 주님이 막힌 길을 풀어 주실 때까지 기다리는 것도 사역입니다. 하나님은 항상 때를 가지고 우리를 훈련시키십니다. 기다림이야말로 믿음을 성숙하게 하는 훈련입니다.

지금은 길이 막혔어도 목적지를 안다는 것이 중요합니다. 목적을 찾지 못하고 평생을 보내는 사람들도 있습니다.

역대상을 보면 사울 왕은 하나님께 묻지 않고 자기 열심으로 사무엘 선지자와도 예배를 드리고, 혼자서도 예배를 드리고, 신접한 여인을 찾아가서도 예배를 드립니다. 하나님 중심이 아닌 자기중심적 예배중독자, 인본주의의 심벌이 바로 사울입니다. 성경은 그런 사울이 죽은 이유를 다윗을 시기 질투해서, 괴롭혀서가 아니라 여호와께 묻지 않고 신접한 여인에게 물음으로 여호와께 범죄했기 때문이라고 정확하게 지적합니다(대상 10:13~14). 그래서 사울의 모든 것을 이새의 아들 다윗에게 주었다고 합니다. 하나님께 묻지 않았기에, 삶의 목적을 바르게 붙들지 못했기에 사울은 이스라엘의 초대 왕으로 기름 부음 받고서도 비참한 죽음을 맞이했습니다.

바울도 처음에는 잘못된 목적을 가지고 살았습니다. 복음 전파의 길을 가는 것을 어리석다고 생각했을 뿐 아니라 그 길을 가는 사람을 앞장서서 막았습니다. 핍박하고 돌로 쳐 죽이기도 했습니다. 사도 바울은 히브리인 중의 히브리인이요, 그 시대 최고 학벌인 가말리엘의 문하생이었습니다. 그렇게 똑똑한 사람이, 누구보다도 열심히 살았지만 인생의 목적지를 제대로 알지 못했습니다.

서바나로 가는 길은 쉽게 찾아지지도 않고, 쉽게 열리지도 않습니다. 수많은 과정과 훈련을 거쳐서 가는 길, 평생에 걸려 가는 길입니다. 그 세대에 못 가면 후대에라도 가야 할 곳입니다. 그렇게 서바나는 '가야만 하는 곳'입니다.

100여 년 전 죽음을 각오하고 한국 땅에 들어온 선교사들이 있어서 지금의 우리가 있습니다. 우리나라의 양화진 선교 공원에 가 보면 어린아이들의 묘가 있는데 선교사 부모를 따라왔다가 죽은 아이들입니다. 그들에게는 아시아의 작은 나라 조선이 서바나였을 겁니다. 지금도 많은 선교사들이 아프리카, 중동의 오지로 가고 있습니다. 북위 10도와 40도 사이에 세계의 빈민 국가 80%가 위치하고 있다고 합니다. 인도, 파키스탄, 방글라데시 등이 그 렇고, 언어가 없는 나라도 많고, 미전도 종족이 아직도 많습니다. 그런 곳을 각자의 서바나로 삼고, 예수 그리스도의 지상 명령을 성취하기 위해 떠나는 선교사들이 있습니다.

우리의 서바나는 어디일까요? 저는 같은 민족인 북한이라고 생각합니다. 개인적으로 저의 친정 부모님이 이북 출신입니다. 그래서 저에게 북한은 특별히 가고 싶은 서바나이기도 합니다. 그곳 사람들이 모두 가족처럼 여겨집니다. 독일이 통일된 뒤 500만 명의 사람들이 동독에서 서독으로 이주했다고 합니다. 아마 남북통일이 된 뒤에도 북쪽 사람들이 조금이라도 살기 편한 남쪽으로 내려올 것입니다. 그때 그들을 받아들일 준비를 미리 해야 합니다. 탈북자들이 남한에서 차별과 사기를 당한다는 소식이 들릴 때마다 안타까운 마음이 듭니다. 빈부를 떠나서 내 민족, 내 형제인 그들을 그리스도의 사랑으로 품을 때 하나님이 한국을 더 부요한 나라로 축복하실 것입니다.

나라의 지도자들도 우리의 서바나입니다. 특히 최고 지도자인 대통령에게 복음이 전해질 때 놀라운 변화가 이루어질 것입니다. 지금 내 직장, 내 가정이 서바나일 수도 있습니다. 믿지 않는 시댁, 친정도 우리의 서바나입니다.

이렇게 각자의 서바나로 가기 위해 우리는 끊임없이 기도하고 노력해야 합니다. 할 수 있는 모든 방법으로 그들을 찾아가고 도와야 합니다.

서바나로 가고자 하면서 바울은 "이제는 이 지방에 일할 곳이 없다"고 합니다. 막힌 환경에 순종하고 있으면 더 이상 일할 곳이 없을 때가 옵니다. 할 일이 없어진다는 의미가 아니라 다른 곳으로 지경이 넓어지는 때가 온다는 뜻입니다.

제가 남편 한 사람의 구원을 위해서 외출도 못 하고 집에서 열심히 순종했더니 남편의 구원이 이루어졌습니다. 남편에 대해서는 더 이상 일하지 않게 하셨습니다. 제가 이렇게 목회를 하고, 교회를 통해 선교와 구제 사역을 하게 될 줄 누가 알았겠습니까? 하나님이 막으신 환경에 순종하고 있으면 내 소원이 점점 영적인 것으로 바뀝니다. 막연했던 나의 서바나가 점점 구체적인 대상으로 다가오고, 더욱 구체적으로 기도하고 준비하게 됩니다. 그렇게 사역의 지경이 넓어지는 것입니다.

—

복음을 전하려 해도 길이 막히고, 말이 막히고, 기도가 막히는 나의 서바나는 누구(어디)입니까? 막힌 환경을 핑계로 포기하거나, 내 열심으로 길을 만들려 하지는 않습니까? 지금 하나님이 막으신 것에 순종할 때, 반드시 구원의 길이 열릴 것을 믿습니까?

함께 가는 서바나

이제는 이 지방에 일할 곳이 없고 또 여러 해 전부터 언제든지 서바나로 갈 때에 너희에게 가기를 바라고 있었으니 이는 지나가는 길에 너희를 보고 먼저 너희와 사귐으로 얼마간 기쁨을 가진 후에 너희가 그리로 보내주기를 바람이라_롬 15:23~24

바울이 로마교회에서 파송을 받기 원했던 것은 그들이 자신의 사역에 함께하기를 바랐기 때문입니다. 아마도 바울은 서바나에 가지 못하고 죽음을 맞은 것으로 보입니다. 그러나 자신의 비전을 함께할 로마교회가 있었고 지체들이 있었기에 살아서 서바나에 가지 못했어도 아쉬움이 없었을 겁니다.

저도 우리들교회와 큐티엠을 통해 함께하고픈 비전이 있습니다. 크리스천 스쿨에 대한 비전이 있고, 우리의 땅끝인 북한 선교에 대한 비전이 있습니다. 제가 살아서 그 일을 이루지 못한다 해도 지금 성도들과 함께 그 비전을 나누고 있다는 것이 얼마나 감사한지 모릅니다. 이렇게 우리의 서바나로 가기 위해 교회 안에서도 동역자가 필요하고, 가정에서도 부부가 서로 동역자가 돼야 합니다.

앞에서 이야기한 루씰이 프랑스에서 전공의 공부를 하고 있을 때 피에르 코르티가 그녀를 찾아왔습니다. 그녀에게 의료 선교의 비전이 있다는 것을 알고 우간다에 병원을 세우려는 자신의 계획에 동참하기를 청한 것입니다. 두 달 동안의 단기 선교 일정으로 우간다에 가서 의료 봉사를 하면서 피에르는 앞으로의 사역을 위해 루씰이 반드시 필요한 존재임을 느꼈습니다. 그래서 루씰에게 청혼을 했고 두 사람은 부부이자 동역자가 됐습니다.

루씰은 어려서부터 의료 선교의 비전을 가졌지만 그 길이 쉽게 열리지 않았습니다. 여자라는 이유로 취직을 하기도 어려운데 혼자서 선교를 하는 것은 더 어려운 상황이었습니다. 그래도 꿈을 버리지 않고 열심히 공부하고 준비했더니 하나님은 최고의 동역자 피에르를 허락하시고 의료 선교의 비전을 이루게 하셨습니다.

언더우드 선교사도 한국에 들어올 때는 총각의 몸으로 왔다고 합니다. 그런데 약혼자가 한국까지 찾아와서 한국에서 결혼을 하고 함께 사역을 했습니다. "나는 결혼 못 할까 봐 선교지에는 못 가!" 이런 소리 하지 마십시오. 하나님이 쓰시려면 얼마든지 결혼도 시켜 주시고, 사역도 하게 하십니다.

바울은 로마에는 잠깐만 들를 생각이었습니다. 지나는 길에 들러서 얼마간 기쁨을 가진 후에 떠나겠다고 합니다. 세계 최고의 도시이고, 한 번도 가보지 않았던 곳이니 오래 머물면서 경험도 하고 충전을 하면 좋을 텐데요.

내가 잠깐 교제할 자와 오래 머물면서 교제할 자를 어떻게 분별하겠습니까? 바울은 지식과 선생이 풍부한 로마교회를 잠깐 교제할 자로 생각했습니다. 로마교회의 파송으로 서바나에 가기를 원했지만 그렇다고 해서 로마교회 자체가 선교를 도와주는 것이 아니기 때문입니다. 결국 로마교회는 도움을 주지 못했습니다.

무슨 뜻입니까? 주의 일을 하면서 사람이나 교회 자체가 의지의 대상이 되면 안 된다는 말입니다. 교회 안에서도 나를 도와줄 것 같은 사람이 있습니다. 저 사람은 부자라서, 저 사람은 성경을 많이 알아서 오래 교제하고 싶고 그래야 내가 뭔가 할 수 있을 것 같습니다. 그러나 그런 생각으로 교제를 하면 상처를 받게 됩니다. 교회나 사람은 도구일 뿐입니다. 잠깐의 교제로 위로와 격려를 받을 수는 있지만 교회가 도와주고, 사람이 도와줘서 사역을 하는 게 아닙니다. 사람이 아닌 하나님의 일에 관심을 가져야 진정한 동역자를 보내 주십니다. 그러므로 도움의 손길, 동역자를 구하기 전에 하나님 나라를 이루기 위해 내가 어떻게 쓰임 받을 것인가를 먼저 생각해야 합니다.

가정과 교회에서 복음 전파를 위해 함께 기도하고 돕는 동역자가 있습니까? 나는 누군가의 동역자가 되고 있습니까? 내가 동역자가 되어 헌신할 때 하나님이 나에게도 필요한 사람을 붙여 주실 것을 믿습니까? 전도를 위해 모인 '여전도회, 남전도회'가 본래의 목적을 잃고 친목만 도모하지는 않습니까?

선교는 빚을 갚는 것

그러나 이제는 내가 성도를 섬기는 일로 예루살렘에 가노니 이는 마게도 냐와 아가야 사람들이 예루살렘 성도 중 가난한 자들을 위하여 기쁘게 얼 마를 연보하였음이라_롬 15:25~26

서바나로 가는 대단한 비전을 가지고 있어도 먼저 섬겨야 할 대상이 있습 니다. 바울은 동족 예루살렘을 섬기러 간다고 합니다. 사소해 보여도 먼저 순종해야 하는 일이 있습니다.

예루살렘교회가 바울을 파송하지 않았습니다. 이방인 교회인 안디옥교회 에서 바울을 파송했습니다. 예루살렘은 도리어 바울을 잡아 죽이려 하는 유 대인들이 있는 곳입니다. 그래도 바울은 예루살렘을 늘 기억하고 사랑했습 니다.

예루살렘에 가난과 흉년이 찾아왔다는 소식을 듣고 이방인 교회가 예루 살렘교회를 돕기 위해 헌금을 했습니다. 바울이 지금 그걸 가지고 가는데, 이때 마게도냐와 아가야 성도들이 모은 헌금이 이방 헬라에서 유대 본토로 가는 첫 헌금이었습니다. 선교지에서 모(母)교회를 돕게 된 것입니다.

"연보(捐補)"란 자기의 재물을 내어 다른 사람을 도와주는 것을 말합니다. 그러나 이 단어는 교제를 의미하는 '코이노니아'로 쓰였습니다. 지체의 어려 움을 도우려는 섬김이 곧 기쁨의 교제가 됩니다. 어쩌면 예루살렘교회는 이 방인 교회의 도움을 받는 것이 불편할 수 있습니다. "우리가 먼저 믿었는데, 우리가 진짜 아브라함의 후손인데, 성지 예루살렘에 살고 있는데" 하면서 자 존심을 지키고 싶었을 겁니다. 그래서 바울도 예루살렘교회를 유리그릇 다

루듯 조심스럽게 대하면서 최선을 다해 섬기고 있습니다. 예루살렘교회와 이방인 교회가 하나 되지 않으면 전체적인 선교 사역에 걸림돌이 되기 때문입니다.

> 저희가 기뻐서 하였거니와 또한 저희는 그들에게 빚진 자니 만일 이방인들이 그들의 영적인 것을 나눠 가졌으면 육적인 것으로 그들을 섬기는 것이 마땅하니라_롬 15:27

섬김은 빚을 갚는 것입니다. 영적인 섬김을 받고 육적으로 갚는 것, 이것이 섬김의 방법입니다. 한국 교회는 아펜젤러, 언더우드를 파송한 미국의 많은 교회에 기도와 헌금의 빚을 지고 있습니다. 또한 먼저 복음을 받아들인 북한의 성도들에게 빚을 지고 있습니다.

지금은 목사로 목회를 하고 있지만, 20년이 넘도록 제가 평신도 사역을 할 수 있었던 것은 모교회의 도움으로 가능했습니다. 담임목사님의 추천과 교회의 도움으로 큐티 사역을 시작하고, 이곳저곳 말씀을 전하러 다닐 수 있었습니다. 그래서 저에게도 항상 사랑하고 기도하는 모교회가 있습니다.

우리 집안에서 내가 처음 예수님을 믿었다고 해도 누군가 복음을 전해 주었기 때문에 믿게 됐습니다. 육적으로 나를 낳아 주신 부모님이 계셔서 영적인 출생도 할 수 있었습니다. 우리는 모두 빚진 자입니다. 우리의 영적 조상 예루살렘을 마땅히 섬기고 도와야 합니다.

바울이 살던 당시에는 조선(造船) 사업이라는 것이 없었습니다. 배가 튼튼하려면 이음새를 쇠로 만들어야 하는데 당시에는 전부 나무로 만들었기 때문에 풍랑을 만나면 금세 부서져 버렸습니다. 그래서 직선 항로로는 못 가고 지중해 연안의 얕은 바다를 타고 오랜 시간 항해를 했습니다. 그러다가 풍랑이 일면 육로로 가고, 그러다 또 배로 가고, 그러니 고린도에서 로마를 들러 예루살렘까지 가는 것은 결코 쉬운 일이 아니었습니다. 고린도에서 예루살렘까지 배로 1,300km, 예루살렘에서 로마까지 2,400km, 로마에서 서바나까지 1,100km, 도합 4,800km의 길이었습니다. 그 먼 거리를 가서 예루살렘과 서바나를 돕겠다는 겁니다.

아무리 멀고 길이 막혀도 찾아가야 하는 서바나가 있고, 예루살렘이 있습니다. 바울에게 예루살렘이 모교회이자 같은 민족이었던 것처럼, 우리에게는 북한이 먼저 하나님을 믿은 내 민족 예루살렘이라고 할 수 있습니다. 같은 땅에 살고 있어도 북한에 한 번 가려면 온갖 심사를 거쳐야 하고 외국에 가는 것보다도 몇 배는 더 복잡합니다. 금강산 관광 등으로 이제는 육로도 열렸지만 전에는 중국이나 홍콩을 들러서 돌고 돌아서 갔습니다. 그냥 경유하는 정도가 아니라 중국에 가서도 입국 허락이 안 떨어지면 며칠씩 기다리기도 했습니다. 그래도 가야 합니다. 내 민족 예루살렘을 돕기 위해 찾아가야 합니다.

그런 열정을 가지고 돕고자 할 때 동참하는 마게도냐와 아가야가 있습니다. 마게도냐 교인들이 돈이 많아서 연보한 것이 아닙니다.

"형제들아 하나님께서 마게도냐 교회들에게 주신 은혜를 우리가 너희에게 알리노니 환난의 많은 시련 가운데서 그들의 넘치는 기쁨과 극심한 가난이 그들의 풍성한 연보를 넘치도록 하게 하였느니라"(고후 8:1~2).

주의 일은 부자가 할 것 같아도 그렇지 않습니다. 마게도냐 교인들이 극심한 가난 중에도 바울의 마음에 공감했기 때문에 기쁘게 자기 것을 내어놓았습니다. 마게도냐 교인들이 그렇게 했으니 로마교회도 동참하라는 겁니다.

우리들교회는 환난당하고 빚지고 원통한 자들이 모인 교회입니다. 실제적으로도 빚진 분들도 많고, 가난한 분들이 많습니다. 그럼에도 영혼 구원 사역에 모두가 공감을 하기 때문에 교회 건물이 없을 때부터도 다른 많은 기관들을 돕고 있습니다. 전 세계의 선교사님들과 선교 단체, 장애인 사역, 탈북자 사역을 정기적으로 후원하고 있고, 때마다 절기 헌금은 전액 구제로 사용합니다.

그렇게 도왔더니 교회가 어려워졌습니까? 열방을 섬기려 기쁨으로 자원했더니 하나님은 성전 건축도 허락해 주셨습니다. 선교는 국력입니다. 선교야말로 우리 신앙의 결론입니다. 이 엄청난 일에 동참하게 하신 하나님을 찬양합니다. 물질뿐 아니라 우리의 진솔한 나눔을 통해 많은 분들의 상처가 회복되고, 가정이 살아나게 하셨습니다. 이것이 더 귀하다고 생각합니다. 저는 앞으로도 영육 간에 줄 것만 있는 교회가 되기를 간절히 소망합니다. 이제까지 인도해 오신 것처럼, 앞으로도 우리들교회가 사명의 땅 서바나로 가는 믿음의 공동체가 될 수 있기를 기도합니다.

———

내가 받은 사랑과 은혜를 생각하며 빚진 자의 마음으로 선교와 구제에 동참합니까? 불신자들을 전도하는 것도 중요하지만 교회 안에서 먼저 섬기고 도와야 할 지체는 없을까요? 중보기도 같은 영적인 나눔과 함께 옷, 음식, 자가용 태워 주기 등 육적으로 돕는 것을 먼저 실천해 봅시다.

축복 들고 가는 길

그러므로 내가 이 일을 마치고 이 열매를 그들에게 확증한 후에 너희에게 들렀다가 서바나로 가리라 내가 너희에게 나아갈 때에 그리스도의 충만한 복을 가지고 갈 줄을 아노라_롬 15:28~29

캐나다의 의료 선교사 루씰이 활동하던 1960~1980년대에 우간다에서는 끊임없는 내전이 벌어지고 있었습니다. 독재자 이디 아민의 폭정이 극에 달했고, 우간다 인구 가운데 15만 명 이상이 에이즈에 감염된 상태였습니다. 의료진의 도움이 절실히 필요한 그곳에서 루씰은 35년 동안 약 3만 차례의 외과 수술을 했습니다. 찢고 꿰매는 바느질 기술이 필요한 외과야말로 여자에게 가장 적합한 곳이라는 그녀의 신조가 많은 사람을 살렸습니다.

하지만 내전의 상황에서는 병원도 성역일 수 없었습니다. 반복되는 쿠데타와 내전으로 반군과 정부군이 병원에 들이닥쳐서 총구를 겨누고 의료품을 약탈하고 의사와 간호사를 납치해 갔습니다. 그래도 루씰은 수술실을 떠나지 않고 부상병들과 환자들을 치료했습니다.

그런 루씰에게 가장 큰 은혜는 환자를 치료하는 중에 그녀 자신이 에이즈에 감염된 것이었습니다. 루씰의 존재는 피비린내 나는 내전의 한 가운데 있을 때에도 그렇게 빛나 보이지 않았습니다. 그런데 에이즈에 감염되어 마지막 생을 달릴 때 비로소 세계는 루씰을 주목하기 시작했습니다. 루씰은 "내가 유방암에 걸렸더라면 세상의 모든 사람들이 나를 얼마나 사랑하는지 모르고 죽을 뻔했다"고 말했습니다. 에이즈에 걸렸기 때문에 모든 사람들이 얼마나 자기를 사랑하는지 깨달았다는 겁니다.

죽음의 병을 통해 보지 못했던 많은 것들을 보고 큰 사랑을 받던 루씰은, 1996년 자신의 모든 젊음과 열정을 바친 라코어 병원의 무화과나무 아래에 묻혔습니다. 동역자이자 남편인 피에르는 루씰의 전기 서문에서 그녀가 젊었을 때 품었던 선교사의 꿈을 버리지 않았다는 사실을, 그리고 혼란에 빠진 아프리카 오지를 휩쓸고 다니다 마지막에는 에이즈 병균에 맞서서 용감하게 싸우고 갔다는 사실을 알리고 싶다고 했습니다. 그리고 2003년 부활주일 그 역시 아내 옆에 나란히 묻혔습니다.

루씰은 이렇게 말했습니다.

"우리는 꿈을 꾸고, 실현시키고, 사랑할 수 있답니다. 산다는 걸 두려워해서는 안 돼요. 심지어 에이즈와도 함께 살아갈 수 있어야 합니다."

하나님을 믿는 나는 누구에게나 그리스도의 복을 줄 수 있는 인생입니다. 에이즈에 걸려도, 암에 걸려도, 부도가 나도, 사람에게 버림을 받아도 우리는 그리스도의 충만한 복을 줄 수 있는 인생입니다. 아멘!

바울이 예루살렘교회에 전해 주려 하는 충만한 복이 무엇이었습니까? 바로 선교의 열매를 확증하는 것입니다. 연약하고 가난해도 누군가를 섬기고 도울 수 있다는 것을 보여 주고 싶은 겁니다. 그래서 예루살렘교회도 그 섬김을 본받기를 바라고 있습니다.

열매는 한 번에 이루어지지 않습니다. 모자이크를 하듯 작은 일에 충실하면서 조금씩, 조금씩 큰 그림을 완성해 가는 것입니다. 그래서 과부의 엽전 두 푼(눅 21:2~4)이 최고의 섬김이고 헌신입니다. 우리가 어떻게 처음부터 서 바나를 품고, 우간다를 품을 수 있겠습니까? 바울도 1차, 2차 전도여행을 통해 로마를 향한 비전이 생겼고, 서바나의 비전이 생겼습니다. 루씰도 학생의 역할, 의사의 역할에 충실했을 때 하나님이 동역자를 허락하시고 의료 선교의 꿈을 이루게 하셨습니다.

우리들교회의 성도님들은 부도가 나면 여기저기 기도원을 다니고 예언을 받으러 다니지 않습니다. 대신에 씀씀이를 줄이고 신문배달을 하고 가사도우미 일을 나가는 적용을 합니다. 멀리 가는 것만이 선교가 아닙니다. 지금 내 옆의 한 사람을 통해 구원의 열매를 확증하시기 바랍니다.

여러분은 한 사람의 구원을 위해 얼마나 손해를 봤습니까? 얼마나 수치를 당해 봤습니까? 얼마나 돈을 썼습니까? 얼마나 시간을 썼습니까? 그 한 사람을 위한 섬김의 열매가 확증될 때 열방에게 그리스도의 충만한 복을 나눠 줄 수 있습니다.

———

나에게 확증된 전도의 열매, 섬김의 열매가 있습니까? 육적으로 내세울 것이 없어서 전도하기가 망설여집니까? 가난한 이웃을 돈으로 돕지 못하고 전도만 하는 것이 미안하게 여겨집니까? 어떤 도움보다 복음을 전하는 것이 서로에게 충만한 축복임을 믿습니까?

형제들아 내가 우리 주 예수 그리스도와 성령의 사랑으로 말미암아 너희를 권하노니 너희 기도에 나와 힘을 같이하여 나를 위하여 하나님께 빌어 나로 유대에서 순종하지 아니하는 자들로부터 건짐을 받게 하고 또 예루살렘에 대하여 내가 섬기는 일을 성도들이 받을 만하게 하고 나로 하나님의 뜻을 따라 기쁨으로 너희에게 나아가 너희와 함께 편히 쉬게 하라 평강의 하나님께서 너희 모든 사람과 함께 계실지어다 아멘_롬 15:30~33

바울이 기도를 부탁하는 기도 제목은 다음과 같았습니다.
첫 번째, "유대에서 순종하지 아니하는 자들에게서 건짐을 받게 하는 것"

입니다. 그리스도인을 핍박하는 자들이 바울을 죽이려고 할 것이기 때문에 그 문제를 놓고 기도를 부탁했습니다.

두 번째는 "예루살렘에 대해 섬기는 일이 받을 만하게"입니다. 마게도냐 등에서 모금한 헌금을 가지고 가는데 그들이 잘 받을 수 있도록 기도해 달라고 합니다. 율법에 매인 사람들은 도움을 안 받으려고 할 수도 있습니다. 헌금을 할 때도 기도가 필요하지만, 헌금을 쓰는 일에는 더욱 기도하고 깨어 있어야 합니다.

세 번째, 바울은 "로마 성도들과 함께 편히 쉬기를" 원했습니다. 한 번도 만나 보지 못한 로마 성도들과 실컷 교제하고 싶은 마음이 있었을 것입니다.

바울의 기도 제목을 정리하면 생명의 위험에 대한 기도, 사역의 성공을 위한 기도, 개인적인 필요를 위한 기도, 이 세 가지로 요약할 수 있습니다. 루씰과 같은 선교사님들을 위해 우리도 그 세 가지를 함께 기도해야 합니다. 바울이 "나와 힘을 같이하여" 하나님께 빌어 달라는 것은 생명을 건 기도를 청하는 것입니다.

바울처럼 로마에 가고자 하는 기도가 죄수의 신분으로 가는 것으로 응답 받을 수 있고, 루씰처럼 병에 걸려 죽을 수도 있습니다. 그래도 우리가 함께 기도할 때 하나님의 평강이 우리 모든 사람과 함께할 것입니다.

———

교회에서 후원하는 선교사들의 기도 제목을 지속적으로 확인하며 기도합니까? 내가 전도할 사람을 위해서 구체적인 기도 제목을 나누고 지체들과 함께 기도합시다.

말씀으로 기도하기

하나님 아버지! 바울 사도에게 가기 어려운 서바나가 있듯이 저에게도 길이 막히고 여러 곳을 거쳐야 하는 힘든 서바나가 있습니다. 복음을 전하려 해도 말이 막히고, 기도가 막히고, 사랑이 막히는 서바나가 있습니다. 그러나 서바나는 반드시 가야만 하는 곳입니다. 핑계와 합리화로 주저앉지 말고 나의 서바나를 품고 기도하게 하옵소서.

바울에게 가난해도 함께 돕고 기도하는 마게도냐와 같은 지체가 있었던 것처럼 저에게도 서바나로 가기 위해 지체가 필요합니다. 함께할 기도의 동역자를 허락해 주시고, 또 제가 동역자의 역할을 할 수 있기를 원합니다. 환경을 탓하지 말고 하나님이 주신 사랑 때문에 마땅히 섬기고 헌신하게 하옵소서. 빚을 갚는 마음으로 가족을 섬기며, 지체를 섬기며, 열방을 섬기는 자가 되기 원합니다.

내가 우간다 같은 오지로 갈 수 없고, 많은 사람을 다 돕지는 못해도 지금 내 환경에서 열매를 확증할 때 복을 주는 인생이 되는 것을 믿습니다. 아무리 힘든 처지에 있어도 구원의 열매를 확증할 때 나눠 줄 것만 있는 인생으로 살게 될 것을 믿습니다.

힘든 환경에서 복음을 위해 수고하는 지체들이 있습니다. 전 세계 오지에서 수고하는 선교사님들이 있습니다. 그들의 생명과 건강을 지켜 주옵소서. 그들의 사역이 열매 맺을 수 있기를 기도합니다. 그들의 모든 개인적인 필요를 채워 주시기를 기도합니다.

나의 서바나, 우리의 서바나로 가는 길이 힘들어도 주님은 반드시 주님의 일을 이루실 것입니다. 고난의 여정 속에서 다치고, 병들고, 쓰러져도 우리가 함께 섬기고 기도할 때 하나님의 평강이 함께하실 것을 믿습니다. 은혜를 내려 주옵소서.

예수님 이름으로 기도하옵나이다. 아멘.

내가 주의 일을 하기 위해 선교를 가려는데,

주님의 영광을 위해 결혼을 하고 취직을 하겠다는데,

그 길이 막힐 수 있습니다.

한 번도 아니고 여러 번 막힐 수 있습니다.

그럴 때 주님이 막힌 길을 풀어 주실 때까지 기다리는 것도 사역입니다.

하나님은 항상 때를 가지고 우리를 훈련시키십니다.

기다림이야말로 믿음을 성숙하게 하는 훈련입니다.

공동체 고백

내가 가야 하는 좁은 길

저는 초등학교 4학년 때 예수님을 영접한 이후 37년 동안 신앙생활을 했지만, 좁은 길로 가라는 말씀을 애써 외면하며 인본주의 신앙으로 살아왔습니다. 그런 제게 예수님은 2년 반 전, 지방 출장에서 알게 된 여인과 핸드폰 문자를 주고받은 것을 아내에게 들키는 사건을 통해 새로운 길을 가게 하셨습니다. 해달별이 떨어진 것같이 마음 아파하는 아내를 보며 진정으로 회개가 되었고, 바로 다음 날 아내의 권유로 교회 등록 후 4개월간 나가지 않던 소그룹 예배에 처음 나갔습니다. 이후 교회에서의 양육을 통한 가장 큰 변화는, 어디서나 예수님과 섬기는 교회의 공동체와 말씀에 대해 이야기를 한다는 것입니다. 예수 씨가 조금이라도 있으면 생명의 냄새고, 아무리 멋있어도 예수가 없으면 사망의 냄새인 것을 알고 날마다 분별하며 걸어가라고 하신 목사님의 말씀을 통해 죄에 민감해진 나 자신을 발견하게 됩니다.

얼마 전 합작법인 설립 업무로 베트남에 출장을 갔습니다. 첫날 공항에서 숙소까지 이동하면서 마침 현지 채용 인원 중 한 명이 크리스천이라 자연스럽게 나의 변화된 신앙생활과 내가 현재 다니고 있는 교회의 공동체 활동에 대한 이야기를 할 수 있었습니다. 5일간의 출장 일정을 마치고 저녁 식사를 하는 자리에서 우리 측 법인장이 될 사람이, 사실 저녁에는 매일 종류를 달리하는 VIP 마사지 등을 접대용으로 준비했는데 첫날 내가 너무 진지하게 교회 이야기를 하는 바람에 결례가 될 것 같아 아예 말조차 꺼내지 못했다고 합니다. 같이 간 회사의 직원들은 저 때문에 좋은 경험을 못하고 간다고, 다음부터는 저를 빼고 출장 오자고 농담을 했습니다. 이번에도 생명의 냄새로 예수씨를 남겼다고 뿌듯해하는 사이 사탄은 그 틈새를 비집고 들어왔습니다.

베트남 출장에서 돌아온 지 얼마 되지 않아 골프 초청을 받아 지방에 내려갔습니다. 초청한 사람은 신규 합작법인의 대표이사인데, 행사 후 식사하는 자리에서 이분이 우리 그룹에 합류한 기념으로 여름 휴가 때 중국에서 다시 한번 모이자고 제안을 하는 것이었습니다. 이 제안에 대해 지난번 베트남 출장 시 경건(?)하게 보낸 것에 대한 보상 심리도 있고 동반자 중 저의 상급자도 있어 그 자리에서 긍정도 부정도 아닌 대답을 하고 왔습니다. 사실 중국에서의 골프가 순수한 운동만은 아니라는 것은 누구나 다 아는 사실인데, 나는 운동만 하고 오면 된다고 합리화하면서 다시 죄인의 모습으로 돌아가고 있었습니다. 집에 돌아와서 가정예배를 드리면서 이 문제로 나눔을 했습니다. 고1인 딸의 처방이 '아무리 친목 도모라도 이런 접대는 받으면 안 된다'고 하는 것이었습니다. 신앙생활을 하면서 균형을 잡기가 참 어려운데, 이럴 때 죄를 고백하면 그 죄가 힘을 잃고 한 길로 왔다가 일곱 길로 도망간다는 것을 다시 한번 깨닫게 됩니다.

하나님께서 오늘 본문을 통해 저의 선교 비전을 생각해 보게 하셨습니다. 회사 안에 신우회를 조직하는 것과 예수님을 모르는 이들에게 겨자씨만 한 믿음을 심어 주는 일입니다. 바울이 서바나로 가는 쉽고 평탄한 길 대신 예루살렘을 경유하는 좁고 험한 길을 택했듯, 저도 세상의 조롱을 두려워하지 않고 예수님께서 책임져 주시리라는 믿음을 가지고 담대히 나아가도록 하겠습니다(롬 15:28).

거룩한 입맞춤

로마서 16:1~16

아버지 하나님, 우리 모두가 하나님 나라를 위해, 하나님 나라의 지경이 넓어지도록
함께 부름 받은 사람입니다. 오늘도 찾아오셔서 각자의 사명을 깨닫게 하옵소서.
예수님 이름으로 기도하옵나이다. 아멘.

　　어떤 분이 외국 방문 중에 유명한 명문대학이 있는 지역에 머물게 됐습니다. 그러다 주일을 맞아 그 명문대학 근처의 한인 교회에 예배를 드리러 갔습니다. 그런데 교회에 도착해 성도들과 인사를 나누면서 뭔가 이상한 분위기를 느꼈습니다. 몇몇 성도의 옷차림이 너무 야하다는 생각이 들었고, 웃는 모습도 남달랐습니다. 또 예배가 끝나고 식사를 하는데 어떤 여자 성도의 태도가 눈에 띄게 거슬렸습니다. 부인이 옆에 앉아 있는데도 남자 집사님에게 쌈을 싸서 입에 넣어 주며 애교를 부리는 것이었습니다. 남자 집사님이 괜찮다고 사양을 해도 하하, 호호 웃으며 다정하게 구는 것이 무례하게만 보였습니다. 그러나 식사 후 담임 목사님과 대화를 나누면서 그분

은 자신이 느꼈던 감정들을 회개하지 않을 수 없었습니다. 교회 근처에 미군 기지가 있다 보니 그 지역에 미군과 결혼해서 온 한국 여성들이 많다는 것입니다. 대부분이 한국의 유흥업소에서 일하던 사람들이었습니다. 사회의 밑바닥 출신이라고도 할 수 있는 그들이 명문대학을 다니는 똑똑한 사람들과 함께 교회를 섬기는데 목사님은 그 모습이 너무나 아름답다고 말씀하셨습니다. 하나님의 교회이기에 출신과 상관없이 함께 울고 웃는 교제가 가능하다는 것입니다.

보호자 뵈뵈

내가 겐그레아 교회의 일꾼으로 있는 우리 자매 뵈뵈를 너희에게 추천하노니 너희는 주 안에서 성도들의 합당한 예절로 그를 영접하고 무엇이든지 그에게 소용되는 바를 도와줄지니 이는 그가 여러 사람과 나의 보호자가 되었음이라_롬 16:1~2

'우리 자매 뵈뵈'라는 여성 사역자가 바울에게 추천을 받습니다. 여기에 쓰인 '일꾼'은 '디아코노스(집사)'라는 뜻이고, 뵈뵈는 '빛나다'라는 뜻의 이방 여신 이름입니다. 그럼에도 이름을 히브리식으로 바꾸지 않은 것은 고린도 교회를 전도하기 위해서였던 것 같습니다. 당시 초대교회에 제도화된 집사 직분이 있었는지는 모르겠지만, 여성이 무시당하고 일하기 힘든 시대였음에도 뵈뵈는 바울의 추천을 받아 힘든 여행도 기꺼이 하며 교회사에 길이 남을 귀한 일들을 해냈습니다. 최대 강국 로마의 성도들에게 제일 먼저 추천한 사람이 여성 뵈뵈라는 것은 참으로 대단한 일 아닙니까! 혹시라도 그들이 무시할까 봐 합당한 예절로 영접하라고 당부도 했습니다.

누군가를 양육할 때 권위가 아니라 이렇게 배려하는 마음이 필요합니다. 목사인 저도 성도들을 향해 불면 꺼질세라, 건드리면 다칠세라 세심한 마음으로 양육하고 섬겨야 할 것입니다. 그런 세심한 마음으로 사람을 추천하고, 추천 받을 때 어디에서든 도움 되는 일꾼을 세울 수 있습니다.

바울은 뵈뵈가 자신의 보호자라고 합니다. 보호자는 '후원자'를 말합니다. 바울이 천막 장사도 하고 자비량으로 선교했지만, 혼자서 모든 일을 다 할 수는 없었습니다. 디모데, 누가, 아리스다고 등 같이 일하는 사람들이 있었는데 함께 먹고 자는 것만 해도 비용이 필요합니다. 그래서 뵈뵈와 같은 후원자를 붙여 주셔서 2천 년 동안 하나님의 교회가 이어지게 하셨습니다. 후원자는 물질의 후원뿐만 아니라 뵈뵈처럼 보호자가 되어 줘야 합니다.

어떤 교회는 "비판적이고 힘든 성도는 나가라고 그래!" 하면서 교회가 굉장히 잘난 것처럼 자긍심을 가지기도 합니다. 하지만 그건 아니라고 생각합니다. 해치는 자가 되어서는 안 됩니다. 모든 직분이 중요하고 모든 사람이 중요하지만, 성숙한 성도라면 목회자와 교회의 보호자가 되어 주어야 합니다. 또한 전도한 사람의 보호자, 지체들의 보호자가 돼야 합니다. 일일이 쫓아다니면서 보호하라는 게 아닙니다. 보호한다는 것은 섬기는 것입니다. 어느 때는 기도만으로도 보호자가 될 수 있습니다. 전화나 편지 한 통, 식사 한 번으로도 보호자의 역할을 할 수 있습니다.

"내가 기도하고 있어요. 사랑합니다. 힘내세요."

이 한마디로도 든든한 보호자가 될 수 있습니다. 도우려면 곁에 서 있어야 합니다. 같이 있어 주는 것만으로도 도움이 됩니다.

내가 교회의 일꾼으로 추천하고 싶은 뵈뵈는 누구입니까? 또 나는 누군가에게 추천을 받을 만한 사람인가요? 언제나 교회의 입장에서 생각하고 사역자를 위해 기도하는 든든한 보호자가 되고 있습니까?

목숨을 내어 놓은 브리스가와 아굴라

너희는 그리스도 예수 안에서 나의 동역자들인 브리스가와 아굴라에게 문안하라 그들은 내 목숨을 위하여 자기들의 목까지도 내놓았나니 나뿐 아니라 이방인의 모든 교회도 그들에게 감사하느니라_롬 16:3~4

로마서 16장 본문에는 뵈뵈 외에도 많은 여성들이 등장합니다. 브리스가, 마리아, 드루배나, 드루보사, 루포의 어머니 유니아 등을 포함해 모두 아홉 명이나 됩니다. 바울의 동역자로서 맨 처음에 브리스가가 나오는데 '브리스가'는 사도행전에도 나오는 '브리스길라'의 애칭입니다. 바울은 부부 중에서 아내인 브리스가를 남편 아굴라보다도 먼저 언급했습니다. 성경 속에는 이처럼 남편보다도 더 '유명한' 여자들이 몇 있습니다. 예수님의 어머니 마리아도 그런 경우입니다. "마리아의 남편 요셉"(마 1:16)이라고 기록되었습니다.

남성 여러분, 어떻습니까? 나를 소개할 때 내 이름은 좀 내려놓고 "나는 누구의 남편이요"라고 하면 어떨까요? 내 아내의 이름을 자랑스럽게 말할 수 있는 남편이야말로 정말 멋있는 남자라고 생각합니다. 얼마나 열등감이 없으면 요셉과 아굴라처럼 부인을 섬길 수 있겠습니까.

로마의 글라우디오 황제 때 모든 유대인들이 로마에서 추방을 당했습니다. 이때 브리스가와 아굴라 부부가 고린도에 와서 바울의 전도를 받고 그리스도인이 됩니다(행 18:2). 로마에서 모든 것을 잃고 쫓겨났으니 한마디로 부도가 나서 망했다고 할 수 있는데, 그들이 예수님을 만났습니다. 예수님을 만났기 때문에 바울을 위해 목숨을 내놓는 동역자가 되고 성경에 이름이 기록되는 영광을 받았습니다. 그러니 쫓겨난 것이 얼마나 축복입니까!

특별히 브리스가와 아굴라는 항상 부부가 함께 등장합니다. 같이 교회를 다녀도 부부가 한 믿음이 되고 같이 헌신하기가 어려운데, 이들은 모든 것을 잃고도 한마음이 되어 바울을 좇았습니다. 바울이 에베소에 가면 그들도 에베소에 가고, 바울이 천막을 지으면 그들도 짓고, 바울이 로마에 가고 싶어하니까 그들이 먼저 로마로 가서 바울의 사역을 준비를 했습니다.

바울은 이들을 그냥 동역자라고 부르지 않습니다. 브리스가와 아굴라 부부는 디모데처럼 전담 사역자는 아니었습니다. 하지만 사업을 하면서 물질로 섬기고, 또 대단한 실력으로 성경도 가르쳤습니다. 실제로 에베소에서 있었던 데메드리오 은장색의 폭동 사건 때는 바울을 지키기 위해 생명의 위협도 감수한 것으로 추정됩니다. 그런 헌신이 있었기에 바울이 "내 목숨을 위하여 자기 목이라도 내놓았다"고 자신 있게 소개한 것입니다.

브리스가와 아굴라의 섬김은 바울뿐만 아니라 이방인의 모든 교회에까지 감사한 결과를 가져왔습니다. 헌신하는 한 사람 때문에 가정이 살아나고, 교회가 부흥하고, 전 세계의 복음화가 이루어집니다. 성공적인 목회는 얼마나 많은 사람이 목사의 설교를 들으러 오는가에 있지 않습니다. 얼마나 많은 사람이 자발적으로 복음을 전하고 다른 사람을 돌아보는 일에 헌신하는가에 달려 있습니다. 얼마나 많은 뵈뵈와 브리스가와 아굴라를 키워 내는가가 성공적인 사역의 척도이고, 거기에 교회의 미래가 달려 있습니다.

———

브리스가와 아굴라처럼 부부가 하나 되고, 가정이 하나 되어 헌신하는 것을 사모합니까? 내게 허락하신 영적 지도자와 믿음의 지체를 섬길 때 내 이름까지 높아지고 모두에게 감사의 대상이 되는 것을 경험합니까?

함께 수고하고 고난 받는 사람들

또 저의 집에 있는 교회에도 문안하라 내가 사랑하는 에배네도에게 문안하라 그는 아시아에서 그리스도께 처음 맺은 열매니라_롬 16:5

바울과 함께한 다양한 사람 가운데 첫 열매가 에배네도였습니다. 이렇게 전도만 하고 그만이 아니라 그 사람이 믿음의 열매로 맺어지기까지 관심을 가지고 사랑하는 것이 중요합니다.

저의 첫 열매라고 하면 떠오르는 분들이 있습니다. 에배네도가 '아시아에서'의 열매라고 했는데 저도 제가 속한 혈연, 학연의 관계에서보다는 낯선 환경에 살던 분들이 첫 열매가 되었습니다. 학벌이 없고 형편이 어려울수록 말씀을 사모하면서 제가 전하는 메시지에 귀를 기울였습니다. 우리들교회의 첫 열매도 문자적으로 환난당하고 빚지고 원통한 분들입니다.

너희를 위하여 많이 수고한 마리아에게 문안하라_롬 16:6

마리아는 당시 굉장히 흔한 이름이었습니다. 이렇게 흔한 이름을 가지고 평범하게 살아도 않으나 서나 수고하는 사람이 있습니다. 누가 알아주지 않아도 수고하는 사람 하면 딱 떠오르는 이름들이 교회마다 있을 것입니다. 우리들교회에서 수고하는 분들도 유명한 이름이 아닙니다. 암으로 투병하다 하늘나라에 간 혜옥이, 우유 배달을 하며 남편의 구원을 위해 수고하는 춘화, 정자, 영순이, 화숙이…… 세련된 이름도 아니고 평범하고 친근한 이름을 가진 분들이 하나님 나라를 위해 수고하고 있습니다.

사람은 정체성에 자신이 없으면 뭐든지 창피하게 여깁니다. 이름을 창피해하는 사람도 많은데 호적 정정으로 이름을 바꾼다고 인생이 바뀝니까?

16장 본문에서 7, 8, 11, 13절의 '주 안에서'는 '주 안에서 구원을 받았다'는 뜻이고, 2, 3, 9, 12절의 '주 안에서, 그리스도 안에서'는 주 안에서 어떤 일을 행했다는 것입니다. 구원 받은 것만으로 이름이 올라가는 사람도 있지만 주를 위하여 행한 일 때문에 이름이 올라가는 사람의 수가 훨씬 많습니다. '마리아'라는 이름도 의미가 있겠지만 진짜 중요한 것은 '많이 수고한' 마리아라는 것입니다. 내 이름 자체보다 주님을 위해 어떤 삶을 살았는지가 나의 정체성을 확인시켜 주고 내 인생을 가치 있게 만드는 것입니다.

> 내 친척이요 나와 함께 갇혔던 안드로니고와 유니아에게 문안하라 그들은 사도들에게 존중히 여겨지고 또한 나보다 먼저 그리스도 안에 있는 자라_롬 16:7

안드로니고와 유니아는 바울의 친척으로 스데반의 순교 때 예수님을 믿은 것으로 추정됩니다. 바울보다 먼저 믿은 신앙의 선배이고 그들이 존중히 여김을 받았다고 합니다. 그들은 존중히 여김을 받으면서도 바울과 함께 갇히고, 고난을 함께하는 파트너가 되어 주었습니다.

집안 식구면서 먼저 믿었고, 더욱이 남들에게 존중 받는 사람이 바울을 이토록 섬긴다는 건 쉬운 일이 아닙니다. 내가 처음 큐티를 시작했다고 몇 대째 모태신앙인 부모님, 친척들에게 큐티하라고 하면 그 말에 따를 사람이 몇이나 있겠습니까? "내가 먼저 믿었는데, 내가 얼마나 존중 받는 사람인데" 할 것입니다. 나중에 믿은 사람의 말을 그리 존중하지 않을 것입니다.

그럼에도 '함께' 갇혀 준 안드로니고와 유니아가 있었기에 바울의 사역에 힘이 실렸습니다. 함께 갇혀야 합니다. "나는 부도났지만 너만은 풍족하게 살아라" 이런 게 어디 있습니까. 아버지가 부도났으면 자식도 같이 허리띠 졸라매고 살아야 합니다. "나는 부도났어도 자식인 너만은 명품으로 치장해 주리라" 하면 되겠습니까. 가정도, 교회도 '함께'가 되지 않으면 존속이 어렵습니다.

이사야가 선지자이면 그 식구들도 선지자의 삶을 살 수밖에 없습니다. 제가 목회자가 되었으니 제 가족들도 사역자로서의 삶에 함께 갇히게 되었습니다. 인간적으로는 미안한 마음도 있습니다. 그러나 목사님의 자녀, 목사님의 형제라는 이름을 벗을 수 없기에 매사에 절제하고, 교회 일에 헌신하며 '함께' 갇히는 것이 큰 힘이 되는 것을 믿습니다.

그리스도 안에서 인정함을 받은 아벨레에게 문안하라 아리스도불로의 권속에게 문안하라 내 친척 헤로디온에게 문안하라 나깃수의 가족 중 주 안에 있는 자들에게 문안하라_롬 16:10~11

'인정함을 받다'는 '연단되어 참되다'라는 뜻입니다. 아벨레는 그냥 인정을 받은 것이 아니라 많은 고난과 시험을 통해 연단이 되었기 때문에 바울에게 이런 칭찬을 받았습니다.

아리스도불로와 헤로디온은 헤롯 가문의 사람으로 왕족이라고 할 수 있습니다. 예수님을 죽이려 하고 세례 요한을 죽인 헤롯 가문에서도 이렇게 예수님을 믿는 사람이 나왔습니다.

또 15절에 등장하는 네레오는 클레멘스 집정관의 비서로 당시 최고 권력층이라고 할 수 있었습니다. 네로 황제가 예수 믿는 사람들을 핍박하면서 사자 밥으로 죽일 때, 죽음 앞에서도 "아멘, 할렐루야!"를 외치는 그리스도인들을 보면서 그도 예수님을 믿었다고 합니다.

다들 나름대로의 사연을 가지고 예수님을 믿고 성경에 이름이 올랐습니다. 고난을 당한 만큼 사람들도 나를 인정합니다. 힘든 고난일수록 그 안에서 온갖 시험을 이기고 참된 모습을 보이면 성도가 인정하고 하나님이 인정하십니다.

———

내가 복음을 전해서 믿은 첫 열매는 누구입니까? 직분이 없고 드러나지 않아도 교회를 위해 수고하는 마리아는 누구입니까? 신앙의 연배와 관계없이 힘든 일에 함께하는 지체들, 고난을 통해 인정과 사랑을 받는 지체는 누구입니까? 내가 그런 사람이 되기를 소망하며, 그들을 위해 기도합니까?

거룩한 입맞춤

또 주 안에서 내 사랑하는 암블리아에게 문안하라 그리스도 안에서 우리의 동역자인 우르바노와 나의 사랑하는 스다구에게 문안하라_롬 16:8~9

원문을 보면 "나의 유독 사랑하는 암블리아, 동역자 우르바노, 나의 사랑하는 스다구" 이렇게 사람마다 의미를 담아서 이름을 불러 줬습니다. 로마서의 마지막 16장에 계속 등장하는 단어가 '주 안에서'와 '문안하라' 입니다. 복음은 사람을 살리고 섬기는 것이기 때문에 지금까지 들어온 복음이 실제적인 대인관계에 적용되는 것이 16장입니다. 여기에 언급된 많은 사람들이 바울 사도의 목회의 결론이고 열매라고 할 수 있습니다.

주 안에서 택하심을 입은 루포와 그의 어머니에게 문안하라 그의 어머니는 곧 내 어머니니라_롬 16:13

특별히 바울은 루포의 어머니를 '내 어머니'라고 소개합니다. 안타깝게도 바울의 친어머니나 아버지, 형제의 이름은 여기에 없습니다. 가말리엘 문하에서 같이 공부한 바울의 동창생 이름도 안 나옵니다.

내 식구들 이름은 없이 다른 사람들의 이름만 잔뜩 언급하면서 바울이 얼마나 기가 막혔을까요? 그러나 혈연이 아니어도 누구보다 사랑하고 헌신하는 사람들을 보면서 주 안에서의 가족이 진짜 가족인 것을 알았을 것입니다. 육신의 생명을 준 부모라고 해도 믿음으로 하나가 되어야만 진짜 내 어머니, 내 아버지인 것을 깨달았을 것입니다.

아순그리도와 블레곤과 허메와 바드로바와 허마와 및 그들과 함께 있는 형제들에게 문안하라 빌롤로고와 율리아와 또 네레오와 그의 자매와 올름바와 그들과 함께 있는 모든 성도에게 문안하라 너희가 거룩하게 입맞춤으로 서로 문안하라 그리스도의 모든 교회가 다 너희에게 문안하느니라_롬 16:14~16

주 안에서의 입맞춤은 내가 선택하는 것이 아닙니다. 나 좋은 사람들과 만나고 어울리는 것이 아닙니다. 나를 필요로 하는 사람들이 나를 선택하는 것입니다. 우리의 역할은 나를 필요로 하는 곳에서 힘든 사람들을 안아 주고 세워 주는 것이어야 합니다.

바울이 대단한 사역자이고 많은 일을 했지만 그 옆에 또 다른 주인공들이 있었습니다. 그들 중에는 특별히 노예 출신이 많았습니다. 또한 아리스도불로와 헤로디온 같은 왕족도, 네레오와 같은 권력자도 있었습니다. 유대인도 있고 이방인도 있었습니다. 여자도 있고 남자도 있었습니다. 독신도 있고 부부도 있었습니다. 젊은이도 있고 나이 든 사람도 있었습니다. 노예와 왕족, 배운 사람 못 배운 사람, 잘생긴 사람 못생긴 사람, 건강한 사람 약한 사람, 각양각색의 사람이 부름을 받았습니다.

우리는 지금 사회적으로는 신분의 차별이 없는 시대에 살고 있지만 세상에서도, 교회 안에서도 다 차별이 있습니다. 잘나고 못난 사람들이 나름대로 다 있습니다. 내가 왕족이라면 어떻게 새 한 마리 값도 안 되는 노예와 입맞춤을 할 수 있겠습니까? 나와 다른 사람, 내가 편견을 가지고 상대하기 싫었던 사람과 어떻게 입을 맞출 수 있겠습니까?

이것은 오직 '주 안에서'만 가능합니다. 온갖 다양한 사람들이 로마교회라는 이름으로 주 안에서 하나가 되었습니다. 로마교회에 보내는 편지에 언급된 사람만 해도 30명이 넘었습니다. 여러 지역에 있는 여러 사람들을 다 쓰면 바울의 동역자는 수백 명이 넘지 않겠습니까. 동역자가 이렇게 많은 사람이 능력 있는 사람이라고 생각합니다. 유흥가 출신 여인들과 명문대 출신이 함께 섬기는 교회처럼 노예와 왕족이 함께 일하는 교회, 모두가 주인공이 되어 섬기는 교회가 아름다운 교회이고 건강한 교회입니다.

미국의 한 컨설팅 회사에서 성경에 나오는 열두 제자를 놓고 누가 성공하는 리더의 자격을 가졌는지 평가를 했습니다. 그들의 평가, 적격자는 가룻 유다라고 합니다. 세상은 똑똑한 사람이 큰일을 한다고 합니다. 카리스마가 있는 사람, 성실한 사람이 성공한다고 합니다. 그러나 그 똑똑함과 성실로 예수님을 부인하고 팔아넘기고 죽이는 사람들이 너무나 많습니다.

하나님의 일은 지능지수가 높아서 하는 게 아니라 영성지수가 높아야 할 수 있습니다. 영성지수는 하나님을 사랑하는 만큼 높아집니다. 예수 그리스도 십자가의 은혜가 충만할수록 영성지수가 올라갑니다. 세상의 똑똑함으로는 꿈도 꿀 수 없는 일들을 하나님의 사람들은 해낼 수가 있습니다. 서로 입맞출 수 없는 사람들, 하나 될 수 없는 사람들이 서로 껴안고 문안하며 하나님 나라를 확장하는 놀라운 일을 해낼 수 있습니다.

우리 모두가 사도 바울과 함께 부름 받은 사람들로 '사랑하는 김양재'로, '많이 수고한 박 아무개'로, 기억되기를 주님의 이름으로 축원합니다.

출신 지역, 출신 학교, 사회적 지위, 경제적 수준을 벗어나지 못해 교회에서도 사람들을 가려 사귀며 스스로 왕따가 되고 있지는 않습니까? 웃음과 말 한마디, 손잡아 주는 것으로 입맞춤을 나눌 사람이 누구인지 떠올려 봅시다. 돌아오는 주일에 그 입맞춤을 실천합시다.

말씀으로 기도하기

하나님! 바울 사도의 목회의 결론으로 많은 지체들의 이름이 기록된 것을 봅니다. 강한 자보다 약한 자, 권세 있는 자보다 가난한 자, 노예, 여자 성도들이 바울과 함께 부름 받은 사람들입니다. 나의 어떠함에 관계없이 주님이 나를 부르시고 사용하시는 것을 알았습니다. 그 부름에 순종하여 바울의 추천을 받은 뵈뵈처럼 저도 강력한 추천을 받는 교회의 일꾼이 되게 하옵소서. 바울을 위해 목숨도 내놓는 브리스가와 아굴라처럼 하나님의 일에 전적으로 헌신하기 원합니다. 많이 수고한 마리아처럼 평범한 역할로 드러나지 않는 일을 하더라도 기쁨으로 하기를 원합니다. 이 땅에서 내 삶이 마쳐질 때 성도에게 인정받고 하나님께 인정받는 삶을 살고 싶습니다.

바울이 사랑하고 의지했던 많은 사람들 중에 바울의 친부모와 친형제는 등장하지 않는 것을 봅니다. 내 가족이 믿음으로 하나 되기 전에는 어떤 일도 협력할 수 없음을 깨닫게 하옵소서. 혈연이 아닌 믿음으로 하나가 되어서 식구들끼리 서로 사랑하고 끝나는 것이 아니라 수많은 사람을 섬기고 갈 수 있도록 은혜를 내려 주옵소서.

교회가 아니면 만날 수도 없었을 다양한 사람들을 주 안에서 만나고 사랑하게 되었습니다. 저는 경험하지 못한 일들을 경험하고 살아온 지체들을 통해 제가 은혜를 받고 살아납니다. 주님, 이것이 얼마나 축복인지요! 어떤 사람이라도 서로 문안하고 거룩한 입맞춤을 나눌 수 있는 교회를 허락하신 주님을 찬양합니다. 저와 모든 성도들이, 이 땅의 모든 교회가 주 안에서 하나 되어 하나님 나라를 확장하는 일에 동참하도록 축복하여 주옵소서.

예수님 이름으로 기도하옵나이다. 아멘.

하나님의 일은 지능지수가 높아서 하는 게 아니라
영성지수가 높아야 할 수 있습니다.
영성지수는 하나님을 사랑하는 만큼 높아집니다.
예수 그리스도 십자가의 은혜가 충만할수록 영성지수가 올라갑니다.
세상의 똑똑함으로는 꿈도 꿀 수 없는 일들을
하나님의 사람들은 해낼 수가 있습니다.
서로 입 맞출 수 없는 사람들, 하나 될 수 없는 사람들이
서로 껴안고 문안하며
하나님 나라를 확장하는 놀라운 일을 해낼 수 있습니다.

공동체 고백

상처로 얼룩진 추천

아버지는 평생 도박을 하셨고 엄마는 늘 아프셨습니다. 고등학교에 입학할 때는 교복값이 없어, 추운 겨울 수줍음 많은 엄마와 함께 학교 정문에서 졸업생들에게 "교복을 줄 수 있냐"며 물었던 기억이 납니다. 이런 가난한 환경 때문이었는지 학창 시절 저는 존재감이 없고 말이 없는 아이였고, 교회를 다니며 그나마 힘든 환경에서 숨을 쉬고 살았던 것 같습니다. 졸업을 하고 집안 형편상 돈을 벌어야 했는데, 아무 배경도 없고 사회에 나갈 용기도 없어 걱정이었습니다. 그때 친한 친구가 자신의 아버지가 연수원 총무부장이라며 저를 추천해 주어 저희 집으로선 들어가기 힘든 연수원 총무부에서 근무하게 되었습니다(롬 16:1).

그러나 돈을 벌며 눌려 있던 감정의 봇물이 터졌는지, 연애를 시작한 저는 그동안 사고 싶고 갖고 싶던 욕구를 참지 못하고 '월급날 메꿔야지' 하며 회삿돈을 조금씩 쓰기 시작했습니다. 그리고 어느 날 갑자기 시작된 감사에서 제가 30만 원 정도의 회삿돈을 쓴 것이 발각되었습니다. 지금으로부터 35여 년 전의 일이었습니다. 당시 몹시 실망하신 친구 아버지는 겁을 주려고 그러셨는지 경찰에 저를 넘겨야 한다며 "부모님을 모시고 오라"고 했습니다. 그 말이 무서웠던 저는 할 수 없이 아픈 엄마에게 말씀드렸고, 엄마는 눈물을 흘리며 딸을 살려 달라고 빌고 또 빌었습니다. 돌아오며 아무 말 없이 제 손을 잡아 주신 그날의 엄마의 문안과 혹독하리만치 저를 가르치신 친구 아버지의 문안을 지금도 잊을 수가 없습니다(롬 16:3~4, 6). 이후 저는 다시는 도둑질을 하지 않았습니다. 그리고 10년이 흐른 어느 날 마음에 묻어 두었던 그 일이 떠올라 연수원에 전화했더니 친구 아버지는 이미 퇴사를 하셨고 아는 사람이 없었습니다. 총무부 책임자에게 제 이름과 자초지종을 말하고 이 돈을 받아 달라고 했습니다. 책임자는 이런 경우는 처음이라며 안 그러셔도 된다고 했지만 돈을 송금하고 나오니 마음의 짐을 조금은 내려놓게 되었습니다.

오늘 바울이 로마교회에 뵈뵈를 추천하며 신뢰를 가득 담아 말하는 것을 보니 저를 추천해준 친구의 목소리가 들리는 듯해 가슴이 먹먹해집니다 (롬 16:1). 교회에 다니면서도 이런저런 수치심으로 다른 사람을 판단하고 정죄하는 이중적인 신앙생활을 하며 살았습니다. 하나님은 이런 저를 긍휼히 여기사 바울 공동체와 같은 좋은 공동체를 만나게 하셔서, 죄인을 부르러 오신 복음을 깨닫고, 아무에게도 말하지 못했던 저의 죄들을 나누게 해 주셨습니다(막 2:17). 그럴 때마다 공동체는 저를 밀어내지 않고 나의 사랑하는 자 (롬 16:5, 8~9, 12), 주 안에서 택하심을 입은 자(롬 16:13), 동역자라며(롬 16:9) 거룩한 입맞춤으로 문안해 주었습니다(롬 16:16). 이제는 저처럼 죄에 눌려 아파하는 지체들에게 저의 죄와 수치를 나누며, 함께 하나님 나라를 향해 가도록 사명으로 거듭나게 하시니 감사를 드립니다.

결론은 사랑

로마서 16:17~27

아버지 하나님, 복음의 핵심을 담은 로마서 묵상을 마치며 사도 바울이 들려주는 충고가 있습니다.
우리가 이것을 마땅히 들어야 할 말로 듣게 하시고, 그 말씀을 깨닫고 순종하기 원합니다.
귀를 열어 주시고, 마음을 열어 주옵소서. 예수님 이름으로 기도하옵나이다. 아멘.

2차 세계대전이 막바지에 이르던 1945년 8월 초, 일본 히로시마 상공에 미 공군기가 나타나서 유인물을 뿌렸습니다. 내용은 1945년 8월 6일 위험한 공격이 있으니 히로시마를 떠나라는 것이었습니다. 하지만 유인물을 보고 히로시마를 떠난 사람은 거의 없었습니다. 그 충고를 듣지 않았기 때문에 히로시마에 원자폭탄이 투하됐을 때 그해 12월까지 약 14만 명의 사람이 죽고 7만 호의 가옥이 파괴되었습니다.

우리는 충고를 듣기 싫어합니다. 부모의 충고는 머리에 쓸 아름다운 관이고, 목에 걸 금 사슬이라고 했습니다(잠 1:8-9). 그런데 부모님이 하는 말도 충고로 듣지 않고 잔소리라고 합니다. 충고를 하는 사람도 싫기는 마찬가지입니다.

"일찍 일어나라. 밥 먹어라. 일찍 들어와라!" 이처럼 날마다 똑같은 소리를 하는 것도 고역입니다.

로마서를 마치며 바울 사도가 우리에게 들려주는 충고가 있습니다. 바울도 하기 힘든 이야기를 했을 텐데, 우리가 그 충고를 하나님의 말씀으로 알고 받아들이면 분명 생명과 풍성과 부요가 있을 것입니다. 그 충고에 귀를 기울여 보십시오.

넘어뜨리는 사람들에게서 떠나라

형제들아 내가 너희를 권하노니 너희가 배운 교훈을 거슬러 분쟁을 일으키거나 거치게 하는 자들을 살피고 그들에게서 떠나라_롬 16:17

지금까지 유대인도 이방인도, 노예도 왕족도, 남자도 여자도, 강한 자도 연약한 자도 모두 용납하라고 가르쳤는데 마지막에 떠나야 할 사람이 있다고 합니다. 자식들이 부모의 충고를 다 듣기 싫어하지만, 특히 "너, 그 친구랑은 놀지 마. 그 아이는 만나지 마!" 이런 소리를 하면 난리가 납니다. "엄마는 위선자다. 왜 사람을 판단하느냐?" 하면서 반항을 하느라고 그 친구와 더 친하게 지냅니다. 그러니 바울도 이 말을 하기가 참 힘들었을 겁니다.

하지만 바울이 이 말을 하기 위해서 16장에 걸쳐 복음을 설명했다고 해도 과언이 아닙니다. 진정한 복음을 전하고 그것이 공감이 되어야만 바울의 충고를 받아들일 수 있기 때문입니다. 무언가를 해라, 하지 마라 하기 전에 먼저 올바른 가르침이 필요합니다. 바른 교훈을 전하고 그 교훈대로 사는 삶을 보여 준 뒤에 듣기 싫은 충고는 마지막에 딱 두 구절로 끝내는 겁니다. 이것이 구원을 위한 전략입니다.

바울이 떠나기를 권하는 사람은 '너희가 배운 교훈'을 거스르는 사람입니다. '너희가 배운 교훈'은 로마서 1장부터 16장까지 배운 복음을 말합니다. 그야말로 보석 같은 진리입니다. 바울은 로마에 있는 형제들이 그 보석을 빼앗길까 봐 염려가 됐습니다. 부모가 아이에게 귀한 보석을 쥐어 줬는데 아이는 보석의 가치를 모릅니다. 그러면 당연히 염려가 되지 않겠습니까?

처음 예수님을 믿고 말씀으로 양육 받기 전에는 복음의 가치를 잘 모를 수 있습니다. 성경 말씀이 얼마나 귀하고, 예배가 얼마나 귀하고, 큐티가 얼마나 귀한지 잘 모릅니다. 몰라서 하는 둥 마는 둥 하다가 아예 믿음을 빼앗길 수가 있습니다.

다이아몬드만 가지고 있어도 빼앗으려는 사람이 있을 텐데, 천하보다 귀한 복음을 가지고 있으니 사탄이 얼마나 끊임없이 빼앗으려 하겠습니까? 온갖 미혹으로 우리를 꾀이고 넘어지게 할 것입니다. 그렇기 때문에 바울이 "그들에게서 떠나라"고 강하게 권면하고 있습니다.

분쟁을 일으키고 거치는 자들을 떠나는데, 그냥 떠나는 게 아니라 '살피고' 떠나라고 합니다. 교훈을 거스려 분쟁을 일으키는 경우도 있지만 교훈을 지키기 위해 분쟁이 일어나는 경우도 있기 때문입니다. 실제로 사도 바울이 복음을 들고 가는 곳마다 분쟁이 일어났습니다. 올바른 복음이 들어가기 위해 분쟁이 일어날 수도 있습니다.

그래서 살피는 분별이 필요하지만 사실 웬만큼 깨어 있지 않으면 분별하기가 어렵습니다. 저는 공교회에서 이단으로 발표한 곳은 무조건 안 가야 된다고 생각합니다. "내가 가서 살피고 결정하겠다"는 것은 교만입니다. "가 봤더니 전혀 이상하지 않더라" 하는 것은 더 위험한 생각입니다. 믿음으로 성숙해지는 만큼 사탄도 더 교묘하게 나를 넘어뜨리려고 합니다. 내가 살피고 결정하겠다는 교만을 버리고 "떠나라"고 하면 "예!" 하고 떠나는 것이 구원을 잃지 않는 최선의 방법입니다.

이같은 자들은 우리 주 그리스도를 섬기지 아니하고 다만 자기들의 배만 섬기나니 교활한 말과 아첨하는 말로 순진한 자들의 마음을 미혹하느니라_롬 16:18

사랑으로 문안하는 것이 로마서의 결론인데, 16장에서 문안 인사를 하다가 갑자기 17,18절에 거짓 교사를 멀리하라는 충고가 나옵니다. 바울 사도에게 이 두 절 말씀을 전하기가 참 힘들었을 것입니다. 그런데 우리가 멀리해야 할 사람들의 특징이 무엇입니까? 그들은 예수님을 섬기지 않습니다. 예수님 대신 자신들의 배, 육체를 섬깁니다. 물질을 최고로 아는 자들입니다.

2004년 8월 《시사저널》에 실린 여론조사 결과를 보니, 우리나라 20대의 인생의 목표는 '돈'이라고 합니다. 명예보다 돈을 중요하게 생각하는 사람이 61.8%입니다. 돈으로 행복을 살 수 있다고 생각하는 사람이 43.8%나 됩니다. 착하고 성격 좋은 사람보다는 돈 많은 사람하고 결혼하겠다는 의견이 67.1%입니다. 결혼해서 가난하게 사느니 차라리 혼자 살겠다고 한 사람이 10명 중 6명, 60%에 가깝습니다. 이것이 우리나라 20대의 가치관입니다.

조사 결과와 함께 한 직장인의 사례가 실렸습니다. 처음 직장생활을 시작할 때는 170만 원 월급을 받아서 50만 원쯤 저축을 했는데, 앞날을 생각해 보니 그것 가지고는 안 되겠다는 생각이 들었습니다. 점심을 사 먹는 대신 도시락을 싸 가지고 다니고, 술자리는 야근을 핑계로 피하고, 휴대폰은 발신 정지를 신청해서 받는 것만 하고, 줄이고 줄였더니 한 달에 10만 원이면 생활이 되더랍니다. 그래서 3년 동안 수입의 96%를 저축해서 집을 장만했다는 이야기입니다.

170만 원을 받아서 다 쓰는 사람도 문제가 있지만 오직 돈이 목적이 돼서 96%를 저축하는 사람도 문제가 있습니다. 내가 잘 먹고 잘사는 데에만 목적을 두기 때문에, 펑펑 쓰는 사람이나 악착같이 모으는 사람이나 악하고 음란하기는 마찬가지라는 겁니다.

그런데 이런 기사를 보면 얼마나 미혹이 되는지 모릅니다. 아파트 값이 하도 오르니까 누가 집을 사서 얼마를 벌었다고 하면 귀가 번쩍 뜨입니다. 그럴 때 누가 "어느 동네가 개발이 된다더라. 어디 아파트 앞에 길이 새로 뚫려서 값이 오른다더라" 하면서 교활하고 아첨하는 말로 미혹하면 얼른 넘어갈 수밖에 없습니다. 내 인생의 목적이 돈이니까 유혹만 하면 넘어갑니다. 돈을 번다고 하면 못할 것이 없습니다. 몸도 주고, 마음도 주고 다 줍니다.

사탄은 늘 광명한 천사의 얼굴로 옵니다. 사탄이라고 도깨비같이 뿔 달린 모습으로 오는 게 아닙니다. 칼빈은 "사탄은 선하고 가치 있는 듯한 말과 세련된 언어, 교활한 수단과 감동으로 성도들을 끊임없이 괴롭힌다"고 했습니다.

"이단에 속한 사람을 한두 번 훈계한 후에 멀리하라"(딛 3:10)고 했습니다. 그럼에도 사람들이 이단에 빠지는 이유는 무엇일까요?

좁은 길, 십자가의 길을 가기 싫어하기 때문입니다. 이단에 가면 얼마나 넓은 길이 펼쳐지는지 모릅니다. 관심과 사랑이 마구 쏟아집니다. 매일 만나 자고 하고, 전화하고, 끊임없는 관심을 보여 줍니다. 내가 뭔가 된 것처럼 대접을 해 줍니다. 결국 그들이 꾀하는 것은 가정을 파괴하는 것입니다. "집을 팔아서라도 헌금을 해라, 가족들이 인정을 안 하면 집을 나와라" 이러면서 천국의 모형인 가정을 깨뜨리고 분리시키는 것이 사탄의 계략입니다.

우리는 다 욕심이 많고 이기적입니다. 예수님을 믿고도 완전한 사람은 없습니다. 하지만 나의 연약함 때문에 실족하는 것과 이단에 속해서 하나님께 택함 받지 못하는 것은 천국과 지옥의 차이입니다. 잠시 흔들리더라도 반드시 떠나야 합니다.

큐티를 십 년 넘게 하고도 이단에 빠진 집사님이 있습니다. 열심과 순종만 가지고는 분별을 못 합니다. 이단으로 빠지는 사람들의 특징을 보면 그들은 대부분 자신의 지도자를 신뢰하지 않습니다. 자기가 왕 노릇 하고 싶고, 누군가의 밑에 있는 걸 못 견딥니다. 그래서 누가 인정해 준다고 하면 자꾸 그쪽으로 빠지는 겁니다. 자기 욕심 때문에 빠지는 것입니다.

우리가 각자 분별을 못 하기 때문에 먼저 건강한 교회에 속해서 교회의 교훈에 잘 따라야 합니다. 교회의 지도자를 신뢰하고 예배와 공동체 생활에 충실하며 날마다 말씀으로 깨어 있을 때, 돈과 쾌락과 이단과 같은 온갖 미혹하는 것들에게서 떠날 수 있습니다.

———

믿음을 걸고 넘어지며 분쟁하고 넘어뜨리는 사람이 있습니까? 먼저 내 속의 욕심과 분쟁에서 떠나야 넘어지지 않습니다. 주님을 섬기기보다 외식과 쇼핑, 입시와 투자 정보로 내 배만 채우고 있기 때문에 늘 미혹되고 손해만 본다는 걸 알고 있습니까?

선한 일에 지혜롭고 악한 일에 미련하라

너희의 순종함이 모든 사람에게 들리는지라 그러므로 내가 너희로 말미암아 기뻐하노니 너희가 선한 데 지혜롭고 악한 데 미련하기를 원하노라
_롬 16:19

NCD에서 발간한 《교회의 갈등과 분쟁》이라는 책에 이런 이야기가 나옵니다. 청소년 사역을 하던 목사님이 어떤 소녀와 친밀해지고 성관계까지 갖고 말았습니다. 복음적이라고 알려진 유명 교회에서 그런 일이 생겼습니다. 소녀와 부모가 찾아와서 목사님과 교회를 고발하겠다고 하고, 일이 커질 것을 염려한 교회에서는 문제를 일으킨 목사님이 사임하도록 조치를 취했습니다. 목사님은 그곳의 교구 목사님이 추천서를 써 줘서 다른 교회로 갔습니다.

다른 교회에 가서 목회를 하면서 성도가 늘어나고 회심자도 많이 생겼지만 목사님에게는 자신의 죄가 숨겨진 것에 대한 부담이 있었습니다. 그래서 부목사에게 자신의 죄와 그곳에 오게 된 과정을 고백했습니다.

그런데 어느 날, 교회 사무실에서 부목사가 포르노 사이트에 접속해서 그것을 보고 있는 것을 목격했습니다. 충격을 받은 목사님이 "어떻게 그럴 수 있느냐. 교인들 앞에서 고백하고 포르노를 끊도록 결단하라"고 했습니다. 부목사가 그렇게는 못하겠다고 하자 목사님은 "당신이 못 하면 내가 하겠다"고 했습니다. 그러니까 부목사가 "목사님이 그러실 수는 없죠. 남의 일이 아니잖아요?" 하고 협박을 하는 겁니다.

결국 부목사의 일을 덮어 주고, 이번에는 목사님이 부목사의 추천서를 써서 그를 다른 교회로 보냈습니다.

그런데 그 일이 있은 후부터 목사님 부부는 점점 사이가 멀어졌습니다. 사모님은 우울증에 시달렸고 여러 번 자살을 기도했습니다. 사정을 모르는 교회에서는 사역이 힘들어서 그런 줄 알고 안식년을 갖게 했지만 다녀와서도 달라진 것은 없었습니다.

바울은 우리가 선한 데 지혜롭고 악한 데 미련하라고 권면합니다. 그러나 우리는 선한 데 미련하고 악한 데 지혜롭게 살아갑니다. 악한 일을 하기 위해 온갖 꾀를 내고, 또 그 악한 일을 숨기기 위해 또 다른 악을 행합니다.

앞서 말한 목사님은 청소년 사역에서 문제를 일으켰을 때 자신의 죄를 드러내고 해결 받아야 했습니다. 그런데 모두가 쉬쉬 하면서 덮어 버렸습니다. 목사님만 사임하면 된다고 추천서까지 써 주고, 또 새로 부임한 교회에서도 왜 이전 교회를 떠나왔는지 아무도 묻지 않았습니다. 그러면서 그 비밀이 지켜진 것이 하나님의 은혜라고 '싸구려 은혜'를 부르짖었습니다.

부목사 사건을 통해 추적을 해 보니 그 교회에서도 20년 동안 성적으로 부도덕한 문제가 많았다고 합니다. 그것이 복음적인 교회의 실상이었습니다. 목회자라고 해도 죄를 숨겨서는 안 됩니다. 힘들어도 죄를 고백하고 치리를 받는 것이 선한 데 지혜로운 것입니다. 아파도 고름을 터뜨리고 치료를 받는다면 상처가 나을 수 있습니다.

힘들지만 십자가 고난의 적용을 하고 내 죄와 수치를 오픈할 때 우리에게 정죄함이 사라집니다. 그 순간에는 힘들지만 '오고 가는 오픈 속에' 우리의 영적 건강이 다져집니다. 내가 아무리 힘들어도 십자가를 길로 놓고 적용을 하면, 하나님은 길을 열어 주십니다.

평강의 하나님께서 속히 사탄을 너희 발아래에서 상하게 하시리라 우리
주 예수의 은혜가 너희에게 있을지어다_롬 16:20

20절이 바로 그 약속입니다.

평강은 환경에서 오는 것이 아니라 '우리 주 예수의 은혜'로 오는 것입니
다. 나의 모든 것이 무너지는 것 같고 고통스러워도 죄를 인정하고 드러낼
때 평강이 있습니다. 예수님의 십자가, 그 죄 사함의 은혜를 믿을 때 평강이
있습니다. 하나님이 속히 사탄을 발아래 상하게 하십니다. 내가 이길 수 없
는 유혹을 이기게 하시고, 내가 끊을 수 없는 중독을 끊게 하십니다. 그것이
승리의 비결입니다.

요즘 어떤 일에 지혜를 모으고 있습니까? 은밀한 쾌락을 위해, 학벌과 돈을 위해 지혜를
모으고 있습니까? 거기에 평강이 있습니까? 내가 미련해져야 할 악한 일이 무엇인지, 지
혜를 모아서 힘써야 할 선한 일이 무엇인지 구체적으로 찾아봅시다.

하나님의 사랑, 하나님께 영광

나의 동역자 디모데와 나의 친척 누기오와 야손과 소시바더가 너희에게
문안하느니라 이 편지를 기록하는 나 더디오도 주 안에서 너희에게 문안
하노라 나와 온 교회를 돌보아 주는 가이오도 너희에게 문안하고 이 성의
재무관 에라스도와 형제 구아도도 너희에게 문안하느니라
_롬 16:21~23

바울이 16장에서 언급한 사람 중에 1절부터 20절까지는 로마교회 성도들이고, 21절부터 27절까지는 고린도교회 식구들이 인사를 전합니다.

디모데와 바울은 동역자이자 영적인 아버지와 아들의 관계입니다. 그리고 바울의 친척인 누기오와 야손과 소시바더가 다시 등장합니다.

더디오는 바울의 편지를 대필한 사람입니다. 요즘은 인터넷으로 원고를 주고받고 교정도 편하게 보지만 당시에는 책 한 권을 내는 것이 무척 힘든 작업이었을 겁니다. 바울이 근무 시간을 정해 놓고 아침 9시부터 저녁 6시까지만 말씀을 전했겠습니까? 영적인 교훈이 자다가도 나올 수 있고, 새벽에도 나올 수 있는데 그때 빨리 더디오를 불러서 대필을 하게 하지 않았을까요? 그럴 때 똑같이 깨어서 바울의 교훈을 받아 적는 것은 대단한 헌신이었다고 생각됩니다. 바울 옆에 이런 사람들이 있어서 오늘날 우리가 바울의 주옥같은 교훈을 읽고 묵상할 수 있습니다.

또 온 교회를 돌보아 주는 가이오가 있습니다. 바울이 로마서를 쓰는 동안 가이오의 집에 머물면서 대접을 받았으니 정말 모든 사람이 감사해야 할 사람입니다.

재무관 에라스도는 고위 공직자 출신입니다. 그런데 고위직에 있을 때보다 주의 일에 헌신했을 때 성경에 기록되는, 찬란히 빛나는 이름이 됐습니다. 내가 어떤 일에 헌신되었는가에 따라 나의 이름이 빛나고, 나의 지식과 재물과 지위가 빛날 수 있습니다. 주를 위해 쓰임 받을 때 모든 재산과 지위와 칭호에 인격이 실리게 됩니다. 주를 위해 쓰임 받을 때 무엇이든 속된 것이 없고 돈도 학벌도 인격을 갖게 되는 것입니다.

바울이 돈이 있고 능력이 있어서 이런 사람들을 데리고 일한 게 아닙니다. 주의 일은 돈이 없어서 못하는 법이 없습니다. 학벌과 지위가 없고 가난한 사람이 모여도 그 안에 문서, 물질, 교육, 구제, 의료, 언어, 봉사, 장소 제공 등 어떤 면으로든 쓰임 받을 사람이 있게 마련입니다. 모두 각자의 은사를 가졌기 때문에 모두가 선교의 도구로 쓰임 받는 것이 교회의 생명력입니다.

그러나 그 모든 일의 결론은 "문안하느니라"입니다. 바울이 절마다 "문안하느니라"를 반복하고 있습니다. 교회의 목적은 일을 잘하는 것보다 서로 문안하는 것, 서로 교제하는 것입니다. "만나면 좋은 친구~"가 되어서 멀리서 봐도 반가워서 달려가 껴안고 기뻐하는 것입니다.

우리는 나랑 친한 사람이 다른 사람하고 친하게 지내는 꼴을 못 봅니다. 나하고 친한 줄 알았는데 다른 사람하고 비밀스러운 이야기를 했다고 하면 배신감에 치를 떱니다. 평생 나하고만 친하기를 바라면서 절대 소개를 안 시켜 줍니다. 그러나 바울은 로마의 성도들과 고린도의 성도들이 서로를 알 수 있도록 열심히 소개하고 있습니다. 자신과 상관없이 그들이 친해질 수 있도록 힘써 가르칩니다. 바울의 이 사랑 때문에 로마에 있든 고린도에 있든, 한 번도 본 적이 없는 사람이라도 서로 하나가 되었습니다.

———

전화로, 편지로, 기도로 오늘 문안해야 할 사람은 누구입니까? 그들에게 다른 믿음의 지체를 소개하고 교제하도록 권해 봅시다.

> 나의 복음과 예수 그리스도를 전파함은 영세 전부터 감추어졌다가 이제는 나타내신 바 되었으며 영원하신 하나님의 명을 따라 선지자들의 글로 말미암아 모든 민족이 믿어 순종하게 하시려고 알게 하신 바 그 신비의 계시를 따라 된 것이니 이 복음으로 너희를 능히 견고하게 하실_롬 16:25~26

하나님의 신비의 계시가 '나의 복음'이 된 것, 이것이 사도 바울의 능력입니다. 내가 알고 싶어서 복음을 아는 사람은 없습니다. 하나님이 계시하시지 않으면 은혜도 복음도 알 수 없습니다. 바울은 이 편지의 서두에서 "복음은 모든 믿는 자에게 구원을 주시는 하나님의 능력이 된다"(롬 1:16)고 했습니다. 그리고 이 편지를 마치면서 이 복음이 우리 교회를 견고하게 하는 능력의 복음이라고 가르칩니다.

아무리 악한 세상도 능력의 복음이 전해지면 깨끗해집니다. 쓰레기 같은 인간이라도 복음이 들어가면 천하보다 귀한 생명이 됩니다. 콩가루 같은 집안이라도 복음이 들어가면 견고해집니다. '나의 복음'이 되고 '우리의 복음'이 될 때 어떤 일에도 흔들리지 않는 능력을 갖게 됩니다.

> 지혜로우신 하나님께 예수 그리스도로 말미암아 영광이 세세무궁하도록 있을지어다 아멘_롬 16:27

돈도 아니고, 남편, 자식, 부모도 아니고 오직 예수 그리스도로 말미암아 하나님께 영광이 있습니다. 내가 무엇을 잘해서가 아니라 오직 예수 그리스도를 믿을 때 세세무궁하도록 영광이 있습니다.

하나님께 영광을 돌리려면 하나님의 사랑을 알아야 합니다. 하나님의 사랑을 알라고, 그래서 하나님께 영광을 드리는 인생이 되라고 사도 바울이 충고를 했습니다.

하나님의 사랑이 아니면 우리는 미혹하는 자를 떠날 수도 없고, 선한 일에 지혜로울 수도 없고, 서로 문안할 수도 없습니다. 가시적으로는 부모님의 사랑을 하나님의 사랑에 견줄 수 있을 것입니다.

6·25 당시 1·4 후퇴 때 있었던 실화라고 합니다. 무전 교신도 제대로 안 되는 상황에서 한 미군 장교가 다리 밑을 지나고 있는데 어디선가 아이 울음소리가 들려왔습니다. 급박한 상황이지만 장교는 차를 멈추고 다리 밑으로 내려가 보았습니다. 그런데 그곳에는 입을 다물지 못할 광경이 벌어지고 있었습니다.

아이는 엄마의 속옷과 겉옷에 싸여 울고 있었고, 아이의 엄마는 아무것도 입지 못한 채 알몸으로 아이를 껴안고 죽어 있었습니다. 탯줄도 자르지 못한 채, 온몸은 양수와 피로 범벅이 돼 있었습니다. 만삭으로 피난을 하는 도중에 다리 밑으로 피했다가 거기에서 해산을 한 것입니다. 누가 와 줄 수 있었겠습니까.

아이를 감싸 줄 이불도 없는 상황에서, 어머니는 불가항력적인 사랑으로 자신이 입고 있는 옷을 벗어서 아이를 감쌌던 것입니다. 그런데도 아이가 계속 울어 대고, 그 모습이 파리해져 가니까 속옷까지 벗어서 덮어 준 것입니다. 속옷을 벗어 주면서 추운 것보다 자신의 모든 것을 드러내기가 더 힘들지 않았을까요. 우리에게 있는 본능적인 부끄러움까지 다 내어놓고 아이를 온몸으로 감싸 안고 죽어 간 것입니다.

이 기가 막힌 광경을 본 미군 장교는 눈물을 흘리며 산모를 돌무덤으로 덮어 주고 아이를 안고 돌아와 그 아이를 입양해서 키웠습니다. 그 아이가 어느 정도 자랐을 때 아이는 자신이 왜 동양인의 외모를 가졌는지 물었습니다. 그때까지 입을 다물고 있던 아버지는 당시의 상황을 자세히 이야기해줬습니다. 그리고 같이 한국에 와서 그때 아이를 발견한 다리를 찾아가 보았습니다.

환경이 너무 바뀌어서 정확한 장소를 찾을 수는 없었지만, 거기쯤으로 짐

작되는 곳에서 두 사람은 멈춰 섰습니다. 그리고 아들은 자기 옷을 하나씩 벗기 시작했습니다. 그리고 빈 땅을 덮으면서 이렇게 말했습니다.

"어머니, 얼마나 추우셨어요. 이제는 이 아들이 어머니를 덮어드리겠습니다."

저는 이 세상에 이런 사랑이 아직도 많이 남아 있다고 생각합니다.

지금 죽기까지 우리를 사랑하신 하나님의 사랑을 받아들이기 바랍니다. 그 사랑으로 하는 바울의 충고를 받아들이기 바랍니다. 언제나 우리의 결론은 사랑입니다.

———

고난과 아픔을 통해 하나님이 계시하신 '나의 복음'이 있습니까? '나의 복음'이 '우리의 복음'이 될 때 가정도 견고해지고, 교회도 견고해지는 것을 믿습니까? 하나님께 영광이 되는 삶을 살도록 날마다 성경으로 들려주시는 하나님의 충고를 듣고 있습니까?

말씀으로 기도하기

아버지 하나님! 로마서를 끝내면서 바울 사도가 하기 어려운 충고를 했습니다. 분쟁하고 넘어뜨리는 자들, 주를 섬기지 않고 자신만을 위하는 자들을 떠나라고 합니다.

그 분쟁과 거치는 것이 제 속에도 있습니다. 주를 섬기지 않고 내 만족만 구하는 자가 바로 저입니다. 주님, 불쌍히 여겨 주시고 제가 분쟁과 거치는 것에서 떠나게 하여 주옵소서. 오늘도 교활하고 아첨하는 말로 저를 미혹하는 돈과 쾌락과 안일함에서 떠나게 하옵소서.

하나님은 제가 선한 데 지혜롭고 악한 데 미련하기를 원하시는데 저는 도리어 악한 데 지혜롭고 선한 데 미련합니다. 악한 일에 발이 빠르고 온갖 꾀와 변명이 늘어 갑니다. 악을 감추기 위한 지혜가 얼마나 더 큰 악을 가져오는지 두려움으로 깨닫기 원합니다. 이제라도 나의 악을 드러내고 돌이키는 것이 선한 일임을 믿사오니, 죄를 고백하고 회개함으로 선한 데 지혜로운 자가 되게 하옵소서. 날마다 찾아오는 영적 싸움에서 악한 데 미련하고 선한 데 지혜롭기로 결단하는 삶을 살기 원합니다.

주님, 자신이 사랑하는 자들을 서로 소개하고 문안하라고 하는 바울의 사랑을 보았습니다. 좋은 사람을 나만 알고 지내는 것이 아니라 차별 없이 서로 교제하기를 원하는 바울의 사랑을 저도 닮기 원합니다. 제가 격려하고 문안해야 할 사람들이 있습니다. 교회에서, 각자의 환경에서 주의 일에 헌신하는 지체들에게 감사와 사랑을 전하게 하옵소서.

엄청난 하나님의 신비가 나에게 나타내신 바 됨을 감사합니다. 생명의 복음이 나의 복음이 되게 하신 하나님을 찬양합니다. 그것이 얼마나 큰 능력인지를 알고 오직 예수 그리스도로 말미암아 하나님께 영광이 되는 삶을 살게 하옵소서.

사도 바울이 로마서에 담은 바른 복음이 날마다 선포되어 더욱 견고한 가정, 견고한 교회로 세워지게 하옵소서. '나의 복음'이 '우리의 복음'이 되어 세세무궁하도록 하나님의 영광이 되는 우리 모두가 되게 하옵소서. 로마서 묵상에 함께하신 주님을 찬양하며 감사와 영광을 드립니다.

예수님 이름으로 기도하옵나이다. 아멘.

아무리 악한 세상도 능력의 복음이 전해지면 깨끗해집니다.
쓰레기 같은 인간이라도 복음이 들어가면 천하보다 귀한 생명이 됩니다.
콩가루 같은 집안이라도 복음이 들어가면 견고해집니다.
'나의 복음'이 되고 '우리의 복음'이 될 때
어떤 일에도 흔들리지 않는 능력을 갖게 됩니다.

공동체 고백

예수님을 아는 지혜

가난한 농부의 3형제 중 둘째로 태어나신 아버지는 농부셨는데, 가진 땅보다 빌려서 농사짓는 땅이 훨씬 많으셨을 만큼 가난했습니다. 큰아버지는 제가 중학교 2학년 때 자살하셨고, 작은아버지는 대학교 3학년 때 알 수 없는 사고로 돌아가셨고, 아버지도 대학교 4학년 때 위암으로 돌아가셨습니다. 이에 저는 가난한 집안에서 성공하는 길은 오직 공부뿐이라 여겨 하루에 18시간을 공부하는 등 인간적인 노력을 다해 명문대에 입학했고, 세상 지식을 쌓아 성공하고자 했습니다. 대학 신입생 때부터 교회를 다녔고 믿음 있는 자매와 결혼했기에 경건의 모양은 갖추었지만, 결혼 후 삶의 목적은 대학원을 마치고 안정적인 직장을 얻어 아들딸 하나씩 낳고 교회 직분자로 사는 것이었습니다.

그러나 본격적인 고난은 결혼 후부터 시작되었습니다. 결혼 1년 후에 태어난 첫째 아이는 태변을 흡입한 상태로 태어나 일주일을 넘기기 힘들 거라는 진단을 받았으나, 한 달간의 치료 끝에 퇴원했습니다. 하지만 알 수 없는 무호흡 증세가 지속되었고, 원인을 찾던 중 3개월 만에 천국으로 갔습니다. 저는 그 기간 동안 오직 아이를 살려야 한다는 생각에 이 병원 저 병원을 다니며 세상 지식으로 고쳐 보고자 했지만 헛수고였습니다. 이것이 하나님이 하신 일인 것까지는 알았지만, '나에게 왜 이런 일이 왔는지' 저의 긍정의 힘으로는 도무지 해석이 되지 않았습니다(롬 16:25).

그즈음 지금의 공동체로 오게 된 저희 부부는 둘째 아이를 갖기 위해 임신 전부터 유명 대학병원을 다니며 준비했습니다. 마침내 임신이 되었고, 출산 과정까지 모든 것이 순조로운 듯했습니다. 하지만 둘째 아이가 태어나자마자 첫째 아이와 같은 무호흡 증세가 나타났습니다. 공동체에서 양육 받으면서 첫째 아이를 있는 그대로 인정하지 못하고, 세상적으로 보기 좋은 자녀만을 바랐던 죄와 하나님을 진정으로 섬기지 못하고, 내가 잘사는 것을 위해 애쓰고 있는 죄가 깨달아지자 평강이 오기 시작했습니다. 그러나 둘째 아이도 7개월의 짧은 사명을 다하고 천국에 갔습니다.

두 아이의 사건은 세상 지식으로 바벨탑을 쌓던 제게 진정한 지혜는 세상 지식이 아니라 예수님을 아는 지혜임을 깨닫게 해 주었습니다. 박사 학위가 아니고, 자녀가 아니고, "지혜로우신 하나님께 오직 예수 그리스도로 말미암아 영광이 세세 무궁하도록 있을지어다"(롬 16:27)라는 말씀을 깨닫게 하신 것입니다. 또 두 아이가 저를 구원하고 우리 가족을 구원하기 위해 잠시 이 땅에 왔다 간 사명자임을 깨닫게 해 주셨습니다(롬 16:26).

바울 사도는 어려운 환경에 있어도 먼 곳에 있는 지체들을 사랑으로 격려하고 문안하지만, 저는 부모를 일찍 여의고 각자 힘들게 살고 있는 사촌 형제들에게는 멀리 산다는 이유로, 또 친하지 않다는 이유로 문안하지 못하고 있음을 회개합니다. 주님을 아직 모르는 형제들이 예수님을 아는 지혜가 진짜 지혜이고, 진정한 사랑은 하나님의 사랑뿐임을 알 수 있도록 기도하며 문안하길 원합니다(롬 16:21~33).

절대순종

초판 발행일 ㅣ 2007년 8월 15일
개정증보 3쇄 발행 ㅣ 2020년 6월 12일
지은이 ㅣ 김양재

발행인 ㅣ 김양재
편집인 ㅣ 김태훈
편집장 ㅣ 정지현
편집 ㅣ 진민지 고윤희 김윤현
디자인 ㅣ 디브로㈜

발행한 곳 ㅣ 큐티엠
출판 신고 ㅣ 제2017-000130호(2017년 10월 20일)
주소 ㅣ 경기도 성남시 분당구 운중로 267번길 3-5, 4층 큐티엠 ⑻13477
편집 문의 ㅣ 070-4635-5318   **구입 문의** ㅣ 031-707-8781
팩스 ㅣ 031-8016-3193
홈페이지 ㅣ www.qtm.or.kr   **이메일** ㅣ books@qtm.or.kr
총판 ㅣ ㈔사랑플러스 02-3489-4300

ISBN ㅣ 979-11-962393-6-7 04230
        979-11-962393-7-4 04230 (세트)

큐티엠(QTM, Quiet Time Movement)은 '날마다 큐티'하는 말씀묵상 운동을 통해 영혼을 구원하고,
가정을 중수하고, 교회를 새롭게 하는 일에 헌신합니다.

이 도서의 국립중앙도서관 출판예정도서목록(CIP)은 서지정보유통지원시스템 홈페이지(http://seoji.nl.go.kr)와
국가자료종합목록시스템(http://www.nl.go.kr/kolisnet)에서 이용하실 수 있습니다. (CIP제어번호 : CIP2018039523)